Springer-Lehrbuch

Georg Freund

Urkundenstraftaten

Zweite, vollständig überarbeitete und erweiterte Auflage

Professor Dr. Georg Freund
Philipps-Universität Marburg
Fachbereich Rechtswissenschaften
Professur für Strafrecht, Strafprozessrecht
und Rechtsphilosophie
Savignyhaus
Universitätsstraße 6
35037 Marburg
Deutschland
georg@prof-freund.de

ISSN 0937-7433
ISBN 978-3-642-05361-0   e-ISBN 978-3-642-05362-7
DOI 10.1007/978-3-642-05362-7
Springer Heidelberg Dordrecht London New York

Die Deutsche Nationalbibliothek verzeichnet diese Publikation in der Deutschen Nationalbibliografie;
detaillierte bibliografische Daten sind im Internet über http://dnb.d-nb.de abrufbar.

© Springer-Verlag Berlin Heidelberg 1996, 2010
Dieses Werk ist urheberrechtlich geschützt. Die dadurch begründeten Rechte, insbesondere die der Übersetzung, des Nachdrucks, des Vortrags, der Entnahme von Abbildungen und Tabellen, der Funksendung, der Mikroverfilmung oder der Vervielfältigung auf anderen Wegen und der Speicherung in Datenverarbeitungsanlagen, bleiben, auch bei nur auszugsweiser Verwertung, vorbehalten. Eine Vervielfältigung dieses Werkes oder von Teilen dieses Werkes ist auch im Einzelfall nur in den Grenzen der gesetzlichen Bestimmungen des Urheberrechtsgesetzes der Bundesrepublik Deutschland vom 9. September 1965 in der jeweils geltenden Fassung zulässig. Sie ist grundsätzlich vergütungspflichtig. Zuwiderhandlungen unterliegen den Strafbestimmungen des Urheberrechtsgesetzes.
Die Wiedergabe von Gebrauchsnamen, Handelsnamen, Warenbezeichnungen usw. in diesem Werk berechtigt auch ohne besondere Kennzeichnung nicht zu der Annahme, dass solche Namen im Sinne der Warenzeichen- und Markenschutz-Gesetzgebung als frei zu betrachten wären und daher von jedermann benutzt werden dürften.

Einbandentwurf: WMXDesign GmbH, Heidelberg

Gedruckt auf säurefreiem Papier

Springer ist Teil der Fachverlagsgruppe Springer Science+Business Media (www.springer.com)

Vorwort

Das vorliegende Buch geht auf meine Grundfallreihe zu den Urkundendelikten zurück, die in sechs Folgen in der Juristischen Schulung in den Jahrgängen 1993 und 1994 publiziert worden ist. Im Jahre 1996 folgte die erste Auflage der „Urkundenstraftaten" in Buchform. Auch mit der nunmehr fertiggestellten zweiten Auflage des Werkes werden mehrere Ziele angestrebt: Zunächst soll es Studierenden der Rechtswissenschaften sowie Referendaren einen aktuellen Überblick über eine examenswichtige und vergleichsweise schwierige Materie vermitteln. Die kompakte Lehrbuchform mit Randnummern, Stichwortverzeichnis, Fallregister, Verständnisfragen und Antworten im Anhang entspricht deshalb didaktischen Bedürfnissen. Darüber hinausgehend soll die wissenschaftliche Diskussion in vielen nach wie vor ungeklärten Bereichen bei den Urkundenstraftaten weitergeführt und eine vertiefte Auseinandersetzung angeregt werden. Beispielhaft sei hier auf die unverändert aktuellen Probleme des Ausstellerschutzes bei der Blankettfälschung, des Ausstellerverständnisses bei erkennbarer Stellvertretung, der Fotokopie als Urkunde und der Reichweite der besonderen Beweiskraft bei öffentlichen Urkunden hingewiesen. Seit der ersten Auflage sind in verstärktem Maße Rechtsfragen im Zusammenhang mit (elektronischen) „Datenurkunden" i. S. des § 269 StGB hinzugekommen. Im Hinblick auf die praktische Relevanz der behandelten Probleme soll nicht zuletzt auch den in der Rechtspflege tätigen Richtern, Staatsanwälten und Verteidigern eine Entscheidungs- und Argumentationshilfe geboten werden.

Die nunmehr vollständig überarbeitete und erheblich erweiterte Auflage bleibt der bewährten Grundkonzeption des Ausgangswerkes treu. Selbstverständlich wurde die Diskussion der Sachfragen unter Berücksichtigung der zwischenzeitlich erschienenen Rechtsprechung und Literatur auf den aktuellen Stand gebracht. Darüber hinaus finden sich erhebliche Erweiterungen und Verbesserungen durch hervorgehobene klare Definitionen sowie sorgfältig ausgewählte weitere Fälle.

Mein herzlicher Dank gilt meinen Mitarbeiterinnen und Mitarbeitern *Dominik Best, Philipp Georgy, Mira Heinrich, Thomas Kröger, Katharina Reus, Frauke Timm* und *Heike Wege,* die mich – ebenso wie meine Sekretärin *Erika Fenderl* – nachhaltig unterstützt und so zum Gelingen des Werkes entscheidend beigetragen haben. Speziell bei der Sammlung und Auswertung des Materials sowie durch die kritische Durchsicht des Textes waren mir auch meine studentischen Hilfskräfte *Daliborka Brkić, Franziska Dommenz, Katharina Levermann,* und *Verena Telöken* stets eine äußerst wertvolle Hilfe. Nicht ungenannt dürfen in diesem Zusammenhang meine Freunde *Walter Grasnick* und *Alexander Koch* sowie meine frühere Mitarbeiterin *Sarah Klapp* bleiben; sie haben die Entstehung des Werkes in seiner konkreten Gestalt durch konstruktive Kritik und technische Rathilfe nicht unwesentlich gefördert. Ich danke auch meiner Tochter *Annegret Freund* für die Unterstützung bei der Korrektur des Textes sowie Herrn *Milan W. Burgdorf,* der mir in PC-technischer Hinsicht mehrfach zu Seite gestanden hat. Ferner gilt mein Dank den Studierenden, die sich freundlicherweise zum „Probelesen" bereitgefunden und mir Anregungen zur weiteren Verbesserung gegeben haben; namentlich waren dies *Pia Figge, Marnise Hunter, Janina Konze* und *Anna Lena Nowicki*.

Schließlich möchte ich auch Frau *Brigitte Reschke* von der Programmplanung Rechtswissenschaft des Springer-Verlages für die gute Zusammenarbeit danken. Anregungen zur Verbesserung dieses Buchs sind noch immer willkommen und sollen nicht unberücksichtigt bleiben. Sie können gerichtet werden an: freund@staff.uni-marburg.de.

Marburg, im Oktober 2009   Georg Freund

Inhaltsübersicht

Vorwort V

Inhaltsübersicht VII

Inhaltsverzeichnis IX

Abkürzungsverzeichnis XIII

1. Teil: Allgemeine Grundlagen 1
    I.   Gemeinsame Schutzintention 1
    II. Verhältnis zu anderen Straftaten – sonst strafrechtlich nicht erfasste Interessenbeeinträchtigungen 4
    III. Kriminologie der Urkundendelikte 5

2. Teil: Urkundenfälschung (§ 267) 9
    I.   Durch das Verbot der Urkundenfälschung intendierter Rechtsgüterschutz 10
    II. Merkmale der Urkunde: Perpetuierungs-, Beweis- und Garantiefunktion 27
    III. Formen der Tatbestandsverwirklichung 54
    IV. Tatbestandsvorsatz 80
    V. Erfordernis des Handelns „zur Täuschung im Rechtsverkehr" 84
    VI. Verhältnis der Verwirklichungsformen zueinander 92
    VII. Besonders schwere Fälle (Abs. 3) und Qualifikationstatbestand (Abs. 4) 94

3. Teil: Sonstige Urkundenstraftaten 99
    I.   Fälschung technischer Aufzeichnungen (§ 268) 99
    II. Fälschung beweiserheblicher Daten (§§ 269, 270) 110

III. Urkundenunterdrückung; Veränderung einer
Grenzbezeichnung (§ 274) 118
IV. Straftaten mit Blick auf besondere Urkunden (§§ 348, 271)............ 132

Verständnisfragen und Antworten 153

Literaturverzeichnis 157

Fallregister 165

Stichwortregister 167

Inhaltsverzeichnis

Vorwort V

Inhaltsübersicht VII

Inhaltsverzeichnis IX

Abkürzungsverzeichnis XIII

1. Teil: Allgemeine Grundlagen 1
    I.   Gemeinsame Schutzintention 1
    II. Verhältnis zu anderen Straftaten – sonst strafrechtlich nicht
        erfasste Interessenbeeinträchtigungen 4
    III. Kriminologie der Urkundendelikte 5

2. Teil: Urkundenfälschung (§ 267) 9
    I.   Durch das Verbot der Urkundenfälschung intendierter
        Rechtsgüterschutz 10
        1. Ausgangspunkt: Schutz des Interesses an richtiger „Zuschrei-
            bung" mit Blick auf die (fehlende) Bindung im Außen-
            verhältnis 10
        2. Das Interesse, die Änderung durch den Aussteller nach
            Verlust der Dispositionsbefugnis zu unterbinden 16
        3. Das Interesse, die im Innenverhältnis unberechtigte Bindung
            im Außenverhältnis zu vermeiden (insbesondere: die Blankett-
            fälschung) 19
        4. Der gemeinsame Nenner von 1. und 3.: Das Interesse an
            korrekter Wiedergabe des wirklichen Ausstellerwillens 23
    II. Merkmale der Urkunde: Perpetuierungs-, Beweis- und
        Garantiefunktion 27
        1. Die Erklärung 28
        2. Die Perpetuierungsfunktion 30

　　　　3. Die Beweisfunktion 39
　　　　4. Die Garantiefunktion 45
　　III. Formen der Tatbestandsverwirklichung 54
　　　　1. Herstellen einer unechten Urkunde 55
　　　　2. Verfälschen einer echten Urkunde 70
　　　　3. Gebrauchmachen von einer unechten oder verfälschten
　　　　　　Urkunde 77
　　IV. Tatbestandsvorsatz 80
　　V. Erfordernis des Handelns „zur Täuschung im Rechtsverkehr" 84
　　VI. Verhältnis der Verwirklichungsformen zueinander 92
　　VII. Besonders schwere Fälle (Abs. 3) und Qualifikationstatbestand
　　　　(Abs. 4) 94

3. Teil: Sonstige Urkundenstraftaten 99
　　I. Fälschung technischer Aufzeichnungen (§ 268) 99
　　　　1. Durch das Verbot der Fälschung technischer Aufzeich-
　　　　　　nungen intendierter Rechtsgüterschutz 100
　　　　2. Tatbestandserfordernisse im Einzelnen 102
　　　　　　a) Erfordernis „selbständiger Verkörperung"? 102
　　　　　　b) Erfordernis „selbsttätiger Bewirkung" 104
　　　　　　c) Erkennbarkeit des Gegenstands und Beweisbestimmung. 106
　　　　　　d) Unechte technische Aufzeichnung – Tathandlungs-
　　　　　　　　formen 106
　　　　　　e) Tatbestandsvorsatz, Handeln „zur Täuschung im
　　　　　　　　Rechtsverkehr", Verhältnis der Verwirklichungsformen
　　　　　　　　zueinander 110
　　II. Fälschung beweiserheblicher Daten (§§ 269, 270) 110
　　　　1. Durch das Verbot der Fälschung beweiserheblicher Daten
　　　　　　intendierter Rechtsgüterschutz 111
　　　　2. Tatbestandserfordernisse 112
　　III. Urkundenunterdrückung; Veränderung einer Grenzbezeichnung
　　　　(§ 274) 118
　　　　1. Durch das Verbot der Urkundenunterdrückung
　　　　　　intendierter Rechtsgüterschutz 119
　　　　2. Tatbestandserfordernisse 125

IV. Straftaten mit Blick auf besondere Urkunden (§§ 348, 271) 132
   1. Falschbeurkundung im Amt (§ 348) 132
       a) Durch das Verbot der Falschbeurkundung intendierter Rechtsgüterschutz 133
       b) Tatbestandserfordernisse 133
   2. Mittelbare Falschbeurkundung (§ 271) 143
       a) Durch das Verbot der mittelbaren Falschbeurkundung intendierter Rechtsgüterschutz 144
       b) Tatbestandserfordernisse 147

Verständnisfragen und Antworten 153

Literaturverzeichnis 157

Fallregister 165

Stichwortregister 167

Abkürzungsverzeichnis

a.	auch
a. A.	anderer Auffassung
a. a. O.	am angegebenen Ort
a. E.	am Ende
a. F.	alte Fassung
abl.	ablehnend
Abs.	Absatz
AMG	Arzneimittelgesetz
Anm.	Anmerkung
Art.	Artikel
AT	Allgemeiner Teil
Aufl.	Auflage
BayObLG	Bayerisches Oberstes Landesgericht
Bd.	Band
Beschl.	Beschluss
Bespr.	Besprechung
BGB	Bürgerliches Gesetzbuch
BGH	Bundesgerichtshof
BGHSt	Entscheidungen des Bundesgerichtshofes in Strafsachen
BGHSt(GS)	Entscheidungen des Bundesgerichtshofes in Strafsachen (Großer Senat)
BGHZ	Entscheidungen des Bundesgerichtshofes in Zivilsachen
BT	Besonderer Teil
BT-Drucks.	Bundestags-Drucksache
BVerfG	Bundesverfassungsgericht
BVerfGE	Entscheidungen des Bundesverfassungsgerichts
bzw.	beziehungsweise

CR	Computer und Recht
d. h.	das heißt
dens.	denselben
ders.	derselbe
dies.	dieselbe
Diss.	Dissertation
DStrZ	Deutsche Strafrechtszeitung
etc.	et cetera
f.	folgende (Seite oder Randnummer)
FamRZ	Zeitschrift für das gesamte Familienrecht
ff.	folgende (Seiten oder Randnummern)
FG	Festgabe
Fn.	Fußnote
FS	Festschrift
GA	Goltdammer's Archiv für Strafrecht
GG	Grundgesetz
ggf.	gegebenenfalls
GS	Gedächtnisschrift
h. M.	herrschende Meinung
hrsg. v.	herausgegeben von
i. d. S.	in diesem Sinne
i. E.	im Ergebnis
i. e. S.	im engeren Sinn
IP-Adresse	Internet Protocol-Adresse
i. S.	im Sinne
i. S. v.	im Sinne von
i. V. m.	in Verbindung mit
i. w. S.	im weiteren Sinne
JA	Juristische Arbeitsblätter
jew.	jeweils
JR	Juristische Rundschau
Jura	Juristische Ausbildung
JuS	Juristische Schulung
JZ	Juristenzeitung

KG	Kammergericht
krit.	kritisch
Lfg.	Lieferung
LG	Landgericht
LK	Leipziger Kommentar
Lkw	Lastkraftwagen
LZ	Leipziger Zeitschrift
m.	mit
MAC-Adresse	Media-Access-Controll-Adresse (Hardwareadresse einer Netzwerkkarte)
m. a. W.	mit anderen Worten
m. w. N.	mit weiteren Nachweisen
MDR	Monatsschrift für Deutsches Recht
MünchKommStGB	Münchener Kommentar zum Strafgesetzbuch
n. F.	neue Fassung
NJW	Neue Juristische Wochenschrift
NK	Nomos Kommentar
NomosHK-GS	Nomos Handkommentar – Gesamtes Strafrecht
Nr.	Nummer
Nrn.	Nummern
NStZ	Neue Zeitschrift für Strafrecht
NZV	Neue Zeitschrift für Verkehrsrecht
OLG	Oberlandesgericht
PStG	Personenstandsgesetz
RG	Reichsgericht
RGSt	Entscheidungen des Reichsgerichts in Strafsachen
Rn.	Randnummer
S.	Satz, Seite
s.	siehe
s. a.	siehe auch
s. o.	siehe oben
SchwZStr	Schweizerische Zeitschrift für Strafrecht
SK StGB	Systematischer Kommentar zum Strafgesetzbuch
sog.	sogenannt

StGB	Strafgesetzbuch
StPO	Strafprozessordnung
StrRG	Gesetz zur Reform des Strafrechts
StV	Strafverteidiger
StVG	Straßenverkehrsgesetz
u. a.	unter anderem, und andere
u. U.	unter Umständen
Urt.	Urteil
usw.	und so weiter
v.	vom, von
vgl.	vergleiche
VRS	Verkehrsrechts-Sammlung
wistra	Zeitschrift für Wirtschaft, Steuer, Strafrecht
z. B.	zum Beispiel
z. T.	zum Teil
ZIS	Zeitschrift für Internationale Strafrechtsdogmatik <http://www.zis-online.com>
zit.	zitiert
ZPO	Zivilprozessordnung
ZStW	Zeitschrift für die gesamte Strafrechtswissenschaft
zusf.	zusammenfassend
zust.	zustimmend

Gesetzesparagraphen ohne Gesetzesangabe sind solche des StGB.

1. Teil: Allgemeine Grundlagen

I. Gemeinsame Schutzintention

Ein bei allen Urkundenstraftaten beeinträchtigtes **gemeinsames „Rechtsgut"** lässt sich nur auf relativ hoher Abstraktionsebene angeben: Durch entsprechende Verhaltensnormen geschützt werden soll die **Sicherheit** und **Zuverlässigkeit** des **Rechtsverkehrs mit Urkunden, technischen Aufzeichnungen** und **Daten** als Beweismittel.[1] Mit dieser Bestimmung der Schutzinteressen, die unter dem Aspekt der Urkundendelikte als rechtlich anerkennenswert überhaupt in Betracht zu ziehen sind, ist jedoch nur im Groben die Richtung gewiesen. Für das Verständnis der genauen Reichweite einzelner Tatbestände bedarf es der Präzisierung und **Konkretisierung des Rechtsguts**, dessen Verletzung oder Gefährdung tatbestandsmäßig (missbilligt) i. S. eines ganz bestimmten Tatbestands ist. Denn der Schutz des Rechtsverkehrs (i. S. eines Beweisverkehrs) mit Urkunden und anderen Gewährschaftsträgern (z. B. „technischen Aufzeichnungen"[2] oder „beweiserheblichen Daten"[3]) erfolgt nicht pauschal, sondern in ausdifferenzierter Form. Geschützt werden jeweils nur ausschnitthaft ganz bestimmte Interessen beim rechtserheblichen Umgang mit bestimmten Gewährschaftsträgern. Insofern gibt es höchst unterschiedliche **Spezifizierungen des jeweils geschützten Interesses**, die sich auch in **bestimmten Tatbeständen** des geltenden Rechts verankert finden:

In Betracht kommt zunächst der Schutz des Interesses an der **Echtheit** (bzw. der Unverfälschtheit). Dieser Aspekt ist im Tatbestand des § 267

1

2

---

[1] BGHSt 2, 50, 52; *Wessels/Hettinger*, BT 1[32], Rn. 789 (§ 18 I 1); *Zieschang*, in: LK[12], vor § 267 Rn. 6; vgl. auch *Heghmanns*, BT, Rn. 1329. – Krit. zu dieser viel zu allgemeinen „Rechtsgutsbestimmung" *Puppe*, in: NK[2], § 267 Rn. 1 f.; *dies.*, FG BGH IV, 2000, S. 569 f.
[2] S. dazu unten 3. Teil I (Rn. 235 – 265).
[3] S. dazu unten 3. Teil II (Rn. 266 – 274).

erfasst.⁴ Ein – (auch⁵) jenseits des Echtheitsaspekts – denkbares Interesse an **inhaltlicher Wahrheit** ist nur in bestimmten Fällen geschützt, insbesondere bei öffentlichen Urkunden (§§ 348, 271).⁶ Das denkbare Interesse eines **Beweisführungsberechtigten** an der **Verfügbarkeit** ist strafrechtlich abgesichert in §§ 274 Abs. 1 Nr. 1⁷, 133. Ein Interesse am Unterbleiben einer **missbräuchlichen Verwendung echter Urkunden** genießt Strafrechtsschutz nur bei Ausweispapieren (§ 281).⁸

3   Dabei sind diese unter dem Aspekt bestimmter Tatbestände⁹ jeweils geschützten Interessen entgegen verbreiteter Akzentuierung nicht lediglich und noch nicht einmal primär solche der sog. „abstrakten Allgemeinheit". Die geschützten Interessen sind vielmehr selbstverständlich solche der konkreten Personen, die (möglicherweise) entsprechend „fühlbare" Einbußen erleiden könnten.¹⁰ Deren rechtlich **anzuerkennende Individualinteressen** sollen gewahrt werden.

---

⁴   Freilich bedarf selbst der Topos des Schutzes des Interesses an der Echtheit (bzw. Unverfälschtheit) nochmals der Konkretisierung und Spezifizierung; näher zu den – denkbaren – unterschiedlichen Rechtsgüterschutzinteressen der Urkundenfälschung nach § 267 noch unten 2. Teil I (Rn. 18 – 62).

⁵   Im Grunde betrifft der Echtheitsaspekt – das werden die weiteren Überlegungen zeigen – einen speziellen Ausschnitt der inhaltlichen Wahrheit. Denn auch die unechte Urkunde enthält notwendig eine schriftliche Lüge: Sie spiegelt einen anderen als den „wahren" Aussteller vor – die Erklärung stammt nicht von dem, von dem sie zu stammen scheint; näher dazu unten 2. Teil I (Rn. 18 – 62), III 1 (Rn. 136 – 183).

⁶   S. dazu unten 3. Teil IV (Rn. 299 – 341).

⁷   S. dazu unten 3. Teil III (Rn. 275 – 298).

⁸   Näher zur missbräuchlichen Verwendung von Ausweispapieren und sonstigen ausweisgleichen Urkunden *Erb,* in: MünchKommStGB, § 281 Rn. 1 ff.; *Hecker,* GA 1997, 525 ff.

⁹   Vgl. ergänzend § 273 (Verändern von amtlichen Ausweisen), § 275 (Vorbereitung der Fälschung von amtlichen Ausweisen), § 276 (Verschaffen von falschen amtlichen Ausweisen), § 276 a (Vorbereitung der Fälschung und Verschaffen von falschen aufenthaltsrechtlichen Papieren und Fahrzeugpapieren) und §§ 277, 278, 279 (Fälschung von Gesundheitszeugnissen, Ausstellen und Gebrauch unrichtiger Gesundheitszeugnisse).

¹⁰ Zutreffend insofern *Arzt/Weber,* LH 4², Rn. 453: „Sicherheit des Rechtsverkehrs heißt, dass man den Beweismitteln vertrauen kann. Letztlich geht es also (natürlich) nicht um den Schutz des Rechtsverkehrs, sondern um den Schutz des Vertrauens derjenigen, die am Rechtsverkehr teilnehmen" (problematisch erscheint in dieser Formulierung von *Arzt/Weber* allerdings die Akzentuierung des Vertrauensaspekts; denn beispielsweise der scheinbare Aussteller vertraut in der Regel gerade nicht und verdient dennoch Schutz vor unzutreffender Zuschreibung; vgl. dazu unten 2. Teil I 3, 4 [Rn. 41 – 62]). In der Sache für eine Individualschutz-

Ihrem Charakter nach sind die Urkundenstraftaten vor diesem Hintergrund in der Regel Delikte der **abstrakten**[11], u. U. sogar der mehr oder weniger **konkreten**[12] **Gefährdung** ganz bestimmter (Zuschreibungs- und Verfügbarkeits-)Interessen von Einzelpersonen. Und nur bisweilen handelt es sich um eine entsprechende Gefährdung von Interessen staatlicher Einrichtungen (und i. d. S. um Allgemeininteressen) – etwa im Falle der durch eine Urkundenfälschung erschlichenen Einstellung in den öffentlichen Dienst. Indessen zeigt sich insoweit nur eines: Seiner Funktion nach ist der Schutz entsprechender Interessen regelmäßig ein **Vorfeldschutz**, um weitergehende Interessenbeeinträchtigungen in bestimmten anderen Bereichen zu vermeiden – sei es bei Privatpersonen oder bei sonstigen Interessenträgern.[13]

4

Nur ein Verständnis der Urkundenstraftaten, das auf die jeweils betroffenen Interessen Bedacht nimmt, ermöglicht überhaupt eine **tatangemessene Strafzumessung**. Das Abstellen auf ein abstraktes Rechtsgut der Allgemeinheit müsste konsequenterweise zu einer Orientierung allenfalls an ganz wenigen Faktoren (etwa an der Güte einer Fälschung) und damit zu einer verfehlten Gleichschaltung führen. Dagegen gestattet die Einbeziehung der im Einzelfall jeweils betroffenen schutzwürdigen Interessen eine dem **Unrechtsgehalt** der einzelnen Tat gerecht werdende Zumessung der Strafe. Insofern macht es eben einen Unterschied, ob z. B. der Urkundenfälscher einen **Scheck** über 50 oder 1.000 € **fälscht** oder der Täter einer **Urkundenunterdrückung** dies mit der drohenden Konsequenz tut, dass ein anderer unberechtigt zu einer kleinen Geldstrafe oder aber zu einer hohen Freiheitsstrafe verurteilt wird. Das **unterschiedliche Gewicht** der jeweils betroffenen **schutzwürdigen (Individual-)Interessen**[14] erfordert eine entsprechend angepasste Strafzumessung.

5

Eben diesen Interessen dient auch die Möglichkeit, die **Fälschungsprodukte und -mittel einzuziehen** (vgl. näher § 282). Im Falle der Falschbeur-

6

---

funktion (des § 267) mit Recht etwa auch *Jakobs,* Urkundenfälschung, S. 5 ff.; *ders.,* FS Küper, S. 225, 228 f.; *Puppe,* JZ 1991, 550, 552 f. (gegen BGHZ 100, 13). – Allgemein zur Bedeutung dieser Einsicht für die Behandlung der Universalrechtsgüter *Hassemer,* in: Jenseits des Funktionalismus, S. 85, 91 ff.

[11] Z. B. im Falle der Herstellung einer unechten Urkunde nach § 267; näher dazu unten 2. Teil III 1 (Rn. 136 – 183).
[12] Z. B. im Falle des Gebrauchmachens von einer unechten Urkunde; näher dazu unten 2. Teil III 3 (Rn. 196 – 205).
[13] Zur Frage des Eingreifens der Urkundendelikte bei Auslandsberührung vgl. *Schroeder,* NJW 1990, 1406 f.; *Stoffers,* JA 1994, 76, 78 ff.
[14] Zutreffend zum individualschützenden Charakter (auch) des Verbots der Urkundenfälschung *Erb,* in: MünchKommStGB, § 267 Rn. 2 ff.

kundung im Amt kommt außerdem die **Aberkennung der Amtsfähigkeit** in Betracht (§ 358).

II. Verhältnis zu anderen Straftaten – sonst strafrechtlich nicht erfasste Interessenbeeinträchtigungen

7   Die Urkundendelikte stehen in einem engen Zusammenhang vor allem mit den **Vermögensstraftaten**.[15] Die Fälschung oder Unterdrückung von Beweismitteln ist in aller Regel nicht Selbstzweck, sondern praktisch durchweg entscheidend motiviert durch weitergehende Zweckverfolgungen. Dabei geht es meist um wirtschaftliche Interessen. Greift – wie in der Mehrzahl der Fälle – § 263 neben einem Urkundendelikt ein, fungiert die Urkundenstraftat in der Sache als Qualifikation des besonders raffiniert begangenen Vermögensdelikts.[16] Entsprechendes gilt beispielsweise für die durch eine Urkundenfälschung verschleierte Unterschlagung.

8   Praktisch bedeutsamer erscheint jedoch die durch die Urkundenstraftaten bewirkte **Vorverlagerung der Strafbarkeit**. Besonders extrem ist diese Vorverlagerung bei der Urkundenfälschung in Gestalt des Herstellens einer unechten oder des Verfälschens einer echten Urkunde. Bis 1943 wurden entsprechende Verhaltensweisen erst dann strafrechtsrelevant, wenn von einem Fälschungsfabrikat zum Zwecke der Täuschung Gebrauch gemacht wurde. § 267 a. F. lautete: „Wer in rechtswidriger Absicht eine inländische oder ausländische öffentliche Urkunde oder eine solche Privaturkunde, welche zum Beweis von Rechten und Rechtsverhältnissen von Erheblichkeit ist, verfälscht oder fälschlich anfertigt und von derselben zum Zwecke der Täuschung Gebrauch macht, wird wegen Urkundenfälschung mit Gefängnis bestraft." Die Tat war also als zweiaktiges Delikt ausgestaltet. Nach heute geltendem Recht liegt dagegen u. U. lange Zeit vor dem intendierten Gebrauchen zu Täuschungszwecken eine **vollendete Tat** vor.[17]

---

[15] Zutreffend herausgestrichen ist dies von *Arzt/Weber*, LH 4², Rn. 456. – *Fischer*[56], § 267 Rn. 1 fasst in Gegenposition zu *Zieschang*, in: LK[12], vor § 267 Rn. 7 die Urkundenfälschung im Hinblick auf § 267 Abs. 3 Nr. 1 und 2 sogar als Vermögensdelikt auf. Richtig daran ist, dass die Vermeidung von Vermögensschäden je nach den Umständen durchaus auch im Schutzbereich des Verbots der Urkundenfälschung liegen kann.

[16] Zur entsprechenden historischen Bedeutung der Urkundenfälschung als Qualifikation für den Betrug vgl. *Tröndle*, in: LK[10], vor § 267 Rn. 11 m. w. N.

[17] Kritisch mit Blick auf eine derartige Vorverlagerung des Rechtsgüterschutzes *Jakobs*, ZStW 97 (1985), 751, 756 f.

Bei **formeller Vollendung** der Tat kann z. B. der **Urkundenfälscher**, der **8a**
sein gerade fertiggestelltes **Falsifikat** sofort wieder **vernichtet**, weil ihn seine
Tat reut, jedenfalls nicht in direkter Anwendung der **Rücktrittsregelung** des
§ 24 oder in direkter Anwendung von Vorschriften über die „**tätige Reue**"
von Strafe verschont werden. Insofern ist lediglich an eine **analoge Anwendung** solcher Vorschriften zu denken.[18] Die Verfahrenseinstellung nach
§§ 153, 153a StPO ist in diesem Bereich nur eine prozessuale „**Notlösung**".

Die Tatbestände der Urkundendelikte sind indessen nicht nur im Rahmen **9**
von Vermögensstraftaten als deren „Qualifikationen" und als die Strafbarkeitszone teilweise weit vorverlagernde Tatbestände bedeutsam. Sie sind auch
für alle sonstigen denkbaren **privaten** und **öffentlichen Interessen** wichtig,
sofern diese überhaupt rechtlich anzuerkennen sind. Für den Fall, dass
derartige Interessen als solche keinen anderweitigen Strafrechtsschutz genießen, kommt ihnen über die Urkundendelikte sogar partiell ein sonst völlig
fehlender **mittelbarer Schutz** zu. Die Urkundendelikte fungieren dabei
gewissermaßen als einzige „Schutzinstanz".

Das mag folgendes Beispiel verdeutlichen: **A** hat eine **Freundin F**, die B **10**
ihm missgönnt. Deshalb **fälscht B** einen **Brief** des A mit dem Inhalt, dass A
seine Freundin nicht mehr wiedersehen wolle. F zieht daraus die Konsequenz
und wendet sich von A ab. – In einem derartigen Fall greift allenfalls der
Schutz des § 267 zugunsten von F und A ein.[19]

III. Kriminologie der Urkundendelikte

Die **Zahl** der **bekannt gewordenen Urkundenfälschungsdelikte** (i. w. S.) **11**
betrug 1993[20] in Deutschland ca. 81 000, stieg nach einem Zwischentief im
Jahr 1994 von unter 78 000 bis 1996 auf etwa 82 000 an und sank mit einem
leichten Zwischenhoch im Jahr 2001 von ungefähr 74 000 kontinuierlich
(1998: 75 000, 2000: 72 000, 2003: 69 000, 2005: 64 000) bis auf ca. 59 000 im
Jahr 2006 (d. h. um ein ganzes Viertel), um 2007 wieder auf knapp 63 000 zu

---

[18] Vgl. dazu auch *Freund*, AT², § 9 Rn. 5; sachlich übereinstimmend *Jakobs*, Urkundenfälschung, S. 93.
[19] Zur Angemessenheit des Schutzes auch des scheinbaren Ausstellers näher unten Rn. 44 – 62; zum – im Beispielsfall entgegen dem ersten Anschein wohl erfüllten – Erfordernis des Handelns „zur Täuschung im Rechtsverkehr" näher unten 2. Teil V (Rn. 212 – 227a).
[20] Erstes Erhebungsjahr für das gesamte Bundesgebiet nach der Wiedervereinigung; die Daten der Vorjahre (s. dazu die Vorauflage, Rn. 11) sind daher nicht vergleichbar.

steigen. Darunter waren 2007 etwa 2 000 Fälle der Fälschung technischer Aufzeichnungen und 4 400 Fälle der Fälschung beweiserheblicher Daten bzw. der Täuschung im Rechtsverkehr bei der Datenverarbeitung (§§ 269, 270). Außerdem wurden im selben Jahr ungefähr 1 200 Fälle der Geld- und Wertzeichenfälschung (einschließlich Vorbereitungshandlungen), 1 900 Fälle des Inverkehrbringens von Falschgeld und 6 000 Fälle der Fälschung von Zahlungskarten mit und ohne Garantiefunktion, Schecks und Wechseln (§§ 152a, 152b)[21] bekannt.[22]

12 Im Jahr 2006 standen etwa 49 200 im alten Bundesgebiet und Gesamt-Berlin **polizeilich registrierten Urkundenfälschungsdelikten** ungefähr 23 800 strafgerichtliche Aburteilungen gegenüber, darunter knapp 20 000 **Verurteilungen**.[23]

13 Auffällig ist die **hohe Aufklärungsquote** bei der Urkundenfälschung von etwa 90 %. Sie dürfte darauf beruhen, dass nach der Art des Delikts bei Entdeckung der Tat in der Regel nur wenige Personen ernsthaft als Täter in Betracht kommen.[24] Seit der Jahrtausendwende ist die Aufklärungsquote allerdings **etwas rückläufig**: Betrug sie in den 1990er Jahren noch durchgehend um die 93 bis 94 %, sank sie nach ca. 92 % (2003) bzw. 90 % (2005) schließlich auf ca. 87 % im Jahr 2007. Beachtenswert ist dabei der beträchtliche **Zuwachs** des Anteils der **Fälschung beweiserheblicher Daten** bzw. der Täuschung im Rechtsverkehr bei der Datenverarbeitung am gesamten Deliktsbereich. Denn während sich dieser zwischen 1997 (0,5 %) und 2007

---

[21] Zu diesen Straftaten näher etwa *Wessels/Hettinger*, BT 1³², Rn. 946 ff. (§ 20 V).
[22] Vgl. dazu die Polizeiliche Kriminalstatistik 2007, S. 198; bemerkenswert ist, dass die Taten gem. §§ 269, 270 mit einer Zunahme um knapp 2 000 Fälle zwischen 2006 und 2007 mehr als die Hälfte des in diesem Zeitraum zu verzeichnenden Zuwachses des Gesamtdeliktsbereichs ausmachen.
[23] S. dazu die Polizeiliche Kriminalstatistik 2006, S. 201 sowie die Strafverfolgungsstatistik 2006, S. 36 f. – Zu beachten ist, dass die Zahlen schon deshalb nicht ohne Weiteres miteinander vergleichbar sind, weil die Kriminalstatistik insoweit die erfassten Fälle, die Strafverfolgungsstatistik hingegen die abgeurteilten bzw. verurteilten Personen ausweist. Bezogen auf das gesamte Bundesgebiet nach neuem Gebietsstand kamen 2006 auf ca. 59 200 registrierte Fälle etwa 49 300 Tatverdächtige, was bei ubiquitärer Verteilung ca. 41 000 Tatverdächtigen in den alten Bundesländern sowie Gesamt-Berlin entspräche; vgl. dazu die Polizeiliche Kriminalstatistik 2006, S. 198, 199. Zu weiteren Faktoren, welche die Vergleichbarkeit von Kriminal- und Strafverfolgungsstatistik einschränken, s. *Eisenberg*, Kriminologie⁶, § 17 Rn. 19 ff., 35 ff., 53 ff.
[24] Vgl. *Arzt/Weber*, LH 4², Rn. 465; *Erb*, in: MünchKommStGB, § 267 Rn. 11 – Näher zur Phänomenologie der Urkundendelikte und zur Fälschungstechnik *Stehling*, Die Urkundenfälschung, S. 140 ff., 192 ff.

(7 %) – anfangs allerdings mit noch unklarer Tendenz[25] – mehr als verzehnfachte, sank die Aufklärungsquote für diese Deliktsgruppe innerhalb desselben Zeitraums um mehr als die Hälfte (1997: 94 %, 1999: 79 %, 2001: 96 %, 2003: 87 %, 2005: 47 %, 2007: 39 %).[26]

Vertiefungs- und Problemhinweise zu den Allgemeinen Grundlagen

Brandt, Die nominelle Veränderung der eigenen Unterschrift, in: Archiv für Kriminologie 1992 (Bd. 190), 36 ff.; *Brockhaus,* Die Urkundenfälschung und die Straflosigkeit der „schriftlichen Lüge" – Ein Erklärungsversuch aus historischer Sicht bis zum Reichsstrafgesetzbuch von 1871, in: ZIS 2008, 556 ff.; *Erb,* in: MünchKommStGB, § 267 Rn. 11 ff., § 268 Rn. 5 f., § 269 Rn. 2 f.; *Prechtel,* Urkundendelikte (§§ 267 ff. StGB) – Reformdiskussion und Gesetzgebung seit 1870, 2005; *Stehling,* Die Urkundenfälschung – Ein Beitrag zur Kriminologie, Kriminalistik und strafrechtlichen Problematik dieser Gesetzesverstöße, Diss. iur. Frankfurt/Main 1973.

13a

---

[25] 1999: 0,2 %, 2001: 1,2 %, 2003: 0,3 %, 2005: 1,6 %.
[26] Vgl. dazu die Polizeiliche Kriminalstatistik 1995, S. 214; 1997, S. 194; 1999, S. 196; 2001, S. 204; 2003, S. 202; 2005, S. 202 und 2007, S. 198.

2. Teil: Urkundenfälschung (§ 267)

Nach § 267 Abs. 1 wird wegen **Urkundenfälschung** bestraft, wer zur Täuschung im Rechtsverkehr eine unechte Urkunde herstellt, eine echte Urkunde verfälscht oder eine unechte oder verfälschte Urkunde gebraucht. Der **Versuch** ist in § 267 Abs. 2 mit Strafe bedroht. 14

§ 267 Abs. 3 normiert einen erhöhten Strafrahmen für **besonders schwere Fälle**. Als **Regelbeispiele** werden insofern genannt: Gewerbsmäßiges Handeln oder Handeln als Mitglied einer Bande, die sich zur fortgesetzten Begehung von Betrug oder Urkundenfälschung verbunden hat (Nr. 1); das Herbeiführen eines Vermögensverlustes großen Ausmaßes (Nr. 2); die erhebliche Gefährdung der Sicherheit des Rechtsverkehrs durch eine große Zahl von unechten oder verfälschen Urkunden (Nr. 3); der Missbrauch der Befugnisse oder der Stellung eines Amtsträgers (Nr. 4). Abs. 4 des § 267 normiert einen als Verbrechen ausgestalteten **Qualifikationstatbestand** für den Fall, dass der Täter die Urkundenfälschung als Mitglied einer Bande, die sich zur fortgesetzten Begehung von Straftaten nach den §§ 263 bis 264 oder 267 bis 269 verbunden hat, gewerbsmäßig begeht. 14a

Mit dem zentralen Begriff der **Urkunde** i. S. des materiellen Strafrechts werden im Wesentlichen drei Momente verbunden: Eine Urkunde setzt danach eine **verkörperte Erklärung** voraus, die einen **Aussteller erkennen** lässt und die im **Rechtsverkehr** eine **Beweisfunktion** erfüllt.[1] In Bezug auf einen solchermaßen definierten Gegenstand werden dann üblicherweise die verschiedenen Formen der Tatbestandsverwirklichung näher bestimmt; es wird also unter Anknüpfung an diese Definition konkretisiert, was unter dem („**zur Täuschung im Rechtsverkehr**" vorgenommenen) **Herstellen** einer unechten, dem **Verfälschen** einer echten und dem **Gebrauchmachen** von einer unechten oder verfälschten Urkunde im Einzelnen zu verstehen ist. 15

Bei einer derartigen Aufspaltung des zu bewältigenden Problemstoffs geraten indessen leicht bestimmte Zusammenhänge und gemeinsame Grundlagen 16

---

[1] S. dazu etwa *Cramer/Heine*, in: Schönke/Schröder²⁷, § 267 Rn. 2; *Heghmanns*, BT, Rn. 1339; *Jäger*, Examens-Repetitorium BT³, Rn. 427; *Lackner/Kühl*²⁶, § 267 Rn. 2; *Otto*, JuS 1987, 761; *ders.*, BT⁷, § 70 Rn. 1, jew. m. w. N.

aus dem Blickfeld. Denn bereits der **Begriff der Urkunde** kann nicht losgelöst von einer bestimmten Tatbestandsverwirklichungsform des § 267 gesehen werden – etwa als ein jenseits der Tatbestandsproblematik angesiedeltes, von vornherein fertiges Gebilde. Schon die nähere Bestimmung des Begriffs der Urkunde setzt vielmehr das Erfassen der **spezifischen Schutzinteressen** voraus, um die es in der Sache bei einem bestimmten Tatbestand bzw. bei einer bestimmten Form der Tatbestandsverwirklichung geht. Es gilt zu klären, welche Verhaltensweisen unter diesem Blickwinkel sinnvollerweise tatbestandlich zu missbilligen sind.

17 Damit aber ist zunächst die weichenstellende Frage nach dem durch das **Verbot der Urkundenfälschung** bezweckten **Rechtsgüterschutz** aufgeworfen. Ist diese Frage beantwortet, verstehen sich nicht nur die Kriterien des materiellstrafrechtlichen[2] Urkundenbegriffs (i. S. des § 267) gleichsam von selbst, sondern ist auch einigermaßen klar vorgezeichnet, welche **Verhaltensweisen** nach **Wortlaut und (!) ratio** tatbestandlich erfasst sind.

I. Durch das Verbot der Urkundenfälschung intendierter Rechtsgüterschutz

1. Ausgangspunkt: Schutz des Interesses an richtiger „Zuschreibung" mit Blick auf die (fehlende) Bindung im Außenverhältnis

18 FALL 1: **Schuldner S** hatte seine Schuld beglichen, jedoch versäumt, sich dafür eine Quittung geben zu lassen. Da er befürchtete, von dem Erben des verstorbenen Gläubigers nochmals in Anspruch genommen zu werden, fertigte er selbst eine entsprechende **Quittung** an und unterzeichnete diese mit dem Namen des Gläubigers.

19 FALL 2: **A** fuhr mit seiner **Sekretärin** ins Wochenende. Im **Hotel** trugen sich beide als Ehepaar ein.

20 FALL 3: **A** unterzeichnete eine Erklärung zwar mit seinem **eigenen Namen**, aber unter Begleitbedingungen, nach denen ein **anderer gleichen Namens** als Aussteller erschien.

---

[2] Zum – teilweise abweichenden – strafprozessualen Urkundenbegriff, der sich im Wesentlichen an der „Verlesbarkeit" (eines Schriftstücks) orientiert, vgl. etwa *Roxin,* Strafverfahrensrecht[25], § 28 B m.w.N. Zum zivilprozessualen Urkundenbegriff vgl. OLG Köln NJW 1992, 1774; *Geimer,* in: Zoller ZPO[27], vor § 415 Rn. 2; *Schreiber,* in: MünchKommZPO[3], § 415 Rn. 5 ff.; *Zoller,* NJW 1993, 429 ff.; ergänzend etwa *Kindhäuser,* Strafprozessrecht, § 21 Rn. 101.

FALL 4: A unterschrieb eine Quittung in einer für ihn untypischen Art und 21
Weise, die es ihm später ermöglichen sollte, die **eigene** Ausstellerschaft zu
leugnen und die **Unterschrift als Fälschung** hinzustellen.

Einigkeit dürfte mit Blick auf Folgendes bestehen: Das **spezifische** 22
Rechtsgut bei der Urkundenfälschung nach § 267 ist jedenfalls das Interesse
der Teilnehmer des Rechtsverkehrs an der „**Echtheit**" einer „**beweisgeeigneten verkörperten Erklärung**".[3] Dabei muss „Echtheit" grundsätzlich
verstanden werden als richtig dokumentierte Zuordnung der verkörperten
Erklärung zu ihrem Aussteller (als deren Urheber). Vereinfacht ausgedrückt:
Es geht um das Interesse daran, dass erkennbarer und wirklicher Aussteller
übereinstimmen! Dieses **Interesse an richtiger Zuschreibung** ist zu unterscheiden von einem etwaigen – weitergehenden – Interesse an der (inhaltlichen) Richtigkeit der Erklärung selbst.

Arzt/Weber[4] sprechen insoweit recht prägnant von „**Zuschreibungsver-** 23
trauen" einerseits und „**Inhaltsvertrauen**" andererseits. Diese Entgegensetzung darf jedoch nicht zu der Annahme verleiten, das Interesse an richtiger „Zuschreibung" sei vom Erklärungs*inhalt* einer Urkunde unabhängig.
Vielmehr soll damit lediglich ein ganz bestimmter Ausschnitt aus dem gesamten Erklärungsinhalt herausgegriffen und das dahingehende Interesse an der
inhaltlichen (!) Richtigkeit unter dem Aspekt der Urkundenfälschung als
spezifisch schutzwürdig ausgezeichnet werden: die – ausdrückliche oder sich
aus den näheren Umständen ergebende (konkludente) – **Erklärung in**
Bezug auf den Aussteller.[5]

Ein über das Interesse an richtiger Zuschreibung hinausgehendes Interesse 24
an der (inhaltlichen) Richtigkeit der Erklärung selbst ist nur ausnahmsweise –
im Rahmen anderer Tatbestände (z.B. der mittelbaren Falschbeurkundung
oder aber des Betruges) – geschützt.[6] Mit Blick auf das **spezifisch schutz-**

---

[3] I.d.S. etwa die Kurzdefinition von *Arzt/Weber,* LH 4², Rn. 467. Näher zur Problematik des durch das Verbot der Urkundenfälschung geschützten Rechtsguts *Erb,* in: MünchKommStGB, § 267 Rn. 1 ff.; *Rheineck,* Fälschungsbegriff und Geistigkeitstheorie, S. 112 ff.; *Sieber,* Computerkriminalität und Strafrecht², S. 265 ff.
[4] *Arzt/Weber,* LH 4², Rn. 454.
[5] Zur – beispielsweise mit Blick auf Zuschreibungsinteressen des scheinbaren Ausstellers selbst – problematischen Akzentuierung des Vertrauensaspekts (bei der Redeweise vom geschützten *Zuschreibungsvertrauen*) vgl. noch unten 2. Teil I 3, 4 (Rn. 41 – 62); tatsächlich erfasst man mit dem Vertrauensgedanken nur ein Teilfeld der schützenswerten Interessen an richtiger Zuschreibung.
[6] Zu einer Ausnahme, die die h.M. bei der Verwirklichungsform des Verfälschens einer echten Urkunde durch den Aussteller nach Verlust der entsprechenden

würdige Interesse an richtiger Zuschreibung lassen sich die geläufigen Bestimmungsfaktoren (Interpretamente) des Urkundenbegriffs (i. S. des § 267[7]) ohne Weiteres ableiten. Die Urkunde i. S. der Urkundenfälschung wird bekanntlich definiert als verkörperte Erklärung, die zum Beweis im Rechtsverkehr geeignet und bestimmt[8] ist und die einen Aussteller erkennen lässt.[9] Um von einer Urkunde i. S. des § 267 reden zu können, müssen danach **drei Funktionen** gewahrt sein: eine **Perpetuierungs-**, eine **Beweis-** und eine **Garantiefunktion**.

25   Diese geläufigen Erfordernisse sind ersichtlich nicht einfach aus dem Wort „Urkunde" zu deduzieren, gleichsam abzulesen, sondern folgen aus einem als sachlich **berechtigt anerkannten Interesse** des Rechtsverkehrs (bzw. genauer: der jeweils möglicherweise betroffenen – aktiven oder „passiven" – *Teilnehmer* am **Rechtsverkehr**): Es soll rechtlich garantiert sein, dass die verkörperte Erklärung von dem stammt, von dem sie zu stammen scheint! Durch das § 267 zugrundeliegende strafbewehrte Verbot soll gewährleistet werden, dass die **verkörperte Erklärung** ihrer **Indikatorfunktion** (d. h. ihrer Funktion, eine Erklärung des Ausstellers richtig zu vermitteln) nicht nur dem Anschein nach, sondern in dem vorausgesetzten Maß wirklich gerecht zu werden vermag. Fehlt auch nur eines der als wesentlich herausgestrichenen Momente, so kann ein in diesem Sinne als schutzwürdig anerkanntes Interesse der jeweils möglicherweise Betroffenen nicht verletzt werden. An einem schutzrelevanten Gegenstand fehlt es bei einer nichtverkörperten Erklärung; desgleichen bei einer verkörperten Erklärung, die völlig beweisungeeignet ist. Und wenn die Erkennbarkeit eines Ausstellers fehlt, kann sich ein etwa gleichwohl vorhandener Beweiswert (i. S. eines brauchbaren Indizes) jedenfalls nicht auf die für das Rechtsgut des § 267 als entscheidend angesehene **Zuordnung der Erklärung zu einem bestimmten Erklärenden** beziehen.

   Dispositionsbefugnis macht, s. unten 2. Teil I 2 (Rn. 29 – 40), III 2 (Rn. 184 – 195).
[7] Mit Blick auf andere Tatbestände (und/oder Schutzinteressen) kann sich letztlich eine Deckung des „Urkundenbegriffs" ergeben. Grundsätzlich denkbar erscheint aber durchaus auch ein abweichendes Verständnis trotz desselben Wortes „Urkunde".
[8] Zur fehlenden selbständigen Bedeutung des üblicherweise genannten Merkmals der Beweisbestimmung im Kontext des § 267 s. noch unten Rn. 109 f.
[9] S. dazu die Nachw. oben Rn. 15 Fn. 1. – Meist wird allerdings missverständlich formuliert, dass die verkörperte Erklärung „ihren" Aussteller erkennen lassen müsse. Diese Voraussetzung ist jedoch nur bei der *echten* Urkunde erfüllt. Die unechte Urkunde hat nur einen Anscheinsaussteller – ihren „wahren" Aussteller (den Fälscher) lässt sie gerade nicht erkennen. S. dazu sogleich noch im Text!

Die **übliche** – und auch der folgenden Darstellung zugrunde gelegte – **Differenzierung** nach den **drei** unterschiedlichen **„Funktionen"** oder „Momenten" der **Urkunde** darf indessen nicht missverstanden werden. Sachlich geht es nicht etwa um voneinander unabhängige Kriterien. Vielmehr besteht insofern ein innerer Zusammenhang, als die Perpetuierungs- und die Beweisfunktion nur unselbständige Unterelemente der für die spezifische Schutzrichtung letztlich allein maßgeblichen Garantiefunktion sind. Die **Perpetuierungs- und die Beweisfunktion gehen in der Garantiefunktion auf**, weil es für das Vorliegen einer Urkunde entscheidend darauf ankommt, ob durch einen entsprechenden **selbstredenden Informationsträger** die **Erklärung** eines bestimmten **Erklärenden** – als des dahinter stehenden **Garanten** – vermittelt wird. 25a

Bei einer Betrachtung, die sich am **Schutz des Interesses an richtiger Zuschreibung** orientiert, kommt es für die Bejahung oder Verneinung der Urkundenqualität (i. S. des § 267) allein auf die zu erwartende Einschätzung derjenigen an, bei denen eine Irreführung vermieden werden soll. Maßgeblich dafür ist die **„Opferperspektive"**. Im Rahmen des § 267 eigentlich deplaziert sind deshalb die geläufigen Überlegungen, wie eine echte Urkunde aus der Perspektive ihres Ausstellers zustande kommt. Denn bei der hier interessierenden **Urkunden*fälschung***[10] kann es immer nur um den (vom Täter für die potentiellen „Opfer") produzierten *Schein* **einer echten** (bzw. unverfälschten) **Urkunde** gehen.[11, 12] 26

Maßgeblich ist also die Perspektive des potentiellen „Opfers". Dass diese Einsicht nicht nur theoretisch bedeutsam ist, sondern auch Konsequenzen 27

---

[10] Anders dagegen etwa bei der Urkunden*unterdrückung* nach § 274 Abs. 1 Nr. 1 – dort sind nur echte Urkunden erfasst; näher dazu noch unten 3. Teil III 1 (Rn. 276 – 280).

[11] Dass eine unechte Urkunde die spezifische Leistung der (echten) Urkunde nur scheinbar erbringt, betont mit Recht *Gustafsson,* Die scheinbare Urkunde, S. 100 et passim (vgl. dazu auch *Zielinski,* wistra 1994, 338, 339 f.; ferner *Erb,* in: MünchKommStGB, § 267 Rn. 27; *dens.,* GA 1999, 344).

[12] Das ist verkannt bei *Lampe,* StV 1989, 207, 208, wenn er eine Urkundenfälschung im Falle des bloß erzeugten Anscheins einer Originalurkunde ablehnen möchte (in der Sache ebenso aber z. B. *Mürbe,* JuS 1989, 563, 568); im Ansatz zutreffend insoweit *Zaczyk,* NJW 1989, 2515, 2517; s. auch *Hefendehl,* Jura 1992, 374, 375; *M. Otto,* JuS 1991, 439 (s. ergänzend noch unten Rn. 127 – 130, 145 zur ohnehin zu bejahenden Urkundeneigenschaft einer Kopie).

für die nähere **Inhaltserfüllung** der Einzelinterpretamente des **Urkundenbegriffs** und die zu verlangende „**Qualität**" der **Fälschung** hat, wird noch zu zeigen sein.[13]

28 Mit einem ein **Interesse an richtiger „Zuschreibung"** beeinträchtigenden (unzutreffenden) Zuordnungstatbestand hat man es – das werden die weiteren Überlegungen noch näher zeigen – jedenfalls in den **FÄLLEN 1, 3, 4** und genau genommen auch im **FALL 2** zu tun. Im **FALL 1** entspricht zwar die in der Quittung verkörperte Erklärung über die Bezahlung der Schuld als solche der Wahrheit, aber sie stammt nicht von dem Gläubiger, von dem sie zu stammen scheint, sondern von dem Schuldner. *Insoweit* liegt eine – das Interesse an richtiger Zuschreibung betreffende und deshalb für § 267 spezifische – **schriftliche Lüge** (über den wirklichen Aussteller) vor.[14] Grundsätzlich nicht anders verhält es sich in den **FÄLLEN 2, 3 und 4**, in denen nach den Umständen gleichfalls ein anderer als der „wahre" Aussteller als Erklärender erscheint.[15] In allen vier Fällen liegen also **unechte Urkunden** vor.

28a Im **Schrifttum** findet sich **teilweise** ein **engeres Verständnis** des **Urkundenbegriffs** als das bisher vorgestellte. Prominenter Vertreter eines solchen engeren Verständnisses der spezifischen Schutzrichtung des Verbots der Urkundenfälschung ist *Jakobs,* der die Urkunde folgendermaßen definiert: „Urkunde ist jede verkörperte Erklärung, die Rechtswirkungen hervorzurufen prätendiert, mögen die Rechtswirkungen in einer Gestaltung bestehen (Dispositivurkunden und solche ersetzende Zeugnisurkunden) oder im öffentlichen Glauben an die Richtigkeit einer Rechtsbehauptung (in öffentlichen Glauben erwachsende Zeugnisurkunden)."[16] Nur mit einem solchen Verständnis des Urkundenbegriffs soll eine sachgerechte **Abgrenzung** von **irreführenden Augenscheinsobjekten** (zu diesen unten Rn. 65 ff.) möglich sein – etwa vom „täuschend nach Naschwerk aussehenden Gift", dem Fußstapfen oder dem Fingerabdruck.[17] Hiernach soll sich die **Leitdifferenz**

---

[13] S. beispielsweise unten Rn. 175 f. zur Urkundenqualität des präparierten Fahrscheins im FALL 34.
[14] Näher dazu, dass sich die Fälschung i. S. des § 267 und die sonstige schriftliche Lüge allein im Gegenstand unterscheiden, weil bei der Fälschung die Erklärung über den Aussteller (auch) eine schriftliche Lüge darstellt, noch unten Rn. 146 m. Fn. 158.
[15] Zur Ausfilterung des FALLES 2 aus dem Anwendungsbereich des § 267 mit Blick auf die fehlende Täuschungsfunktion eines Fälschungsverhaltens s. noch unten Rn. 225 – 227.
[16] S. dazu *Jakobs,* Urkundenfälschung, S. 51; *dens.,* FS Küper, S. 225, 229 ff.; ähnlich eng etwa auch *Erb,* in: MünchKommStGB, § 267 Rn. 18 ff., 25.
[17] Vgl. dazu *Jakobs,* Urkundenfälschung, S. 21, 31.

zur Bestimmung des Urkundsbegriffs aus einem Vergleich der „verkörperte(n) Erklärung mit möglicher Rechtswirkung" mit bloßen Augenscheinsobjekten (unter Einschluss verkörperter schlichter Bezeugungen) ergeben. Die **schlichte Bezeugung** sei **bloßes Derivat des Bezeugten** und könne nie mehr hergeben als die unmittelbare Wahrnehmung des Bezeugten.[18]

Das entsprechende enge Verständnis wird durch den **Wortlaut** nicht erzwungen. Denn der **Gesetzesbegriff „Urkunde"** ist weit genug, um auch schlichte Bezeugungen zu erfassen, mit denen in bestimmtem Sinne durchaus etwas „beurkundet" wird. Auch die angemessen konkretisierte **ratio** spricht klar für deren Einbeziehung in den hier interessierenden Urkundenbegriff.[19] **Zeugnisurkunden** enthalten im Gegensatz zu schlichten Augenscheinsobjekten ein unter dem Gesichtspunkt der Urkundenfälschung selbständig relevantes besonderes **Echtheitsversprechen**. Auch **Urkunden**, die keine (sonstige) unmittelbare Rechtswirkung vorgeben, **prätendieren** immerhin die **Zuordnung** einer bestimmten **Erklärung** zu einer **bestimmten Person**. Und dieser – in der Verlässlichkeit der Zuordnung verkörperter Bezeugungen zu ihrem ersichtlichen Aussteller liegende Gewinn an **Orientierungssicherheit** – ist durchaus selbständig schutzbedürftig und schutzwürdig. Das Interesse an richtiger „Zuschreibung" der Erklärung ist klar abgrenzbar von der inhaltlichen Richtigkeit des (sonst) Erklärten und insbesondere auch von dem Maß an Orientierungssicherheit, das bloße Augenscheinsobjekte vermitteln können.

28b

Man darf den Gewinn nicht unterschätzen, der darin liegt, dass man **nicht alles selbst** in **Augenschein** nehmen oder in sonstiger Weise unmittelbar selbst **überprüfen** muss, sondern dass man sich an entsprechenden Erklärungen anderer **Personen**, die ggf. für **falsche Bezeugungen** die **Verantwortung** tragen, orientieren kann. Insofern besteht ein wesentlicher sachlicher Unterschied zu irreführenden Augenscheinsobjekten, bei denen man sich von vornherein nicht auf die Erklärung einer bestimmten anderen Person verlassen kann, weil durch das **Augenscheinsobjekt** gerade **kein erklärungsspezifischer Vertrauenstatbestand** vermittelt wird. Um das Beispiel des nach Naschwerk aussehenden Gifts aufzugreifen: Ist dem Gift, das in einem Päckchen übersandt wird, ein Brief beigefügt, der das **angebliche Naschwerk** als **Geburtstagspräsent** eines guten **Freundes** ausweist, aber sonst keinerlei Rechtswirkungen prätendiert, kann man sich mit guten Gründen darauf verlassen, dass es sich tatsächlich um Naschwerk und nicht

28c

---

[18] Vgl. dazu *Jakobs*, Urkundenfälschung, S. 33.
[19] Zur Kritik am Konzept von *Jakobs* vgl. auch *Freund*, GA 2001, 243, 246; ferner *Eßer*, Elektronische Signatur, S. 33; *Zieschang*, in: LK[12], § 267 Rn. 6.

um Gift handelt. Ohne die Vertrauen erweckende Nachricht des Freundes ist man gut beraten, das (anonyme) „Präsent" mit Vorsicht zu „genießen".

2. Das Interesse, die Änderung durch den Aussteller nach Verlust der Dispositionsbefugnis zu unterbinden

29   FALL 5: **Gläubiger G änderte nachträglich** die von ihm ausgestellte **Quittung** über eine Schuld des S heimlich zu seinen Gunsten ab, um einen Teil der bereits beglichenen Schuld nochmals eintreiben zu können.

30   VARIANTE: **G zerriss die ursprüngliche Quittung** und ersetzte sie durch eine über den geringeren Betrag lautende **neue**.

31   FALL 6: In einem **Zivilprozess** ordnete das Gericht an, dass der Kläger, **Kaufmann K**, zum Nachweis bestimmter Vorgänge seine **Handelsbücher vorlegen** müsse. K nahm daraufhin schnell noch einige Änderungen der bisherigen Eintragungen in dem von ihm jetzt behaupteten Sinn vor.

32   Die bislang wohl noch h. M. möchte im Rahmen der Tatbestandsverwirklichungsform des **Verfälschens einer echten Urkunde** auch den Fall der **Abänderung durch den Aussteller** nach **Verlust der entsprechenden Dispositionsbefugnis** erfassen.[20] Von einem solchen Verlust der Dispositionsbefugnis wird ausgegangen, sobald ein Dritter ein Recht auf einen unveränderten Fortbestand der Urkunde erlangt hat. Mit einer Bewertung derartiger Fälle als Verfälschen einer echten Urkunde unterlegt man dem § 267 der Sache nach jedoch ein **anderes Rechtsgut** als das ansonsten abgesicherte Interesse an richtiger Zuschreibung. Denn der nachträglich Abändernde erscheint nach der Abänderung durchaus zutreffend als Aussteller (der abgeänderten Erklärung), stellt also unbestreitbar eine **echte Urkunde** her, indem er einen korrekten Zuordnungstatbestand zwischen Erklärung und Erklärendem schafft. Als (schutzwürdiges) Interesse am Unterbleiben derartiger Veränderungen – und damit als spezifisches „Rechtsgut" der Verwirklichungsform des Verfälschens – kommt deshalb hier lediglich zweierlei in Betracht:

---

[20] Vgl. BGHSt 13, 382, 387; RGSt 69, 396; *Fischer*[56], § 267 Rn. 19a; *Kindhäuser*, BT 1[4], § 55 Rn. 62; *Lackner/Kühl*[26], § 267 Rn. 21, jew. m. w. N.; vgl. auch RGSt 51, 36 (Bierkutscher-FALL 8). – Zur im Vordringen begriffenen Gegenauffassung s. etwa *Cramer/Heine*, in: Schönke/Schröder[27], § 267 Rn. 68; *Erb*, in: MünchKommStGB, § 267 Rn. 189 ff.; *Heghmanns*, BT, Rn. 1379 f.; *Hoyer*, in: SK StGB, 45. Lfg. Juli 1998, § 267 Rn. 83; *Kienapfel*, Jura 1983, 185, 193; *Koch*, in: NomosHK-GS, § 267 Rn. 22; *Lampe*, GA 1964, 321, 327 ff.; *Otto*, JuS 1987, 761, 768 f.; *Samson*, JA 1979, 658, 661, jew. m. w. N.

I. Durch das Verbot der Urkundenfälschung intendierter Rechtsgüterschutz

Zum einen ist – nach Verlust der entsprechenden Abänderungsbefugnis – an ein **Interesse am Erhalt** der **ursprünglich verkörperten Erklärung** zu denken. Sinn solcher nachträglichen Abänderungen ist es ja in aller Regel, den ursprünglich zutreffenden Zuordnungstatbestand zu verschleiern und so dem oder den mit der ursprünglichen Erklärung Beweisführungsberechtigten die Möglichkeit entsprechender Beweisführung zu nehmen. Indessen ist leicht ersichtlich, dass *dieser* Aspekt eine **spezielle Normierung in § 274 Abs. 1 Nr. 1** – also in Gestalt der Norm über die **Urkundenunterdrückung** – erfahren hat.[21] Mit Blick darauf erscheint es einigermaßen merkwürdig, denselben Rechtsgüterschutzaspekt zusätzlich in § 267 „hineinzulesen" und auf diese Weise bei einem sonst von der Schutzrichtung her gesehen homogenen Tatbestand eine Spaltung vorzunehmen.

33

Einen Sinn könnte eine Einbeziehung der Verfälschung durch den Aussteller bei § 267 allenfalls noch unter einem zweiten denkbaren (Rechtsgüterschutz-)Aspekt ergeben: In der – nachträglichen – Abänderung nach **Verlust der Dispositionsbefugnis** ist in aller Regel (wenn auch nicht notwendig!) trotz korrekter Ausstellerangabe (auch über die irreführende Angabe des Errichtungszeitpunkts hinaus) eine **schriftliche Lüge** enthalten und deshalb das „Verfälschungsfabrikat" in diesem spezifischen Sinne irreführend. Man denke beispielsweise an den Fall desjenigen, der zur Verschleierung von Kassenfehlbeständen, nachdem eine entsprechende Prüfung bereits angeordnet ist, im Ausgabenbuch nachträglich höhere Ausgaben einträgt als tatsächlich getätigt.

34

Konzeptionell läuft die Erfassung solcher Sachverhalte durch § 267 auf die Bestrafung schriftlicher Lügen (zu denen sich ihr Aussteller bekennt!) für den Fall hinaus, dass dieselben gerade durch eine Unterdrückung des zuvor Dokumentierten (regelmäßig, aber nicht notwendig der Wahrheit) „zu Papier gebracht" werden. Die Angemessenheit einer derartigen Konzeption erscheint mehr als zweifelhaft, wenn man Folgendes bedenkt: Derjenige, der – wie in der **VARIANTE DES FALLES 5** – das alte (verräterische) **Schriftstück** ganz **vernichtet** und ein den eigenen Intentionen angepasstes **neues produziert**, hat „nur" eine **Urkundenunterdrückung** (in Verbindung mit einer – bei korrekter Ausstellerangabe – sub specie Urkundendelikte straflosen schriftlichen Lüge[22]) begangen. Dagegen soll derjenige, der – wie im **Ausgangs-FALL 5** – das **alte Schriftstück** nur **abändert**, eine **Urkundenfäl-**

35

---

[21] Dazu, dass – entgegen verbreiteter Einschätzung – insofern *alle* relevanten Fälle erfasst werden können, s. noch unten Rn. 292 f.
[22] Denkbar ist allerdings u. U. eine Strafbarkeit nach anderen Tatbeständen – etwa nach § 263.

schung (neben der dahinter zurücktretenden Urkundenunterdrückung) begehen. Dass bei dieser Konzeption **schriftliche Lügen willkürlich als Urkundenfälschung** angesehen werden, liegt auf der Hand.[23] Denn es ist nicht ersichtlich, inwiefern bei der Anfertigung schriftlicher Lügen gerade die Verwendung selbsterstellter Urkunden als „Ausgangsmaterial" einen *besonderen* Unwert begründen soll, der über den in § 274 Abs. 1 Nr. 1 bereits erfassten Aspekt hinausreicht.[24]

36 In den **FÄLLEN 5** und **6** ist deshalb das spezifische Schutzinteresse der Urkundenfälschung nicht betroffen, sondern „nur" das des **§ 274 Abs. 1 Nr. 1**.[25] Entsprechendes gilt für die folgenden **FÄLLE 7** und **8**, soweit die Veränderung einer eigenen Erklärung des Verändernden (nach Verlust der Dispositionsbefugnis) in Frage steht.

37 **FALL 7:** Im Rahmen eines amtlichen Verfahrens zur **Vergabe von Bauarbeiten** wurden die schriftlichen Angebote mit einer laufenden Nummer versehen und – nach einer ersten Sichtung – in einen seinen Inhalt kennzeichnenden und mit dem Stempel des Vergabewilligen versehenen Umschlag gesteckt, der unverschlossen blieb. Durch gute Beziehungen gelang es einem der Anbieter, sein **Angebot** entsprechend der Angebotslage **nachträglich** zu **modifizieren** und so den Zuschlag zu erhalten.

38 **FALL 8: Bierkutscher B** trug die von ihm bei der Wirtin W abgelieferten Bierlieferungen in ein Bierbuch ein, das als Grundlage für die halbjährliche Abrechnung diente und von W verwahrt wurde. Nachdem er auf einer vorhergehenden Seite die letzte Zeile freigelassen und die Liefervermerke auf der folgenden Seite fortgesetzt hatte, trug er an der freien Stelle **nachträglich** eine von ihm **nicht geleistete Lieferung** von 151 Liter Bier unter einem früheren Datum ein. Die 151 Liter Bier wollte er „abzweigen" und auf eigene Rechnung verkaufen.

39 Ein für § 267 spezifisches Schutzinteresse kann in diesen Fällen allenfalls mit Blick auf etwa betroffene Erklärungen anderer (im **FALL 7** seitens des Vergabewilligen[26] und im **FALL 8** seitens der Wirtin) begründet werden.[27]

---

[23] Sachlich übereinstimmend insoweit z. B. *Puppe*, Jura 1979, 630, 639 f.; *dies.*, JZ 1991, 550, 551; vgl. auch *dies.*, in: NK², § 267 Rn. 89 ff.
[24] Besonders deutlich bei einer Gegenüberstellung der beiden Unterfälle zum Gläubiger-FALL 5; s. ergänzend dazu noch unten Rn. 187 – 190.
[25] S. dazu noch unten 3. Teil III (Rn. 275 – 298).
[26] Zur insoweit sich stellenden „Perpetuierungsproblematik" vgl. jedoch noch unten Rn. 77 – 85.
[27] S. dazu noch unten Rn. 194 f.; zu FALL 8 s. auch *Freund*, JA 1995, 660 ff.

Nach alledem bleibt es bei der eingangs[28] betonten Aussage: Spezifisches **40**
Rechtsgüterschutzinteresse des § 267 ist das Interesse an richtiger Zuschreibung. Allerdings standen bisher lediglich die vergleichsweise unproblematischen Fälle solchen Zuschreibungsinteresses im Vordergrund: Fälle, in denen sich der scheinbare Aussteller die Erklärung nach normativen Kriterien im **Außenverhältnis** schon nicht mehr als die seine zurechnen lassen muss. Das sind i.d.R. relativ klare Fälle des tangierten **Interesses an richtiger Zuschreibung**. Es bleibt die Frage, ob nicht sub specie § 267 spezifische Zuschreibungsinteressen betroffen sein können, obwohl im Außenverhältnis eine rechtliche Bindung eingreift. Denkbar erscheint eine solche Verletzung von Interessen an richtiger Zuschreibung immerhin mit Blick auf eine (bei aufgezwungener oder durch Täuschung erzeugter rechtlicher Bindung sogar besonders „effektive") **Verfälschung des tatsächlichen Willens** des (dann **scheinbaren**) **Ausstellers**.

3. Das Interesse, die im Innenverhältnis unberechtigte Bindung im Außenverhältnis zu vermeiden (insbesondere: die Blankettfälschung)

FALL 9: A hatte von B einen **Blankoscheck** erhalten, den er entsprechend **41** einer noch nicht feststehenden Schuld des B ausfüllen sollte. Abredewidrig setzte A einen viel höheren Betrag ein und verschaffte sich durch Vorlage des Schecks die entsprechende Summe.

Zum hier interessierenden Problembereich gehören etwa die üblicherweise **42** als Urkundenfälschung eingestuften Fälle der **abredewidrigen Ausfüllung eines Blanketts**[29] (etwa eines Wechsels oder eines Schecks) oder gewisse sonstige Fälle des **Missbrauchs einer Vertretungsmacht**.[30] Denn soweit in

---

[28] Oben Rn. 22.
[29] Nach Wegfall des Tatbestandes der „Blankettfälschung" in § 269 a.F. durch die Verordnung vom 29.05.1943 (RGBl. I 339) ist man sich weithin darin einig, die entsprechenden Fälle als „Herstellen einer unechten Urkunde" i.S. des § 267 aufzufassen (nichts anderes gilt z.B. für Fälle, in denen unter Überschreitung einer Befugnis mit Hilfe eines Stempels Urkunden angefertigt werden [wie im Fall RGSt 12, 17]); vgl. etwa BGHSt 5, 295 ff.; *Erb,* in: MünchKommStGB, § 267 Rn. 121; *Jäger,* Examens-Repetitorium BT[3], Rn. 437 ff.; *Kindhäuser,* BT 1[4], § 55 Rn. 57; *Koch,* in: NomosHK-GS, § 267 Rn. 20; *Krey/Heinrich,* BT 1[14], Rn. 712; *Lackner/Kühl*[6], § 267 Rn. 19; *Rengier,* BT 2[8], § 33 Rn. 19; *Wessels/Hettinger,* BT 1[32], Rn. 832 (§ 18 III 1 c); *Zieschang,* in: LK[12], § 267 Rn. 185 ff.; vgl. dazu auch *Steinmetz,* Echtheitsbegriff, S. 264 f.; eingehend *Weiß,* Jura 1993, 288 ff. – Zur Inkonsistenz mit Blick auf gewisse Fälle des Missbrauchs einer Vertretungsmacht s. jedoch auch die folgende Fn.

derartigen Fällen die abredewidrig hergestellte Urkunde den **Aussteller rechtlich wirksam bindet** – sei es auch nur nach den Grundsätzen der Anscheins- oder Duldungsvollmacht –, wird durch diese Urkunde ein der Rechtslage im Außenverhältnis entsprechender – **insoweit (!) korrekter** – **Zuordnungstatbestand** geschaffen. Die Urkunde ist also durchaus echt in dem Sinne, dass derjenige, dem sie präsentiert werden soll (oder wird), nicht auf einen bloßen Schein „hereinfällt", sondern sich im entsprechenden **Außenverhältnis** mit Recht **an den halten** kann, **der als Aussteller erscheint**. Es fehlt damit jedenfalls an dem typischerweise bei der Urkundenfälschung assoziierten Schutzinteresse.[31]

43 Indessen vermag der Umstand, dass sich derjenige, dem die Urkunde präsentiert werden soll (oder wird), – etwa nach **Rechtsscheingrundsätzen** – an den ausgewiesenen Aussteller halten kann, nicht durchweg jegliches grundsätzlich **anerkennenswerte Schutzinteresse** auf seiner Seite auszuschließen. Denn der Betreffende hat vielleicht gute Gründe, sich nicht auf die an sich eingreifende Bindungswirkung zu berufen, sondern auf eine **Bindung nur im Rahmen des wirklichen Willens des Ausstellers** Wert zu legen. So gesehen erscheint es durchaus fragwürdig, ob dem Manipulierenden die an sich eingreifende, aber als makelhaft empfundene Bindungswirkung im Außenverhältnis überhaupt zugute kommen soll oder ob sie im Verhältnis zu ihm nicht außer Betracht zu bleiben hat. Auf dieser Basis könnte etwa der mit einem abredewidrig ausgefüllten Blankett Konfrontierte **normativ trotz Bindung** als entsprechend **getäuscht und geschädigt** angesehen werden.[32]

---

30 Zur Annahme des Herstellens einer unechten Urkunde in den „Blankettfälschungsfällen" passt freilich nicht die bisweilen anzutreffende Ablehnung einer Urkundenfälschung in jenen Fällen des Missbrauchs einer Vertretungsmacht, in denen die in Anspruch genommene Vertretungsbefugnis dem Dritten gegenüber wirksam ist; ablehnend insofern aber etwa BGH wistra 1992, 299; BGHSt 17, 11, 12. – *Paeffgen*, JR 1986, 114, 118 mit Fn. 26, 29 möchte zwischen Fällen der „reinen Rechtsscheinwirkung (»Anscheinsvollmacht«)", in denen er trotz Bindung im Außenverhältnis das Unrecht der Urkundenfälschung für möglich hält, und sonstigen Konstellationen differenzieren, in denen (wie z.B. bei der Prokura nach §§ 48 ff. HGB) immerhin die Erteilung der missbrauchten Vollmacht in dem eröffneten Umfang auf den Willen des Vollmachtgebers zurückgeführt werden kann; ähnlich differenzierend *Zielinski*, CR 1995, 286, 293 f., 295 f.; *ders.*, GS Armin Kaufmann, S. 605, 610 ff.; vgl. ergänzend *Steinmetz*, Echtheitsbegriff, S. 179 ff. m.w.N.

31 Zutreffend insoweit *Arzt/Weber*, LH 4², Rn. 484 m. Fn. 17. – Mit Blick auf die Bindung im Außenverhältnis eine Urkundenfälschung verneinend *Jakobs*, Urkundenfälschung, S. 75 f.; *ders.*, FS Küper, S. 225, 235 Fn. 35.

32 Ein vergleichbares Phänomen findet sich etwa in dem Fall, in dem jemand, der mit Fälschungsfabrikaten konfrontiert wird, durch eine entsprechende Versiche-

Jedoch kann diese Frage hier nicht abschließend beantwortet werden – und braucht dies im Hinblick auf folgende Überlegungen auch nicht:

Selbst wenn das typischerweise bei der Urkundenfälschung assoziierte Interesse (nicht auf den bloßen Schein einer Erklärung hereinzufallen) in den hier relevanten Fällen wegen der eingreifenden Bindungswirkung im Außenverhältnis fehlt, ist jedenfalls ein ganz bestimmtes Schutzinteresse durchweg aufweisbar: Ein **schutzwürdiges Interesse** am Unterbleiben derartiger abredewidriger Blankettausfüllungen oder sonstiger missbräuchlicher Verhaltensweisen kann klar und eindeutig **im „Innenverhältnis"** zwischen dem Blankettgeber oder sonst missbräuchlich Vertretenen und dem die ihm kraft Rechtsgeschäfts (oder Rechtsscheins) zukommende Macht Missbrauchenden gefunden werden. Denn das Interesse – etwa des Blankettgebers an der **korrekten Ausfüllung des Blanketts** – erscheint in derartigen Fällen durchaus schützenswert. Fraglich kann deshalb nur sein, ob die Verletzung dieses **spezifischen Interesses** an **Schutz vor** einer **Missachtung des Willens des Vertretenen** bzw. ganz allgemein vor einer **im Innenverhältnis unberechtigten Bindung** als Unrecht gerade des § 267 zu begreifen ist.

44

Im Grunde handelt es sich dabei um einen ansonsten im Tatbestand der **Untreue nach § 266** – partiell – erfassten Unrechtstypus: Was hier unter Unrechtsaspekten aufgewiesen werden kann, ist die nach dem Innenverhältnis unberechtigte, aber im Außenverhältnis wirksame Verpflichtung. Das entspricht der im **Missbrauchstatbestand** vorausgesetzten Konstellation.[33] Indessen ist es dadurch keineswegs ausgeschlossen, die **Urkundenfälschung** nach § 267 in einem die **vorstehend umrissene Schutzfunktion mit umfassenden (weiteren) Sinne** zu verstehen.

45

Der **Wortlaut** der Strafnorm dürfte wohl kaum entgegenstehen. Denn der Begriff der „unechten" (bzw. der „verfälschten") Urkunde ist weit genug, um

46

---

rung voll abgedeckt ist und deshalb eigentlich gar kein unmittelbares eigenes Schutzinteresse mehr hat, sondern allenfalls (mittelbar) Interessen seiner Versicherung geltend machen kann: Normativ gesehen muss die Schadloshaltung durch die Versicherung wohl außer Betracht bleiben.

[33] Richtig erfasst von *Zielinski*, CR 1995, 286, 294. – Allerdings ist der Schutz, den der Untreuetatbestand nach geläufiger Interpretation bietet, höchst lückenhaft. Insbesondere in Fällen, in denen es an einer Vermögensbetreuungspflicht fehlt, greift danach der Missbrauchstatbestand nicht ein. Diese – in der Sache unbefriedigende – Lücke könnte aber sachgerecht ohne Weiteres durch eine entsprechende Ausgestaltung der Reichweite der Untreue behoben werden (etwa durch einen teilweisen Verzicht auf eine solche Vermögensbetreuungspflicht). Je nach Fallgestaltung (etwa bei Zugriff eines Dritten auf ein Blankett, das er eigenmächtig inhaltlich ausfüllt und missbraucht) wäre auch an ein Eingreifen des § 242 oder des § 263 zu denken.

auch die hier interessierende Konstellation der (im Außenverhältnis wirksamen) „Verfälschung" des „wahren" (eigentlichen/wirklichen) **Ausstellerwillens** durch die den Aussteller bindende **verkörperte** *Erklärung* zu erfassen. Ein derartiger Rekurs auf die Urkundenfälschung als in entsprechend weitem Sinne begriffene Unrechtsform erscheint bei näherer Betrachtung auch in der Sache durchaus angemessen: Insbesondere wegen des begrenzten Anwendungsbereichs des Missbrauchstatbestands der Untreue blieben ansonsten etwa die **berechtigten Schutzinteressen** eines **Blankettgebers** praktisch schutzlos. § 267 gewährleistet hier ersatzweise einen gewissen Schutz, der sich mitunter sogar als relativ weitreichender Vorfeldschutz auswirken kann. Soweit es um nicht vermögensrelevante Interessen geht, vermag dieser Schutz über das Delikt der Urkundenfälschung sogar einen Bereich abzudecken, der ansonsten strafrechtlich gar nicht erfasst werden könnte.

47 Im **Blankoscheck-FALL 9** ist danach ein für § 267 spezifisches Schutzinteresse tangiert und liegt letztlich eine Urkundenfälschung in der Form der **Herstellung einer unechten Urkunde** vor.[34]

48 Bei einer Einbeziehung derartiger Konstellationen muss man sich allerdings darüber im Klaren sein, dass es dann bei der Urkundenfälschung nicht nur um den Schutz davor geht, bei der Suche nach dem Aussteller „ins Leere zu greifen"; denn diese Gefahr fehlt bei Bindung im Außenverhältnis. Eigenständig geschützt werden soll vielmehr auch der ausgewiesene Aussteller selbst. So gesehen gibt es nicht nur *ein* legitimierend hinter dem Verbot der Urkundenfälschung nach § 267 stehendes **Rechtsgüterschutzinteresse**, sondern (mindestens) **zwei**: „**Opfer" der Urkundenfälschung** kann danach entweder derjenige sein, der mit einem **im Außenverhältnis unzutreffenden** (und i.d.S. „unechten") **Zuordnungstatbestand** konfrontiert werden soll, oder aber der **ausgewiesene Aussteller selbst**, dessen im Innenverhältnis **maßgeblicher Wille** (im Außenverhältnis **wirksam** [!]) „**verfälscht**" wird.[35]

49 Ein vergleichbares **Schutzinteresse des scheinbaren Ausstellers** kann durchaus auch in dem bekannten Fall des **gefälschten „ehebrecherischen" Liebesbriefes** oder der **fingierten Ansichtskarte** des **krankgemeldeten Arbeitnehmers** aus einem **Urlaubsort** vorhanden sein. Dabei kommt es – wie sonst auch – auf die Güte der Fälschung nicht an, sofern nur überhaupt die ernstzunehmende Gefahr besteht, dass sich jemand an dem irreführenden

---

[34] Vgl. ergänzend dazu unten Rn. 177 f.
[35] Zu den Konsequenzen dieses erweiterten Verständnisses der Urkundenfälschung für die Extension der verschiedenen Tatbestandsverwirklichungsformen s. noch unten Rn. 177–183.

Informationsträger orientiert und deshalb Nachteile für den scheinbaren Aussteller (als das eigentliche Opfer) entstehen.[36]

Für den Fall, dass konkret ausschließlich **Schutzinteressen Dritter** (also weder des Ausstellers noch desjenigen, der mit dem Falsifikat konfrontiert wird) betroffen sind, könnte man sogar von einem „dritten" Rechtsgüterschutzinteresse reden. Man denke etwa an den **Fall des auf der Basis einer** ihm unterbreiteten **manipulierten Urkunde entscheidenden Richters**, in dem die Nachteile einen anderen als den Aussteller treffen und ein unmittelbares Eigeninteresse des Richters ersichtlich fehlt. 50

4. Der gemeinsame Nenner von 1. und 3.: Das Interesse an korrekter Wiedergabe des wirklichen Ausstellerwillens

Ein die angesprochenen unterschiedlichen Schutzintentionen umfassendes **(einheitliches) Rechtsgutsverständnis** bei der **Urkundenfälschung** wird ermöglicht, wenn man nicht auf die am Ende konkret tangierten (Rechtsgüterschutz-)Interessen blickt, sondern auf das diesen gleichsam als Durchgangsstadium vorgelagerte – generelle – **Interesse an Orientierungssicherheit** in Bezug auf eine in jeder Hinsicht **einwandfreie Wiedergabe (Indikation) des wirklichen Willens des (ausgewiesenen) Ausstellers** abstellt. Es geht darum, dass dessen geäußerter maßgeblicher Wille korrekt angezeigt wird. Der entsprechende „Indikator" soll richtig darüber informieren, wer der Erklärende ist. Bereits dieses – von den je dahinter stehenden konkreten Interessen abstrahierende (und i. d. S. „abstrakt-allgemeine") – Interesse erscheint u. U. so gewichtig, dass es eine **rechtliche Missbilligung** entsprechend **(allgemein-)interessewidrigen Verhaltens** zu tragen vermag. Unter dieser Voraussetzung bestehen auch keine grundsätzlichen Bedenken gegen die Konstruktion eines derartigen „Allgemeindelikts" – mit allen Konsequenzen für das Verständnis tatbestandsmäßigen Unrechts. 51

Hier verhält es sich wie bei den **Aussagedelikten**, bei denen auch die unterschiedlichsten Interessen konkret betroffen sein können und das **Allgemeinrechtsgut „Rechtspflege"** gleichsam nur als *deren* (sozusagen den „kleinsten gemeinsamen Nenner" bildendes) Surrogat fungiert. Bedenklich wäre eine derartige Unrechtskonstruktion allerdings, wenn nicht beachtet 52

---

[36] Für eine Einbeziehung dieses speziellen Schutzinteresses in den Anwendungsbereich des § 267 wohl *Cramer/Heine*, in: Schönke/Schröder[27], § 267 Rn. 1; s. auch den Liebesbrief-Fall bei *Arzt/Weber*, LH 4[2], Rn. 472; krit. insofern aber etwa *Puppe*, Jura 1979, 633 m. w. N. – Dezidiert gegen eine Schutzintention in Richtung auf den Aussteller BGHZ 100, 13, 15.

würde, dass das zu begründende (!) Allgemeininteresse seine **Berechtigung** immer nur von den je **dahinter stehenden möglicherweise konkret betroffenen** weiteren **Interessen** erfahren kann.[37] Lassen sich keinerlei solche dahinter stehenden Interessen aufzeigen, liegt deshalb (ungeachtet einer formalen Subsumierbarkeit unter den Wortlauttatbestand) auch kein – gar strafrechtlich relevantes – Unrecht vor.[38]

53   Das im Vorstehenden beschriebene – weite – **Verständnis der Urkundenfälschung**, das der h. M. in der Sache zugrunde liegt, aber in der Regel nicht näher reflektiert wird, hat bei der **praktischen Strafrechtsanwendung** durchaus wünschenswerte Nebeneffekte: Zum einen kann bei **problematischer Rechtslage** in Bezug auf die Bindungswirkung im Außenverhältnis für den strafrechtlichen Schuldspruch letztlich **dahingestellt bleiben**, ob in concreto die eine oder die andere Ausprägungsform des Unrechts der Urkundenfälschung vorliegt. Zum anderen lassen sich so auch gewisse **Probleme** des (Nachweises[39] des) entsprechenden **Vorsatzes**[40] weitgehend **vermeiden** – man denke hier nur an den naheliegenden Fall, dass der ein Blankett abredewidrig Ausfüllende keine genaue Vorstellung hinsichtlich der Verbindlichkeit für den Aussteller entwickelt, oder an den nicht minder realistischen Fall, dass ihm keine präzise Vorstellung in der einen oder anderen Richtung nachgewiesen werden kann.[41]

54   Indessen erscheint es nicht allein mit Blick auf solche **Praktikabilitätsgesichtspunkte** ratsam, *jedes* aufweisbare hinreichend gewichtige **Interesse an Orientierungssicherheit** (in Bezug auf einen in jeder Hinsicht einwandfreien Indikator des wirklichen Willens des ausgewiesenen Ausstellers) in den Schutzbereich des § 267 einzubeziehen – also insbesondere diesen Schutz **auch dem Anscheinsaussteller selbst zukommen** zu lassen. Hinzu kommt ein weiterer Aspekt:

---

[37] Vgl. zu dieser konkret-individuellen Schutzrichtung des legitimationsbedürftigen Verbots der Urkundenfälschung *Erb,* in: MünchKommStGB, § 267 Rn. 2 ff.

[38] Allgemein zum Verhältnis von Wortlauttatbestand und sachlicher Strafbarkeitsbegründung *Freund,* Erfolgsdelikt und Unterlassen, S. 85 f., 112; vgl. auch *dens.,* GA 1987, 536, 539 ff.; *dens.,* in: MünchKommStGB, vor § 13 Rn. 31 ff., 34 ff.

[39] Näher zur Problematik des Nachweises subjektiver Deliktsmerkmale *Freund,* Normative Probleme, 1987; *ders.,* JR 1988, 116 ff.; *ders.,* StV 1991, 23 ff., jew. m.w.N.

[40] Zur „subjektiven" Seite der Urkundenfälschung s. noch unten 2. Teil IV, V (Rn. 206 – 227).

[41] Die Frage, unter welchen Bedingungen genau eine Bestrafung wegen vollendeten Delikts der Urkundenfälschung in derartigen Fällen möglich ist, kann hier allerdings ebenso wenig weiterverfolgt werden wie diejenige nach etwaigen strafzumessungsrechtlichen Konsequenzen.

Das oben 2. Teil I 3 (Rn. 41 – 50) diskutierte Interesse, die im Innenverhältnis (bei Verfälschung des wirklichen Ausstellerwillens) unberechtigte Bindung zu vermeiden, betrifft ja im Grunde lediglich einen idealtypischen Fall der Konstellationen, in denen die **Gefahr einer Fehlorientierung zu Lasten des scheinbaren Ausstellers** besteht (und in denen nur wenig überzeugend ein Eigeninteresse anderer aufgewiesen werden kann). Wollte man nun aber ernsthaft danach differenzieren, ob *nur* Ausstellerinteressen tangiert sind (dann keine Urkundenfälschung) oder ob Interessen anderer hinreichend gewichtig erscheinen (dann Urkundenfälschung), so führte dies zu einer schwerlich annehmbaren Konsequenz: Die „**perfekte Fälschung**", die den Aussteller zwar nicht rechtlich, aber immerhin faktisch bindet, weil er sich nicht erfolgreich von der ihm zugeschriebenen Erklärung distanzieren kann, wäre in solcher Sicht keine Urkundenfälschung mehr! Ungeachtet der Möglichkeit (und Notwendigkeit), in concreto jeweils ganz bestimmte **spezielle Typen von Interessen an Orientierungssicherheit** aufzuweisen, erscheint es deshalb sachgerecht, insoweit jedes hinreichend gewichtige Interesse in den **Schutzbereich des § 267** einzubeziehen – sei es das Interesse desjenigen, der mit dem Falsifikat konfrontiert werden soll, sei es das Interesse des (scheinbaren) Ausstellers selbst oder sei es das Interesse anderer Personen. An einem für § 267 spezifischen und auch hinreichend gewichtigen Interesse fehlt es demzufolge auch nicht in folgendem 55

FALL 10: Postbeamter P nahm aus den von ihm amtlich verwalteten Beständen **Blankozeitkarten** an sich. Er stellte dann für sich Dauerfahrkarten her, indem er entsprechende Angaben einsetzte. Durch die Verwendung dieser Fahrkarten wurde die Post um den jeweils geschuldeten Fahrpreis geschädigt. 56

In diesem Fall lässt sich zwar schwerlich von einer *rechtlichen* Bindungswirkung im Außenverhältnis sprechen. Denn die ohne Autorisierung durch den (scheinbaren) Aussteller ausgestellten Fahrkarten werden ja gleichsam nur im Innenverhältnis zwischen P und der fälschlich als Aussteller erscheinenden Post für den Nachweis der Fahrberechtigung relevant. Indessen wird durch das unberechtigte Ausfüllen und Benutzen der (ausgefüllten) Blankette *faktisch* derselbe **Effekt der Verfälschung des wirklichen Ausstellerwillens** erzeugt, wie er bei unberechtigter rechtlicher Bindung vorliegt und wie er ja auch mit einer „perfekten" sonstigen Fälschung verbunden ist. Jedenfalls besteht die entsprechende massive Gefahr, die für das tatbestandliche Unrecht ausreichen muss.[42] – Entsprechendes gilt auch für den folgenden 57

---

[42] Ohne Differenzierung zwischen rechtlicher und faktischer (Gefahr der) Bindung i. E. wie hier BGHSt 5, 295.

58 FALL 11: **Schuldner S** stellte sich eigenmächtig eine Quittung für die (in Wahrheit nicht erfolgte) Bezahlung der Schuld aus und unterschrieb dabei mit dem Namen des Gläubigers. Diese **Quittung** sollte **ausschließlich (!)** dazu dienen, den **Gläubiger zu täuschen** und zu veranlassen, von der Beitreibung der Schuld Abstand zu nehmen.

59 S erfüllt die Verwirklichungsform des Herstellens einer unechten Urkunde, obwohl lediglich **Interessen des Gläubigers** als des **scheinbaren Ausstellers** tangiert sind. Nichts anderes würde selbstverständlich gelten, wenn die fälschliche Anfertigung der Quittung dazu dienen sollte, den **Richter** zu **täuschen**, der über die berechtigte Klage des Gläubigers zu entscheiden hat (obwohl auch dann im Grunde nur der Gläubiger selbst, aber schwerlich auch der Richter ein Eigeninteresse am Unterbleiben derartiger Manipulationen geltend machen kann).

60 Hier handelt es sich im Grunde um die **urkundenstrafrechtliche Parallele** zu dem vermögensstrafrechtlich geläufigen Fall des sogenannten **Dreiecksbetrugs**, bei dem der Getäuschte und das eigentliche Opfer, der Geschädigte (hier der scheinbare Aussteller), durchaus personenverschieden sein können.

61 Mit einem **Spezialfall der „perfekten" Urkundenfälschung** hatte sich vor Jahren der Bundesgerichtshof[43] zu befassen: **Geldmünzen** (als spezielle Urkunden) waren ohne Auftrag, aber in der staatlichen Münzanstalt **mit den dafür vorgesehenen Druckstöcken** von den an sich zuständigen Personen hergestellt worden. Der BGH hat mit Recht die Voraussetzungen der Urkundenfälschung und der Geldfälschung angenommen.[44]

62 **Zusammenfassend** können wir Folgendes festhalten: Der durch das Verbot der Urkundenfälschung intendierte Rechtsgüterschutz bezweckt übergreifend den Schutz der Orientierungssicherheit in Bezug auf einen in jeder Hinsicht einwandfreien Träger der Information über den wirklichen Ausstellerwillen. Dieses **Interesse an korrekter Indikation des wirklichen Willens des (ausgewiesenen) Ausstellers** ist der gemeinsame Nenner für alle letztlich dahinter stehenden – jeweils konkret betroffenen – **Individualinteressen**. Der oft allein akzentuierte Fall des „Ins-Leere-Greifens" (bei fehlender Bindung im Außenverhältnis[45]) erscheint in solcher Sicht lediglich als *eine* – freilich wichtige – konkrete Erscheinungsform des durch § 267 normativ abzusichernden Interesses an „richtiger Zuschreibung", sofern man eine solche richtige Zuschreibung nur bei korrekter Indikation des wirklichen Ausstellerwillens und nicht bereits bei Bindung im Außenverhältnis annimmt.

---

[43] BGHSt 27, 255 ff.; vgl. dazu *Zielinski*, wistra 1994, 1.
[44] BGHSt 27, 255, 258 f.
[45] Vgl. dazu oben 2. Teil I 1 (Rn. 18 – 28).

Die Bindung im Außenverhältnis ist dann, wenn sie allein aus Gründen des Verkehrsschutzes eingreift, gerade nicht geeignet, das spezifische Unrecht der Urkundenfälschung (i. S. der Verfälschung des eigentlichen Ausstellerwillens) auszuschließen. Lediglich *eines* lässt sich sagen: Das Unrecht der Urkundenfälschung ist *jedenfalls* dann zu bejahen, wenn **schon keine Bindung im Außenverhältnis** vorliegt. Indessen schließt die rechtliche Bindung im Außenverhältnis das Unrecht der Urkundenfälschung **mit Blick auf das Innenverhältnis** nicht durchweg aus: Denn der **wirkliche Wille des ausgewiesenen Ausstellers** kann gerade durch die im Außenverhältnis bewirkte Bindung **verfälscht** worden sein.

> **Definition der Urkunde:** 62a
> Eine **Urkunde** ist jede verkörperte Erklärung, die einem Aussteller zugeordnet werden kann und die eine entsprechende Beweisfunktion erfüllt.
> **Definition der echten Urkunde:**
> Die Urkunde ist **echt**, wenn erkennbarer und wirklicher Aussteller übereinstimmen.
> **Definition der unechten Urkunde:**
> Die Urkunde ist **unecht**, wenn sie den Anschein erweckt, von einem anderen als ihrem tatsächlichen Aussteller herzurühren.

II. Merkmale der Urkunde: Perpetuierungs-, Beweis- und Garantiefunktion

Die mit Blick auf das als **schutzwürdig anerkannte Interesse** der aktiven 63 und „passiven" Teilnehmer des Rechtsverkehrs an richtiger Zuschreibung entworfenen **Merkmale des strafrechtlichen Urkundenbegriffs** sollen ein Doppeltes leisten: Einerseits sollen die Kriterien der Perpetuierungs-, der Beweis- und der Garantiefunktion (in Bezug auf die Erklärung einer bestimmten Person) solche Konstellationen aus dem Anwendungsbereich des § 267 ausfiltern, in denen ein als spezifisch schutzwürdig anzuerkennendes Interesse nicht betroffen ist. Andererseits sollen sie aber auch gewährleisten, dass die nach der einschlägigen ratio legis „gemeinten" Konstellationen in den Strafbarkeitsbereich einbezogen werden. Diese **doppelte Funktion** darf bei der **notwendigen Rechtskonkretisierung** nicht aus den Augen verloren werden.

Jeweils zu beachtender **Bezugsgegenstand** im Rahmen der näheren Be- 64 stimmung der einzelnen Merkmale (der Perpetuierungs-, der Beweis- und der Garantiefunktion) ist dabei die rechtlich relevante **Erklärung einer be-**

stimmten Person. Ohne eine solche (aus der Perspektive desjenigen, dessen Irreführung vermieden werden soll, auszumachende[46]) Erklärung gibt es kein sub specie § 267 relevantes **Zuschreibungsinteresse**, das beeinträchtigt werden könnte. Die (dem erzeugten Anschein nach gegebene) Erklärung ist deshalb selbstverständliche Grundlage der darauf aufbauenden Überlegungen zur Perpetuierungs-, Beweis- und Garantiefunktion.

1. Die Erklärung

65 Das Erfordernis einer Erklärung soll die **Abgrenzung** zu den nicht dem Urkundenstrafrecht (i. S. des § 267) unterfallenden „bloßen" **Augenscheinsobjekten** leisten. Augenscheinsobjekte enthalten keine Erklärung, sondern sind **sachliche Beweismittel**, die aufgrund ihrer Existenz und Beschaffenheit beweiserhebliche Schlussfolgerungen zulassen. Dazu zählen etwa **Fußspuren, Blutflecke, ein abgerissener Knopf** oder der **menschliche Leichnam**.[47]

66 Diese Ausfilterung von Augenscheinsobjekten beruht keineswegs auf einem fehlenden oder auch nur typischerweise geringeren Schutzinteresse vor Manipulationen. Denn auch in Bezug auf **Augenscheinsobjekte** können **gewichtige Schutzinteressen vorhanden** sein.[48] Ihre Ausfilterung aus dem Anwendungsbereich der Urkundenfälschung beruht vielmehr einzig und allein darauf, dass bei ihnen das *urkundenspezifische* **Schutzinteresse** des weit verstandenen[49] Interesses an richtiger Zuschreibung **fehlt** – an diesem speziellen Sachgesichtspunkt hat sich deshalb auch die Einordnung im Einzelnen zu orientieren.

67 **FALL 12: A verfälschte** ein **Foto** durch Montage.

68 **FALL 13: Einbrecher E** hinterließ in der Wohnung des Einbruchsopfers **versehentlich** seinen **Fingerabdruck**.

69 In den Fällen der **Fotomontage** und des vom **Einbrecher E** hinterlassenen **Fingerabdrucks** sind zwar rechts- bzw. beweiserhebliche Interessen tangiert. Es **fehlt** jedoch an einer rechts- bzw. beweiserheblichen **Erklärung**, die einem bestimmten Erklärenden zugeordnet werden könnte. Ein entspre-

---

[46] S. dazu schon oben Rn. 26 f.
[47] Vgl. RGSt 17, 103, 106.
[48] Vgl. dazu die Überlegungen unten Rn. 242 f. zur Fälschung technischer Aufzeichnungen.
[49] Der gemeinsame Nenner der verschiedenen Schutzintentionen, die sachgerechterweise einzubeziehen sind, ist das Interesse an korrekter Wiedergabe des wirklichen Ausstellerwillens; s. dazu schon oben 2. Teil I 4 (Rn. 51 – 62).

chendes – durch § 267 erfasstes – Zuschreibungsinteresse kann deshalb auch nicht betroffen sein. Sollte also beispielsweise ein besonders **raffinierter Einbrecher** durch irgendwelche **Manipulationen Fingerabdruckspuren eines anderen** hinterlassen, um den Verdacht auf jenen zu lenken, so ist das jedenfalls keine Urkundenfälschung.[50]

Gleiches gilt etwa für den Fall desjenigen, der den **Fingerabdruck eines Toten** auf einer Waffe anbringt, um dadurch vorzutäuschen, der Tote habe die Waffe benutzt.[51] Insoweit handelt es sich durchweg lediglich um **irreführende Augenscheinsobjekte**, nicht aber um – aus der Perspektive des Adressaten der Manipulation auszumachende – Erklärungen, die einem bestimmten Erklärenden zuzuordnen sind. Deshalb kann auch kein **urkundenspezifisches Zuschreibungsinteresse** verletzt werden. Die Beurteilung ändert sich, wenn ein namentlich bekannter Serieneinbrecher bei seinen Einbrüchen regelmäßig einen mit Stempelfarbe aufgebrachten **Daumenabdruck** – gleichsam **als Visitenkarte** – zu hinterlassen pflegt und dieser Daumenabdruck von einem „Konkurrenten" angebracht wird.[52]

Wenn die bislang noch überwiegende Auffassung der **Fotokopie** einer Urkunde die Urkundeneigenschaft abspricht,[53] kann dies jedenfalls nicht am **Merkmal der Erklärung** festgemacht werden:[54] Auch und gerade wenn man die Fotokopie als Abbild des Originals auffasst, enthält diese – ebenso wie die Durchschrift und die Abschrift – eine Erklärung. Ernsthaft diskutieren mag man lediglich darüber, wer **Aussteller** der entsprechend **verkörperten Erklärung** ist. In Frage kommt als Erklärender der Kopierende oder aber derjenige, dem auch die im Original verkörperte Erklärung als die seine zuzurechnen ist. Dabei geht es um die Frage, ob die **Kopie als Erklärungs-**

---

[50] Sachlich übereinstimmend etwa *Heghmanns,* BT, Rn. 1342; ferner *Arzt/Weber/Heinrich/Hilgendorf,* BT², § 31 Rn. 7. – Allerdings wird z. T. missverständlich auf einen in derartigen Fällen fehlenden *Erklärungswillen* abgestellt. Entscheidend ist allein, dass es am erzeugten *Anschein* einer Erklärung beim „Adressaten" fehlt!

[51] Im Ergebnis so auch mit Recht etwa *Arzt/Weber/Heinrich/Hilgendorf,* BT², § 31 Rn. 7 m. Fn. 14.

[52] Dass der Fingerabdruck unter Umständen eine Erklärung beinhalten kann, betont mit Recht *Heghmanns,* BT, Rn. 1342 (mit dem Beispiel des Fingerabdrucks, der das ausgeübte Wahlrecht dokumentiert).

[53] Vgl. etwa BGHSt 24, 140 ff.; OLG Stuttgart NJW 2006, 2869 f.; *Beck,* JA 2007, 423, 424; *Beckemper,* JuS 2000, 123, 124 f.; *Emde,* wistra 1995, 328, 329; *Krey/Heinrich,* BT 1¹⁴, Rn. 716 f. – Näher zu dieser Problematik noch unten Rn. 99, 102, 127 – 130, 195d, 197, 202 – 204; ergänzend Rn. 272a ff., 278a ff.

[54] Zutreffend dazu etwa *Engert/Franzmann/Herschlein,* JA 1997, 31, 34.

verkörperung (nur) eine **besondere Form der Abschrift** ist oder ob sie nicht vielmehr eine **nachträglich erzeugte Durchschrift** darstellt.[55]

70b
> **Definition der Erklärung:**
> Eine Erklärung ist die Mitteilung einer Person mittels dazu geeigneter Zeichen.

70c Die Person kann eine **natürliche** oder eine **juristische Person** sein. Auch die **Nachricht** – etwa einer juristischen Person – „**an sich selbst**" ist eine solche Erklärung.[56]

2. Die Perpetuierungsfunktion

71 Das Kriterium der Perpetuierungsfunktion bezeichnet die für eine Urkunde notwendige (hinreichend feste) stoffliche Fixierung der ihr zugrundeliegenden Erklärung durch einen körperlichen Gegenstand.[57] Die sonst „flüchtige" **Erklärung** muss in einem zur Wiedergabe tauglichen **Wiedergabeträger verkörpert** sein.

72 FALL 14: **Robinson (R)** schrieb mit einem Stock auf seiner einsamen Insel für potentielle Retter eine **SOS-Nachricht in den Sand**, da er keine anderweitigen Mitteilungsmöglichkeiten besaß. Böswillige Piraten veränderten die Mitteilung in entscheidender Hinsicht.

73 FALL 15: **A** hinterließ für B eine mit **Bleistift geschriebene Erklärung**. C gelang es durch einfaches Radieren mühelos, ihren Inhalt zu verändern.

74 Vor dem Hintergrund der **ratio legis** dürfen an das Erfordernis der Perpetuierung (der einem Aussteller zuzuordnenden Erklärung) in Bezug auf die **Dauerhaftigkeit** keine allzu hohen Anforderungen gestellt werden. Denn ein schutzwürdiges Interesse an richtiger Zuschreibung kann nicht nur bei den „selbstredenden" Trägern der entscheidenden Information betroffen sein, die

---

[55] Zur Fotokopie als Urkunde s. noch näher unten Rn. 99, 102, 127 – 130, 195d, 197, 202 – 204; ergänzend Rn. 272a ff., 278a ff.
[56] Da auch juristische Personen Erklärungen im hier interessierenden Sinne abgeben können, ist es empfehlenswert, generell statt des gängigen Begriffs der „(menschlichen) Gedankenerklärung", den der „Erklärung" zu verwenden. Ob juristische Personen „(menschliche) Gedanken" haben können, ist zumindest zweifelhaft, aber jedenfalls im Bereich des Urkundenstrafrechts irrelevant.
[57] Vgl. *Cramer/Heine*, in: Schönke/Schröder[27], § 267 Rn. 3, 6; *Lackner/Kühl*[26], § 267 Rn. 6; *Wessels/Hettinger*, BT 1[32], Rn. 792 (§ 18 I 2 a); näher zur Bedeutung der Verkörperung einer Erklärung für den Urkundenbegriff *Samson*, Urkunde und Beweiszeichen, S. 55 ff., 80 ff.

sozusagen (fast) für die Ewigkeit gemacht sind (wie etwa im Falle der in harten Stein gemeißelten Erklärung). Ein solches schutzwürdiges Interesse an richtiger Zuschreibung gibt es vielmehr auch bei den in aller Regel anzutreffenden **Informationsträgern**, denen nur eine **vorübergehende Existenz** zukommt. Je nach Kontext kann es im Rechtsverkehr sogar genügen, wenn eine Erklärung nur für eine kurze Frist verkörpert wird und danach im wahrsten Sinne des Wortes „im Papierkorb landet" oder sich von selbst „auflöst",[58] ohne dass darunter ihre **Bedeutung als brauchbarer** und entsprechenden Integritätsschutz rechtfertigender **„Indikator"** leidet.

Zutreffend ausgefiltert werden durch das Erfordernis der Perpetuierung allerdings *mündliche* Äußerungen, denen die notwendige stoffliche Verkörperung fehlt. Dabei kann zwar ein Interesse an inhaltlicher Wahrheit betroffen sein, dessen Verletzung unter Betrugsaspekten bedeutsam ist. Ein Interesse an richtiger Zuordnung einer Erklärung zu einem bestimmten Erklärenden kann in einem solchen Fall mangels stofflicher Verkörperung aber gerade nicht an einem in dieser Hinsicht aussagekräftigen Etwas – an einem in puncto Aussteller **„selbstredenden" Informationsträger** – bestehen.[59, 60] Fragwürdig erscheint insofern aber etwa die übliche Herausnahme auch des Falles der **Schriftzeichen im Sand**.[61] Denn bei diesen ist die Informationsträgereigenschaft jedenfalls eine Zeitlang vorhanden. 75

Für die Herausnahme aus dem Anwendungsbereich der Urkundenstraftaten könnte allenfalls die verschwindend **geringe praktische Relevanz** ins 76

---

[58] Man denke etwa an eine speziell präparierte Nachricht im Rahmen geheimdienstlicher Tätigkeiten in Krisenzeiten (für einen derartigen Fall wird eine ausreichende Perpetuierungsleistung jedoch abgelehnt etwa von *Samson,* JA 1979, 526, 529).

[59] Auch hier zeigt sich wiederum, dass die Entgegensetzung des Interesses an inhaltlicher Wahrheit und des Interesses an richtiger Zuschreibung nicht missverstanden werden darf: Auch bei der mündlichen Erklärung kann (inhaltlich!) ein Zuschreibungsinteresse verletzt werden (im Fall der Täuschung über die Person des Erklärenden). Dennoch ist das noch nicht die Verletzung des *spezifischen* Zuschreibungsinteresses, das gerade durch § 267 abgesichert werden soll – ganz abgesehen davon, dass hier *auch* der Wortlaut der Strafnorm (mündliche Äußerung ist keine „Urkunde") sperrend wirkt.

[60] An einem „selbstredenden Indikator" und damit am ausreichenden Gegenstand, dessen Integrität mit rechtlichen Garantien versehen werden könnte, fehlt es auch im Falle desjenigen, der „seinem stark kurzsichtigen und zudem vergesslichen Gläubiger aus einiger Distanz ein mit unleserlichen Kritzeln bedecktes Stück Papier vorhält, um den anderen glauben zu machen, das sei die Quittung über die bereits geleistete Zahlung" (vgl. dazu *Zaczyk,* NJW 1989, 2515, 2517 m. w. N.).

[61] Vgl. dazu etwa *Maurach/Schroeder/Maiwald,* BT 2⁹, § 65 Rn. 20; s. dort auch das weitere Beispiel der zu gegenseitiger Verständigung durchaus geeigneten und bestimmten „Gaunerzinken".

Feld geführt werden. Allerdings darf dieses Argument nicht überschätzt werden. Im **FALL 14** mögen etwa ganz **massive (Lebensschutz-)Interessen** auf dem Spiel stehen, die ihre Berechtigung und ihr Gewicht nicht wegen der statistischen Seltenheit der Konstellation verlieren.

77 Das soeben zur Dauerhaftigkeit Gesagte gilt entsprechend für die gleichfalls unter dem Aspekt der Perpetuierung relevanten Anforderungen an die **Festigkeit**[62] der Verkörperung. Mit Blick auf das auch bei geringer Festigkeit – sprich: hoher Fälschungsanfälligkeit – berechtigte Interesse an richtiger Zuschreibung muss es deshalb unschädlich sein, dass eine **Erklärung** nur **mit Bleistift** geschrieben ist (also – wie im **FALL 15** – sehr leicht durch Radieren manipuliert werden kann). Entsprechendes muss auch für folgende Fälle gelten:

78 **FALL 16: A** hatte in einem Einkaufsmarkt von einer Flasche mit einfachem Sekt das aufgeklebte **Preisetikett** über 9,98 € entfernt und dieses Etikett über ein – auf 33,98 € lautendes – Preisetikett einer **Flasche Champagner** geklebt. Als er die so manipulierte Flasche später an der Kasse vorlegte, erreichte er, dass die Kassiererin ihm den Champagner gegen Zahlung von 9,98 € aushändigte. A war aber von einer Angestellten beobachtet worden. Infolgedessen wurde er hinter der Kasse angehalten.

79 **FALL 17: A** hatte einen **Pkw** gestohlen. Um damit nicht entdeckt zu werden, montierte er die beiden **Nummernschilder** ab und ersetzte sie durch andere Nummernschilder, von denen das hintere mit einer **Zulassungsplakette** versehen war, während das vordere keine Zulassungsplakette trug.

80 In diesen Fällen ist es unschädlich, dass die Verknüpfung einer Erklärung mit deren Bezugsobjekt allein mittels eines **(ablösbaren) Preisetiketts** wie im **FALL 16**[63] oder mittels einer (lösbaren) Schraube bewirkt wird (wie im **FALL 17** bei den **Nummernschildern**[64]) – eine Einsicht, die insbesondere für

---

[62] Trotz eines gewissen Zusammenhangs und zahlreicher Überschneidungen betreffen Dauerhaftigkeit und Festigkeit unterschiedliche Aspekte. Aufgrund des im Text Gesagten kann aber auf eine genaue Unterscheidung und entsprechende Zuordnung bestimmter Konstellationen verzichtet werden: Normativ kommt es allein darauf an, ob ein berechtigtes Interesse an richtiger Zuschreibung möglich erscheint.

[63] Vgl. dazu OLG Düsseldorf NJW 1982, 2268.

[64] Vgl. dazu BGHSt 18, 66, 70; die Frage der Urkundenfälschung in einem derartigen Fall ist allerdings – insbesondere mit Blick auf § 22 StVG (Kennzeichenmissbrauch) – nicht unproblematisch; vgl. dazu *Tröndle*, in: LK[10], § 267 Rn. 148 m.w.N.; ferner *Heghmanns*, BT, Rn. 1351. – Zum „roten" Kennzeichen vgl. BGHSt 34, 375; *Puppe*, JZ 1991, 447.

das Problem der sogenannten zusammengesetzten Urkunden, aber auch für das der „Gesamturkunden" Bedeutung hat.

Von einer **zusammengesetzten Urkunde** spricht man bei einer räumlich hinreichend festen Verbindung zwischen einer verkörperten **Erklärung** und ihrem **Bezugsobjekt** zu einer **Beweismitteleinheit**.[65] In der Sache kommt es auch insoweit lediglich darauf an, ob die allgemeinen Urkundenvoraussetzungen gegeben sind. **81**

Fall 17a: A, dem eine Geschwindigkeitsüberschreitung zur Last gelegt wird, **überklebte** das **Verkehrsschild**, das die Geschwindigkeitsbegrenzung enthielt, kurz vor einem gerichtlich anberaumten Lokaltermin mit einer **Folie**, so dass sich seine gefahrene Geschwindigkeit im Bereich des Erlaubten zu halten schien. **81a**

Das **Verkehrsschild** mit der Geschwindigkeitsbegrenzung erfüllt die Anforderungen an eine **(zusammengesetzte) Urkunde**.[66] Der durch das Verkehrsschild bekannt gegebene Verwaltungsakt i. S. einer Allgemeinverfügung enthält eine **Erklärung** der zuständigen **Behörde**, die sich auf den **Streckenabschnitt** bezieht, an dem das Schild angebracht ist. Dafür spielt es nach den Grundsätzen der Geistigkeitstheorie[67] keine Rolle, wer das Schild montiert hat.[68] Durch das Überkleben mit der Folie wird der **falsche Anschein erzeugt**, die zuständige Behörde habe eine höhere Geschwindigkeit zugelassen. Damit handelt es sich bei dem manipulierten Schild um eine unechte Urkunde. Die Tat des A ist jedenfalls als **Urkundenfälschung** nach § 267 Abs. 1 (Herstellen bzw. Verfälschen und Gebrauchen[69]) sowie als **Amtsanmaßung** nach § 132[70] strafbar. **81b**

Unter einer **Gesamturkunde** versteht man eine hinreichend feste Verbindung mehrerer Einzelurkunden zu einem einheitlichen Ganzen, das über die Einzelerklärungen hinaus einen selbständigen Erklärungsinhalt aufweist und **82**

---

[65] Vgl. nur *Jäger*, Examens-Repetitorium BT³, Rn. 444; *Küper*, BT⁷, S. 325 f. (Stichwort: Urkunde/zusammengesetzte); *Lampe*, NJW 1965, 1746 ff.; *Wessels/Hettinger*, BT 1³², Rn. 816 (§ 18 II 3), jew. m. w. N.
[66] I. S. einer Urkundseigenschaft jedenfalls von erlaubenden oder verbietenden Verkehrszeichen etwa auch *Jakobs*, Urkundenfälschung, S. 88.
[67] Näher dazu unten Rn. 117 m. Fn. 119, Rn. 127 f.
[68] So mit Recht z. B. *Dedy*, NZV 1999, 136, 137 (die zwischen dem Aufsteller des Schildes und dem Aussteller der dadurch bewirkten Erklärung differenziert); s. auch *Böse*, NStZ 2005, 370, 371; *Kucera*, JuS 2000, 208. – Zur nicht überzeugenden Gegenauffassung vgl. OLG Köln NZV 1999, 134 ff.; *Jahn*, JA 1999, 98, 100.
[69] Zum Verhältnis der Verwirklichungsformen näher unten Rn. 228 ff.
[70] Zur Amtsanmaßung durch unbefugtes Aufstellen oder Überkleben eines Verkehrszeichens mit einem anderen vgl. etwa *Hohmann*, in: MünchKommStGB, § 132 Rn. 21 m. w. N.

dazu bestimmt ist, ein erschöpfendes Bild über einen bestimmten Kreis fortwährender Rechtsbeziehungen zu vermitteln.[71] Auch bei der Konkretisierung der „Gesamturkunde" gilt es, die allgemeinen Urkundenvoraussetzungen zu beachten. Die Berechtigung eines selbständigen Instituts der Gesamturkunde wird teilweise vehement bestritten.[72] Tatsächlich lässt sich die sog. Gesamturkunde – soweit diese anzuerkennen ist – als **Unterfall der zusammengesetzten Urkunde** begreifen, die mit einer **Vollständigkeitserklärung** versehen ist.[73]

83 Erst wenn die **Verbindung** dermaßen **locker** ist, dass kein anerkennenswertes Zuschreibungsinteresse mehr betroffen sein kann, erscheint es berechtigt, die Urkundeneigenschaft zu verneinen. Zu denken wäre vielleicht an den Fall der **schriftlichen Aufforderung**, einen bestimmten Gegenstand aus der **rechten Schreibtischschublade** zu holen, wenn eine Manipulation dadurch stattfindet, dass der dort befindliche Gegenstand durch einen anderen ersetzt wird.[74] Selbst in einem solchen Fall könnte man aber je nach den konkreten Umständen (Schriftstück und Schreibtisch befinden sich z.B. in einem verschlossenen Zimmer) durchaus erwägen, ob nicht vielleicht doch ein nach der **ratio** der Urkundenfälschung **schutzwürdiges Zuschreibungsinteresse** vorhanden ist. Dann könnten allenfalls Überlegungen zum – zusätzlich begrenzenden – **Wortlaut der Strafnorm** („Schriftstück und Schreibtisch in einem verschlossenen Zimmer" als „Urkunde"?) zur Ausfilterung der Konstellation führen.[75]

84 Ein klarer Fall der Urkundenfälschung liegt dagegen vor, wenn jemand in einem **Schriftstück** an die Stelle des Begriffs der **„rechten Schreibtischschublade"** den Begriff der **„linken Schreibtischschublade"** setzt und dadurch das sub specie § 267 spezifische Zuschreibungsinteresse verletzt. Problematische Grenzfälle sind in dieser Hinsicht der **FALL 7** oben sowie folgender

---

[71] Vgl. dazu näher BGHSt 4, 60, 61; RGSt 51, 36, 37 f.; *Jäger*, Examens-Repetitorium BT³, Rn. 450; *Küper*, BT⁷, S. 322 f. (Stichwort: Urkunde/Gesamturkunde); kritisch zu diesem Konstrukt freilich *Lampe*, GA 1964, 321, 323 ff.; vgl. auch *Puppe*, Jura 1980, 18, 22.

[72] Die Figur der Gesamturkunde strikt ablehnend etwa *Erb*, in: MünchKommStGB, § 267 Rn. 58; vgl. auch *Puppe*, in: NK², § 267 Rn. 41 ff.

[73] Vgl. dazu *Erb*, in: MünchKommStGB, § 267 Rn. 59; ferner *Küper*, BT⁷, S. 322 f. (Stichwort: Urkunde/Gesamturkunde).

[74] Vgl. zu einem derartigen Fall *Samson*, Urkunde und Beweiszeichen, S. 140.

[75] Vgl. dazu auch das Beispiel des Holzstabs, den ein Freund dem anderen sendet, um ihm eine früher vereinbarte Mitteilung zu machen, bei *Samson*, Urkunde und Beweiszeichen, S. 98.

FALL 18: A, der bei einer **Trunkenheitsfahrt** gestellt worden war, bat den 85
Blut entnehmenden Arzt Dr. B, den er persönlich kannte, dem **Befundbericht** eine **Venüle mit dem Blut eines anderen** beizulegen, bevor dieser zur Blutalkoholbestimmung weggeschickt werde. **Dr. B** verfuhr daraufhin folgendermaßen: Er trank eine geringe Menge Alkohol, nahm bei sich eine Blutprobe, schrieb auf die Venüle den Namen des A und legte die Venüle zusammen mit dem Befundbericht in einen **Umschlag**.[76]

Auf einen weiteren (Problem-)Aspekt der erforderlichen Perpetuierungslei- 86
stung macht aufmerksam

FALL 19: A verfälschte die auf einem **Tonband** abgegebene **Erklärung** 87
eines anderen durch **Überspielen**.

Vor dem Hintergrund des bisher Gesagten erweist sich die **übliche Be-** 88
schränkung des Urkundenbegriffs auf – wenn auch u. U. mit technischen Hilfsmitteln (z. B. Lesegeräten für Mikrofilm, Mikrofiche etc.) – *visuell wahrnehmbare* **Verkörperungen** von Erklärungen als kaum nachvollziehbar.[77] Denn trotz – oder gerade wegen (!) – der unverkennbaren Manipulationsmöglichkeiten lässt sich etwa auch bei einer (wie im **FALL 19**) auf **Tonband** diktierten oder bei einer auf **DVD** gespeicherten Erklärung ein entsprechendes schutzwürdiges Interesse an richtiger Zuschreibung schwerlich in Abrede stellen.[78] Dennoch soll die Tonbandaufzeichnung wegen der fehlenden visuellen Wahrnehmbarkeit keine Urkunde sein. Entsprechendes soll für **Daten** gelten, die in einer elektronischen **Datenverarbeitungsanlage gespeichert** werden, wenn sie sich im Speicher befinden.

---

[76] Vgl. zu einem solchen Fall BGHSt 5, 75; ferner *Jung*, JuS 1992, 131, 133 f. – Zur entsprechenden Problematik im Falle des Preisetiketts, das auf der (offenen oder verschlossenen) Verpackung angebracht ist, vgl. OLG Köln NJW 1979, 729 f. m. krit. Anm. *Kienapfel*; ferner *Lampe*, JR 1979, 214; *Puppe*, Jura 1980, 18, 21.

[77] So aber die wohl h. M.; vgl. etwa *Cramer/Heine*, in: Schönke/Schröder[27], § 267 Rn. 6; *Erb*, in: MünchKommStGB, § 267 Rn. 23; *Wessels/Hettinger*, BT 1[32], Rn. 794 (§ 18 I 2 a), jew. m. w. N.; s. auch *Sieber*, JZ 1977, 411. – Trotz der Akzentuierung des Erfordernisses der *visuellen* Wahrnehmbarkeit soll allerdings die etwa bei der Blindenschrift primär relevante *Ertastbarkeit* ausreichen (vgl. z. B. *Erb*, in: MünchKommStGB, § 267 Rn. 23).

[78] Insofern zutreffend bereits *Armin Kaufmann*, ZStW 71 (1959), 409, 417: „Ob der Gedankeninhalt aus der Verkörperung mittels des Auges oder mittels des Ohres entnommen werden kann, davon kann der Unrechts- und Schuldgehalt der Urkundenstraftaten nicht abhängen." – Krit. gegenüber dem Erfordernis der visuellen Erkennbarkeit auch *Maurach/Schroeder/Maiwald*, BT 2[9], § 65 Rn. 21 (wo freilich Tonbänder – wenig überzeugend – unter Hinweis auf die unkontrollierbaren Fälschungsmöglichkeiten letztlich doch wieder aus dem Urkundenbegriff herausgenommen werden).

Soweit sie auf einem **Bildschirm** erscheinen, sei zwar unmittelbare **optische Wahrnehmbarkeit** gegeben. *Diese* Verkörperung sei aber **nicht hinreichend dauerhaft** erfolgt.[79]

89 Verständlich ist die Herausnahme nicht visuell wahrnehmbarer Erklärungen wohl nur aufgrund eines **nicht ratio-**, sondern **historisch-traditionell orientierten Vorverständnisses** des strafrechtlichen Urkundenbegriffs.[80] Folgt man dennoch der h. M., so liegt im **FALL 19** schon tatbestandlich keine Urkundenfälschung vor. Bejaht man im Hinblick auf die vorstehenden Überlegungen den Tatbestand des § 267, wird man freilich **de lege lata § 269**[81] als der **spezielleren Norm** den Vorrang einzuräumen haben.

90 Die im Schrifttum teilweise befürwortete Beschränkung des urkundenstrafrechtlichen Interessenschutzes auf gerade **in einem Schriftstück** verkörperte Erklärungen[82] zielt auf eine Angleichung des (materiell-)strafrechtlichen Urkundenbegriffs an den **Urkundenbegriff im Prozessrecht** ab.[83] Bedeutung hat das vor allem für die sogenannten Beweiszeichen, die man von den bloßen Kennzeichen als praktisch nur schwer oder gar nicht unterscheidbar betrachtet.

91 Die vorherrschende Auffassung verlangt indessen keine gerade *in Schriftform* verkörperte Äußerung. Als Urkunde betrachtet sie auch die mit einem körperlichen Gegenstand fest verbundenen **Beweiszeichen**, die eine Erklärung verkörpern, einen Aussteller erkennen lassen und nach Gesetz, Herkommen oder Vereinbarung der Beteiligten geeignet und bestimmt sind, zum Beweis einer rechtlich erheblichen Tatsache zu dienen.[84] Als Beispiele für Beweiszeichen werden genannt: Amtliche **Kfz-Kennzeichenschilder**,[85] das

---

[79] I. d. S. z. B. *Samson,* in: SK StGB, 21. Lfg. Feb. 1987, § 267 Rn. 21 a.
[80] I. d. S. mit Blick auf „übersetzungsbedürftige" elektronische „Urkunden" wohl auch *Arzt/Weber,* LH 4², Rn. 476, 520, wo unter Hinweis auf die Judikatur in der Schweiz, die elektronische „Urkunden" dem normalen Urkundenbegriff unterstellt, bezweifelt wird, ob es des § 269 (Fälschung beweiserheblicher Daten; s. dazu noch unten 3. Teil II [Rn. 226 – 274]) überhaupt bedurft hätte.
[81] S. dazu noch unten 3. Teil II (Rn. 266 – 274).
[82] Vgl. *Kienapfel,* Urkunden im Strafrecht, S. 349 ff.; *dens.,* Gewährschaftsträger, S. 2 f., 201, 205 ff.; *Samson,* Urkunde und Beweiszeichen, S. 57 ff., 94 ff.; *dens.,* JuS 1970, 369, 372; *Welzel,* Das Deutsche Strafrecht¹¹, § 59 II 1. – Bei *Maurach/Schroeder/Maiwald,* BT 2⁹, § 65 Rn. 14 wird diese bis zur 7. Aufl. vertretene Auffassung aufgegeben: „Dieser Kampf ist inzwischen endgültig verloren, nicht zuletzt auf Grund moderner zeichentheoretischer Erkenntnisse".
[83] Zum strafprozessualen Urkundenbegriff vgl. schon oben Rn. 17 Fn. 2.
[84] BGHSt 13, 235, 239; *Arzt/Weber/Heinrich/Hilgendorf,* BT², § 31 Rn. 9, 23 ff.; *Wessels/Hettinger,* BT 1³², Rn. 804 (§ 18 I 3) m. w. N.
[85] BGHSt 18, 66, 70.

II. Merkmale der Urkunde: Perpetuierungs-, Beweis- und Garantiefunktion 37

Künstlerzeichen auf einem Gemälde[86] oder die hinreichend feste **Preisauszeichnung** an Waren.[87] Ihre Einbeziehung in den Urkundenstrafschutz wird unter anderem damit begründet, dass der Geschäftsverkehr auf wortvertretende Abkürzungen, Bezeichnungen und Symbole nicht verzichten könne und dass die Allgemeinheit ihnen hinsichtlich ihres Beweiswertes das Gleiche Vertrauen entgegenbringe wie Urkunden in Schriftform.[88]

Bloße **Kennzeichen**, die ausschließlich der unterscheidenden Kennzeichnung, der Sicherung oder dem Verschluss von Sachen dienen, gelten dagegen nicht als Urkunden i. S. des Urkundenstrafrechts – allerdings mit der Maßgabe, dass nicht formal-begrifflich unterschieden werden könne, ob ein bloßes Kennzeichen oder aber ein Beweiszeichen vorliege, sondern entscheidend auf die *Funktion* des Zeichens abzustellen sei.[89] 92

Indessen sind das oft genannte **Wäschemonogramm**, das **Eigentümerzeichen** in Büchern oder der **Dienststempel** auf Inventarstücken kaum geeignete Beispiele für bloße Kennzeichen ohne Beweisfunktion (vgl. dazu noch unten die **FÄLLE 21, 22 und 23**). 93

Da nun aber auch jene Autoren, die ein Schriftstück verlangen, wegen der **Relativität des Begriffs** der „Schriftlichkeit" viele der sogenannten Beweiszeichen ohne Weiteres unter ihren engeren Urkundenbegriff subsumieren,[90] gilt es zur Vermeidung eines bloßen Streits um Worte, sich Folgendes zu vergegenwärtigen: Der Sache nach geht es bei diesem Streit um die genauen Anforderungen an die Erfüllung der Erfordernisse des Urkundenbegriffs. Es geht um die Frage, wann genau man im Einzelnen von einer Erfüllung der **Perpetuierungs-, der Beweis- und Garantiefunktion** (in Bezug auf die Erklärung einer bestimmten Person) ausgehen kann bzw. bei welchen „Gegenständen" es daran mangelt. Dabei handelt es sich im Grunde um dasselbe 94

---

[86] RGSt 76, 28, 29.
[87] RGSt 53, 237, 238 u. 327, 328; OLG Köln NJW 1973, 1807 u. 1979, 729.
[88] Vgl. dazu z. B. *Wessels/Hettinger,* BT 1³², Rn. 805 (§ 18 I 3) (wo allerdings krit. angefügt wird, dass damit allein die Strafbarkeit noch nicht ausreichend begründet sei). – Sachlich kann es nur darauf ankommen, ob Beweiszeichen in bestimmten Zusammenhängen die Urkundenvoraussetzungen tatsächlich erfüllen.
[89] Vgl. etwa *Cramer/Heine,* in: Schönke/Schröder²⁷, § 267 Rn. 25 ff.; *Wessels/Hettinger,* BT 1³², Rn. 806 f. (§ 18 I 3), jew. m. w. N. – Näher zur Problematik der (Funktion der) Beweisbestimmung als Unterscheidungskriterium zwischen Beweis- und Kennzeichen *Puppe,* Die Fälschung technischer Aufzeichnungen, S. 126 ff. – Dass die Unterscheidung zwischen den Beweis- und den Kennzeichen teilweise willkürlich und kaum mehr nachvollziehbar ist, wird mit Recht gerügt bei *Arzt/Weber/Heinrich/Hilgendorf,* BT², § 31 Rn. 23 ff.
[90] S. die oben Rn. 90 Fn. 82 Genannten. – Zur Relativität des Begriffs der Schriftlichkeit s. auch *Maurach/Schroeder/Maiwald,* BT 2⁹, § 65 Rn. 14.

Sachproblem, das sich auch bei der Ausscheidung von bloßen Kennzeichen aus dem Anwendungsbereich der Urkundenstraftaten stellt.

95 So gesehen kann eine Beschränkung des strafrechtlichen Urkundenbegriffs auf gerade in einem Schriftstück verkörperte Erklärungen entgegen dem ersten Anschein im Grunde gar nicht mit Defiziten im Bereich des Erfordernisses einer Perpetuierungsleistung zusammenhängen. Denn die insofern ausgefilterten sogenannten **Beweiszeichen**, stehen in Bezug auf ihre **Perpetuierungsleistung** allseits anerkannten Urkunden in keiner Weise nach. Wenn es Gründe geben sollte, sie aus dem Anwendungsbereich des Urkundenstrafrechts auszunehmen, so müsste dies mit Defiziten der Beweiszeichen im Bereich der Beweis- oder Garantiefunktion[91] oder aber bereits der Erklärung[92] begründet werden.

96 Nach allem Bisherigen versteht es sich wohl von selbst, dass die Verkörperung der Erklärung **nicht notwendig** in einer **allgemeinverständlichen Art und Weise** geschehen muss. Vielmehr genügt es, wenn die Perpetuierung in einer Form vorliegt, die überhaupt bei irgend jemandem ein Interesse an korrekter Zuschreibung rechtfertigt – und das heißt: wenn sie für bestimmte – etwa in einen **Geheimcode** eingeweihte oder einer sehr **seltenen Sprache** mächtige – Personen verständlich abgefasst ist.[93] Eine verkörperte Erklärung liegt bereits vor, wenn sie von **mindestens einer Person** verstanden werden kann.[94]

97 Es schadet auch nicht, wenn eine bestimmte Erklärung nur **in verkürzter Form verkörpert** wird. Dies trifft etwa bei Fahrkarten zu, die regelmäßig nur Datum, Fahrstrecke und einen bestimmten Betrag ausweisen, aber – selbstverständlich – die Erklärung enthalten, der Inhaber sei zur Benutzung des Verkehrsmittels berechtigt. Trotz gewisser nachgerade polemisch anmutender Formulierungen[95] lässt sich eine entsprechend **verkürzte Entwertungserklä-**

---

[91] S. dazu sogleich im Text.
[92] S. zu diesem Erfordernis schon oben 2. Teil II 1 (Rn. 65 – 70).
[93] Insofern sachlich übereinstimmend *Binding*, BT 2², 1. Teilband, S. 185 m. Fn. 3 (s. auch *Zielinski*, wistra 1994, 338, 340). Auf die große praktische Relevanz solcher Fälle weist mit Recht *Samson*, JA 1979, 526, 530 hin. Allerdings möchte *Samson*, a. a. O. – wenig überzeugend – die Konstellationen aus dem Urkundenbegriff herausnehmen, in denen das Schlüsselsystem nur einem „kleinen Kreis" bekannt ist (vgl. auch *Samson*, JuS 1970, 369, 372; *Puppe*, Jura 1980, 18). Zum möglichen Missverständnis, das hinter einer derartigen Ausfilterung steht, vgl. sogleich noch im Kontext der Beweisfunktion.
[94] Zur möglichen „Nachricht an sich selbst" vgl. ergänzend unten Rn. 111a.
[95] *Binding*, BT 2², 1. Teilband, S. 184: „Das Loch in der Fahrkarte als Urkunde ist der tiefste Punkt, bis zu welchem deren Verkennung herabsinken kann."

rung auch im Falle der **gelochten Fahrkarte**[96] oder – praktisch häufiger – im Falle der **durchgerissenen Eintrittskarte** aufweisen.

> **Definition der erforderlichen Perpetuierungsleistung:**   **97a**
> Die **Perpetuierungsfunktion** ist erfüllt, wenn die Erklärung des Ausstellers in einem körperlichen Gegenstand (hinreichend fest) stofflich fixiert ist.

Eine **zusammengesetzte Urkunde** ist – wie bereits oben (Rn. 81 ff.) festgestellt – nur ein nicht selbständig bedeutsamer **Unterfall der Urkunde**, für den ohne Weiteres die allgemeinen Regeln gelten. Bei ihr ist für die vollständige **Erklärung** des Ausstellers die Verbindung mit dem Gegenstand erforderlich, auf den sie sich bezieht. Ohne diese Verbindung mit dem **Bezugsobjekt** enthält die „Erklärung" eine wesentliche Lücke und ist deshalb schon keine. Entsprechendes gilt für die sogenannte **Gesamturkunde**, bei der mehrere **Einzelurkunden** das **Bezugsobjekt** einer Erklärung sind, die sich auf nicht mehr, aber auch auf nicht weniger Einzelurkunden als diese bezieht (**Vollständigkeitserklärung**).[97]   **97b**

3. Die Beweisfunktion

Auch bei der Beweisfunktion handelt es sich um ein für den Urkundenbegriff **98** notwendiges Erfordernis. Nach üblicher Definition muss die verkörperte Erklärung zum **Beweis im Rechtsverkehr geeignet** und **bestimmt** sein.[98]

FALL 20: A legte am 11.07.1989 seinem Zahnarzt in dessen Praxis die **Fo- 99 tokopie** eines angeblich von der Krankenversicherung stammenden Schreibens vom 10.07.1989 vor. Diese Kopie war in der Weise hergestellt worden, dass von einem anderen Schreiben der Krankenversicherung unter **Abdeckung des Textes** zunächst eine **Kopie des Briefkopfes** gefertigt worden war. Sodann wurde eine weitere Ablichtung mit dem **von A formulierten Text** erzeugt und das Ganze mit dem Briefkopf der Krankenversicherung kopiert. Wer die Kopien hergestellt hatte, konnte nicht geklärt werden. A **legte die Fotokopie seinem Zahnarzt vor**, um dadurch den Eindruck zu erwecken, die Krankenversicherung habe manche

---

[96] Nicht überzeugend deshalb die unterschiedliche Rubrizierung und Würdigung der beiden Fälle bei *Samson*, JA 1979, 526, 530 f. (sub c bzw. d).
[97] S. dazu bereits oben Rn. 82.
[98] Vgl. nur *Cramer/Heine*, in: Schönke/Schröder[27], § 267 Rn. 8; *Jäger*, Examens-Repetitorium BT[3], Rn. 429; *Lackner/Kühl*[26], § 267 Rn. 11; *Wessels/Hettinger*, BT 1[32], Rn. 795 (§ 18 I 2 b).

Kosten noch nicht erstattet. Tatsächlich hatte die Krankenversicherung bereits am 27.06.1989 an A 27.896,30 DM überwiesen. A wollte dadurch seinen Zahnarzt dazu bringen, ihm zumindest Ratenzahlung zu gewähren. Dieser erkannte jedoch die Manipulation.

100 Eine mit Blick auf ein etwaiges **Interesse an richtiger Zuschreibung** ratio-orientierte Konkretisierung der notwendigen **Beweisfunktion** muss sich – ebenso wie bei der geforderten Perpetuierungsleistung – mit relativ geringen Anforderungen begnügen. Entsprechend **gering** ist die **Ausfilterungswirkung** dieses „Merkmals".

101 Dies gilt zunächst für das im vorliegenden Zusammenhang üblicherweise (neben dem Erfordernis der Beweisbestimmung) aufgeführte Erfordernis der **Beweiseignung**.[99] Keinesfalls wäre es sachgerecht zu fordern, eine bestimmte verkörperte Erklärung müsse vollen Beweis erbringen. Vielmehr wird man es als ausreichend anzusehen haben, dass sie – **im Verein mit anderen Indizien** – überhaupt beweismäßig i. S. einer „**brauchbaren Indikation**" (als **selbständiger Informationsträger**) von Bedeutung ist. Denn schon dann kann ein Interesse an korrekter Zuschreibung tangiert sein.

102 Im **FALL 20** wird man die beweismäßige Relevanz der vorgelegten Fotokopie – ungeachtet der im Grunde bei Urkunden immer in Rechnung zu stellenden Manipulationsmöglichkeit – nicht leugnen können. Jedenfalls misst der Rechtsverkehr auch **Fotokopien** einen gewissen Beweiswert zu, der auch sonst für die **Erfüllung der Beweisfunktion** als **vollkommen ausreichend** angesehen wird.[100]

---

[99] In der Sache ist das weithin anerkannt; vgl. etwa *Küper,* BT[7], S. 315 (Stichwort: Urkunde [Begriff]): „Die »Beweiseignung«, die nicht volle »Beweiskraft« bedeutet, ist im weiten Sinn zu verstehen (»abstrakte Beweiserheblichkeit«); sie liegt bereits vor, wenn die verkörperte Gedankenerklärung für sich allein oder in Verbindung mit anderen Umständen zu Beweiszwecken geeignet – im Rechtsverkehr nicht »völlig bedeutungslos« – ist." – S. ergänzend *Lackner/Kühl*[26], § 267 Rn. 12: „Sie (d. h. die Beweiseignung) hat ... keine ins Gewicht fallende tatbestandseinschränkende Wirkung"; *Otto,* JuS 1987, 761, 762; instruktiv dazu auch *Stuckenberg,* ZStW 118 (2006), 878, 887 f.

[100] Lesenswert – und mit Recht i. S. einer Bejahung der Perpetuierungs-, Beweis- und Garantiefunktion von Mikro-, Foto- und Tele(fax)kopien eines Schriftstücks – *Zoller,* NJW 1993, 429 ff.; s. auch *Mitsch,* NStZ 1994, 88 f.; *Zielinski,* CR 1995, 286 ff. – Nach meinen eigenen Erfahrungen begnügen sich selbst Behörden – etwa bei der Entscheidung über die Höhe des zu gewährenden Kindergeldes – ausdrücklich mit der Vorlage von Kopien (z. B. des Steuerbescheids). Näher zur Bedeutung des Telefax OLG Köln NJW 1992, 1774; *Schöning,* Telegramm und Fernschreiben, S. 326 ff.; *Pape/Notthoff,* NJW 1996, 417 ff.; *Laghzaoui/Wirges,* MDR 1996, 230 ff. – Zur endgültigen Lösung des FALLES 20 vgl. noch unten Rn. 127.

Entsprechend verhält es sich in folgenden Fällen: 103

FALL 21: Ein kleiner Hersteller von Aktenordnern hatte seine Produkte 104 zur Hebung des Umsatzes mit dem **Etikett „Leitz"** versehen und so in den Handel gebracht.

FALL 22: Jurastudent J radierte aus einem heimlich mitgenommenen 105 **Buch** des Juristischen Seminars den **Stempel** heraus.

FALL 23: P und B waren benachbarte **Viehbesitzer**. Die Tiere waren 106 jeweils mit einem entsprechenden **Brandzeichen** versehen. B brannte heimlich einige Tiere des P um (Variante: P verwendete allseits bekannt ein Kreuz [+], während B einen Stern [*] als „sein" Brandzeichen anzubringen pflegte).

Mangels aufweisbaren Rechtsgüterschutzinteresses ausgefiltert werden nur 107 in puncto Ausstellereigenschaft völlig unbrauchbare Informationsträger. Bei den geläufigen **Beweiszeichen** trifft das aber regelmäßig nicht zu. Vielmehr leisten sie im Rechtsverkehr dasselbe wie Schrifturkunden.[101] Dies gilt weithin sogar für **Hersteller-** und **Eigentümerzeichen**. Deshalb erscheint es nicht berechtigt, ihnen die **Urkundenqualität** durchweg abzusprechen.[102]

Dass es an einer Erklärung in den **FÄLLEN 21** bis **23** fehle, wird sich 108 schwerlich behaupten lassen. Und was die erforderliche Beweiseignung anlangt, so fehlt sie noch nicht einmal in Bezug auf einen – allerdings primär für die Urkundenunterdrückung relevanten – **Beweis zugunsten des Ausstellers**. Die Beweisregel, dass eine schriftliche Erklärung *zugunsten* ihres Ausstellers keine Beweiskraft entfalten könne (scriptura pro scribente non probat), ist seit langem überholt.[103] In den **FÄLLEN 21** und **23** ist daher das Unrecht der Urkundenfälschung nach § 267 aufweisbar.[104] Fraglich kann nur sein, ob im **FALL 21** nicht vielleicht die Strafvorschriften des Markengesetzes (**§ 143 MarkenG**; vgl. auch schon § 25 d des früheren Warenzeichengesetzes

---

[101] Zutreffend betont von *Samson*, JA 1979, 526, 530, der einige derselben lediglich mit Blick auf den Wortlaut der Strafnorm ausfiltern möchte (vgl. auch *dens.*, Urkunde und Beweiszeichen, S. 94 ff., 97 ff.).

[102] Zur zu undifferenzierten Gegenauffassung vgl. die Nachw. bei *Küper*, BT[7], S. 318 (Stichwort: Urkunde/Beweiszeichen). – Tendenziell wie hier etwa *Rengier*, BT 2[8], § 32 Rn. 15: „... gibt es gute Gründe dafür, etwa die Eigentümerzeichen einschließlich der Namenszeichen auf Tieren bei den Beweiszeichen einzuordnen".

[103] So mit Recht *Maurach/Schroeder/Maiwald*, BT 2[9], § 65 Rn. 23 f.; *Samson*, JA 1979, 526, 529; *ders.*, JuS 1970, 369, 371; nicht überzeugend vor diesem Hintergrund die Herausnahme entsprechender Fälle aus dem Urkundenstrafrecht bei *Cramer/Heine*, in: Schönke/Schröder[27], § 267 Rn. 27.

[104] Zum Unrecht der Urkunden*unterdrückung* im FALL 22 s. noch unten Rn. 286.

[WZG]) als **speziellere Regelungen** vorgehen – die Urkundenfälschung also im Konkurrenzwege auszuscheiden ist.[105]

109 Selbständig neben (oder sogar anstelle) der Beweiseignung tritt nach geläufigem Verständnis des Urkundenbegriffs die **Beweisbestimmung** als **subjektive Zwecksetzung**.[106] Diese könne entweder (bei der Errichtung einer sogenannten **Absichtsurkunde**) eine solche des Ausstellers oder aber (bei den sogenannten **Zufallsurkunden**)[107] auch eine solche anderer Personen sein und dann im Grunde jederzeit vorgenommen werden, aber auch wieder entfallen.

110 Das ist in dieser Form zumindest missverständlich. Denn eine eigenständige Bedeutung kann der Beweisbestimmung jedenfalls im vorliegenden Zusammenhang[108] bei ratio-orientierter Betrachtung letztlich gar nicht zukommen: Die – ausreichende und allein strafrechtsrelevante – Beweisbestimmung wird (bei vorausgesetzter Eignung) doch wohl vom Täter der Urkundenfälschung selbst getroffen,[109] wenn er **zur Täuschung des Rechtsverkehrs**[110]

---

[105] Vgl. die entsprechenden Überlegungen in BGHSt 2, 370 (Faber-Castell-Entscheidung); ferner bei *Cramer/Heine*, in: Schönke/Schröder[27], § 267 Rn. 28, wo freilich – weitergehend – eine Sperrwirkung der Strafvorschriften des WZG gegenüber § 267 in den Fällen angenommen wird, in denen der warenzeichenrechtliche Strafschutz nicht eingreift, weil es an einer Eintragung in die Zeichenrolle (vgl. §§ 1 ff. WZG) fehlt. Mit dem Inkrafttreten des Markengesetzes am 1. Januar 1995 wurde das seit dem Jahr 1874 geltende Warenzeichengesetz abgelöst.

[106] Vgl. zu diesem Verständnis der Beweisbestimmung etwa *Lackner/Kühl*[26], § 267 Rn. 13. – Mit Recht krit. zu dem als überflüssig angesehenen Merkmal etwa *Otto*, BT[7], § 70 Rn. 20 ff.

[107] S. zu dieser üblichen Klassifizierung in Absichts- und Zufallsurkunden *Cramer/Heine*, in: Schönke/Schröder[27], § 267 Rn. 14; *Kindhäuser*, LPK[3], § 267 Rn. 10 f.; *Küper*, BT[7], S. 319, 325 (Stichworte: Urkunde/Deliktsurkunde; Urkunde, Zufallsurkunde); *Lackner/Kühl*[26], § 267 Rn. 13; krit. zu dieser Klassifizierung etwa *Arzt/Weber/Heinrich/Hilgendorf*, BT[2], § 31 Rn. 10; *Kienapfel*, GA 1970, 193, 206 ff.; *Otto*, JuS 1987, 761, 762. Übliche Beispiele für „Absichtsurkunden": Testament, schriftlicher Vertrag, Quittung, schriftliche Kündigung etc.; übliche Beispiele für „Zufallsurkunden": Liebesbriefe im Scheidungsprozess, im Rahmen eines Strafverfahrens beschlagnahmte Notiz; zur Entbehrlichkeit der Unterscheidung vgl. jedoch den folgenden Text.

[108] Zur möglichen Berechtigung eines entsprechenden Erfordernisses für das Unrecht der Urkundenunterdrückung s. etwa *Samson*, JA 1979, 526, 531; näher dazu unten Rn. 289.

[109] I. d. S. mit Recht auch *Samson*, JA 1979, 526, 531, der im Rahmen des § 267 der Beweisbestimmung (durch den Aussteller) lediglich Bedeutung für die Abgrenzung der Begehungsform des Fälschens von der des Verfälschens beimisst; eingehend gegen die Selbständigkeit eines Merkmals der „Beweisbestimmung" *Kien-*

eine unechte Urkunde herstellt, eine echte verfälscht oder aber das eine oder andere Fälschungsfabrikat gebraucht. Die verbreitete **Klassifizierung** in **Absichts-** oder **Zufallsurkunden** ist deshalb sachlich **verfehlt**.[111]

Schließlich gilt es im vorliegenden Zusammenhang, einem Missverständnis entgegenzutreten: Die zur Erfüllung der Urkundenqualität erforderliche Beweisfunktion darf keinesfalls auf den **Bereich des *prozessualen* Beweises** eingeengt werden. Urkunden erlangen – erfreulicherweise – nicht nur, ja noch nicht einmal in erster Linie Bedeutung in Prozessen. Sie erfüllen vielmehr in weiten Bereichen eine Funktion, bei der das spezifische Rechtsgüterschutzinteresse des § 267 gleichfalls aufgewiesen werden kann. Urkunden dienen weithin als Mittel zur Verständigung – als **Kommunikationsinstrument**. Sie erbringen auch außerhalb von gerichtlichen Verfahren ohne Weiteres die für das **spezifische Schutzinteresse** erforderliche **Indikationsleistung** in Bezug auf die **Erklärung einer Person**.[112] Das gilt ersichtlich etwa auch dann, wenn es nur wenige – u. U. sogar nur zwei[113] – in den Code „Eingeweihte" gibt.[114]

111

Im **Extremfall** der „**Nachricht an sich selbst**" setzt die erforderliche verkörperte Information lediglich voraus, dass der Betreffende selbst seine eigene Nachricht – etwa die **Erinnerung** an eine intendierte Testamentsänderung – verstehen kann. Dieser Extremfall ist aber aus tatsächlichen Gründen für die **Urkundenfälschung nicht relevant**, weil der potentielle **Fälscher** den für die Fälschung nötigen **Code nicht kennt**.

111a

Vor diesem Hintergrund erscheint es trotz gewisser Überschneidungsbereiche wenig sachgerecht, den **prozessualen** und den **materiell-strafrecht-**

112

---

apfel, GA 1970, 193, 206 ff.; *Puppe*, Die Fälschung technischer Aufzeichnungen, S. 116 ff.

[110] Näher zum Verständnis dieses – scheinbar rein subjektiven – Erfordernisses unten 2. Teil V (Rn. 212 – 227).

[111] Mit Blick auf das von ihm postulierte Erfordernis der Verkörperung einer unmittelbar rechtserheblichen Erklärung konsequenterweise überhaupt gegen die Möglichkeit von „Zufallsurkunden" (bzw. „nachträglichen Urkunden") *Erb*, in: MünchKommStGB, § 267 Rn. 34 ff. (ein Liebesbrief oder ein Tagebuch fallen aus dem so verengten Urkundenbegriff heraus).

[112] Vgl. dazu nochmals oben 2. Teil I 1 (Rn. 18 – 28), 3, 4 (Rn. 41 – 62). – Zu dem hier angesprochenen Aspekt der Kommunikation s. etwa auch *Helle*, Nachträgliche Veränderung einer Urkunde durch ihren Aussteller, S. 68 ff.

[113] Dann aber i. d. R. (Ausnahme: Täuschung des scheinbaren Ausstellers durch den anderen „Eingeweihten") nur relevant für die Urkunden*unterdrückung*, da der Fälscher ohne Kenntnis des Codes Schwierigkeiten bei der Fälschung haben dürfte!

[114] Vgl. dazu schon oben zur Perpetuierungsfunktion oben Rn. 96.

lichen Urkundenbegriff einheitlich zu konzipieren. Denn wegen der **unterschiedlichen Funktion** könnte eine vollständige Deckung allenfalls zufällig sein.[115]

112a Letztlich zeigt sich bei genauer Analyse, dass die für eine Urkunde i. S. des materiellen Strafrechts erforderliche **Beweisfunktion bei Erfüllung** der **Perpetuierungs- und Garantiefunktionen** in Bezug auf die **Erklärung einer Person** gleichsam immer **automatisch miterfüllt** ist: Wenn die Erklärung einer (natürlichen oder juristischen) Person in ausreichender Weise in einem selbstredenden Informationsträger verkörpert ist und diese Erklärung einem bestimmten Erklärenden als die seine zugeordnet werden kann, lässt sich mit dieser Erklärungsverkörperung zumindest genau dieser Sachverhalt immer in ausreichender Form „beweisen". Die zu erfüllende **Beweisfunktion** ist damit im Grunde überhaupt **kein eigenständiges Merkmal** des **strafrechtlichen Urkundenbegriffs**. Vielmehr geht sie in den Erfordernissen der Perpetuierungs- und der Garantiefunktion auf. Bringt man den berechtigten Kern der Beweisfunktion, die eine Urkunde selbstverständlich erfüllen muss, auf den Punkt, kann man sagen: Sie ist erfüllt, wenn die verkörperte Erklärung im wahrsten Sinne des Wortes „dafür spricht", dass sie von einer bestimmten Person abgegeben worden ist.

112b
> **Definition der zu erfüllenden Beweisfunktion:**
> Die Beweisfunktion ist erfüllt, wenn die verkörperte Erklärung „dafür spricht", dass sie von einer bestimmten Person abgegeben worden ist.

112c **FALL 23a:** Konrad K. stellte 1983 handschriftlich **Tagebücher** her, deren Inhalt er so gestaltete, dass der **Eindruck** entstand, sie **stammten von Adolf Hitler.**

112d Im FALL 23a wird teilweise eine ausreichende Beweisfunktion mit Blick auf den relativ **langen Zeitraum** verneint, der seit der vorgespiegelten Erstellung möglicher echter Tagebücher verstrichen ist. Die in den Tagebüchern enthaltenen Erklärungen hätten heute **keine Beweisbedeutung mehr**.[116] Allerdings soll nicht jede Gedankenerklärung mit der Zeit beweisungeeignet werden: Die **Signierung** eines **Ölgemäldes** beweise gerade die **Urheberschaft** durch einen bestimmten Maler.[117]

112e Indessen ist diese **Differenzierung nicht einleuchtend.** Auch wenn in den Tagebüchern keine heute noch beweiserheblichen Erklärungen enthalten

---

[115] Vgl. zum prozessualen Urkundenbegriff schon oben Rn. 17 Fn. 2.
[116] I. d. S. etwa *Heghmanns*, BT, Rn. 1354.
[117] I. S. einer solchen Differenzierung etwa *Heghmanns*, BT, Rn. 1354.

sein sollten (was zweifelhaft erscheint), kommt es darauf nach der oben definierten Beweisfunktion überhaupt nicht an. Denn jedenfalls enthalten die Tagebücher die **beweiserhebliche Erklärung**, sie stammten **von Adolf Hitler**. Insofern verhält es sich nicht anders als im Falle des **Malerzeichens** auf dem Bild, bei dem es ebenfalls keine Rolle spielt, ob der Maler über die Behauptung der Urheberschaft hinaus auch weitere – heute noch rechtserhebliche – Erklärungen „zu Bilde gebracht" hat.

4. Die Garantiefunktion

Das Kriterium der Garantiefunktion erfordert, dass der **Aussteller der verkörperten Erklärung** in der Urkunde selbst bezeichnet oder sonst zumindest **erkennbar** ist.[118] Andernfalls liegt keine Urkunde im hier interessierenden Sinne vor. Die nähere Konkretisierung der im Einzelnen zu stellenden Anforderungen hat mit Blick auf die **spezifischen Schutzinteressen** des § 267 zu erfolgen. Unter diesem Gesichtspunkt ergibt sich auch, wem genau die Ausstellereigenschaft zukommt.

113

FALL 24: **Sekretär S** schreibt in Vertretung für den Geschäftsmann G einen Brief, ohne dies kenntlich zu machen **(verdeckte Stellvertretung)**.

114

FALL 25: In einem **schriftlichen Mietvertrag** mit einem Mietpreis von 600 € unterschrieb nur der Vermieter V mit seinem Namen. Der Mieter M, der **Analphabet** war, setzte auf den Vertrag nur seine „**drei Kreuze**" (Variante 1: seinen **Fingerabdruck**; Variante 2: **V** unterschrieb für M **als Vertreter** mit dessen Namen). Nachträglich änderte V den Mietpreis zu seinen Gunsten auf 800 € ab.

115

Die auf den Schutz eines etwaigen **Interesses an richtiger Zuschreibung** ausgerichtete Konkretisierung der notwendigen Garantiefunktion führt ohne Weiteres zu folgender Einsicht: Für das Urkundenerfordernis der **Ausstellererkennbarkeit** kann es nicht darauf ankommen, wer – gleichsam körperlich-mechanisch – die Erklärung produziert (i. S. von herstellt). Zwar können auch unter diesem Blickwinkel gewisse „Garantiemomente" (der korrekten Herstellung) eine Rolle spielen – etwa wenn in einem Prozess über irgendwelche Manipulationen oder technische Fehler beim Herstellungsvorgang gestritten wird. Das für die richtige Zuschreibung bedeutsame Moment ist jedoch allein die **rechtliche Zuordnung** einer **verkörperten Erklärung** zu einem bestimmten **Erklärungssubjekt**. Dort, wo ein solches Zuschreibungsinteresse

116

---

[118] Zur Ausstellererkennbarkeit vgl. vorläufig nur *Wessels/Hettinger*, BT 1³², Rn. 801 (§ 18 I 2 c).

betroffen sein kann, ist die erforderliche Garantiefunktion zu bejahen – dort, wo dies nicht zutrifft, dagegen zu verneinen.

117 Das ist der berechtigte Hintergrund der sogenannten **Geistigkeitstheorie**, die im Gegensatz zur sogenannten **Körperlichkeitstheorie** als Aussteller nicht den körperlich Herstellenden betrachtet, sondern den „geistigen Urheber" i. S. der Person, der die Erklärung als die ihre zuzurechnen ist.[119]

118 Danach ist im **FALL 24** Aussteller nicht der Sekretär, der in verdeckter Stellvertretung[120] für den Geschäftsmann G einen Brief schreibt. Erkennbarer und (!) wirklicher Aussteller ist vielmehr G, dem die Erklärung als seine eigene zugerechnet wird.[121] Entsprechendes gilt für die **Variante 2** des **FALLES 25**, in der V für den Analphabeten M als Vertreter mit dessen Namen unterzeichnet. **Fehlt** in den genannten Fällen die **Vertretungsmacht** wird deshalb ein sub specie § 267 relevanter (nämlich unzutreffender) Zuordnungstatbestand geschaffen – sprich: eine *unechte* **Urkunde hergestellt**.[122]

---

[119] Näher zur Geistigkeits- und zur Körperlichkeitstheorie *Rheineck,* Fälschungsbegriff und Geistigkeitstheorie, S. 16 ff., 38 ff. et passim; vgl. ferner *Heghmanns,* BT, Rn. 1359; *Jäger,* Examens-Repetitorium BT³, Rn. 430, 436; *Küper,* BT⁷, S. 315 f. (Stichwort: Urkunde[Begriff]); *Zieschang,* in: LK¹², § 267 Rn. 28 ff. – *Arzt/Weber/Heinrich/Hilgendorf,* BT², § 31 Rn. 15 ff. sehen die Geistigkeitstheorie als „bedenklich" an, weil die richtige Zuschreibung der Erklärung mit Problemen der Vertretungsmacht belastet sein kann; krit. gegenüber der Geistigkeitstheorie (mit Blick auf die oft vorgenommene Differenzierung zwischen offener und verdeckter Stellvertretung) *Dörfler,* Urkundenfälschung und Zeichnen mit fremdem Namen, 2000. – I. S. einer „modifizierten Körperlichkeitstheorie" *Steinmetz,* Echtheitsbegriff, S. 242 ff. (zur Kritik der Geistigkeitstheorie s. *dens.,* a. a. O., S. 50 ff., 88 ff., 164 ff., 233 ff.); nach *Steinmetz* kommt es für die Echtheit primär auf das körperliche Herstellen an – allerdings mit der Anerkennung einer Ausnahmemöglichkeit beim Einsatz von Herstellungsgehilfen.

[120] Zur hier nicht näher zu diskutierenden Frage, wer als Erklärender in den Fällen offener Stellvertretung anzusehen ist, instruktiv *Gerhold,* Jura 2009, 498 ff.; *Jakobs,* Urkundenfälschung, S. 75 f.; *ders.,* FS Küper, S. 225, 235; *Zielinski,* wistra 1994, 1 ff. (die stets den Vertretenen als Aussteller ansehen – anders dagegen BGH wistra 1993, 266 f. = NStZ 1993, 491); vgl. auch *Puppe,* Jura 1979, 630, 638; *Steinmetz,* Echtheitsbegriff, S. 60 ff., 66 ff., 79 ff.; ferner *Jäger,* Examens-Repetitorium BT³, Rn. 436.

[121] Auf der Basis seines abweichenden Ansatzes („modifizierte Körperlichkeitstheorie") konsequenterweise anders *Steinmetz,* Echtheitsbegriff, S. 260 ff., der trotz rechtlich korrekter (!) Vertretung die Herstellung einer unechten Urkunde annimmt, dann allerdings ein Handeln „zur Täuschung im Rechtsverkehr" verneint.

[122] Insoweit für die Fälle der fehlenden Vertretungsmacht sachlich übereinstimmend etwa *Jakobs,* Urkundenfälschung, S. 73 ff. – Näher zum Herstellen einer unechten Urkunde noch unten 2. Teil III 1 (Rn. 136 – 183).

Im **FALL 25** wird bei unbefugter nachträglicher Veränderung eine echte Urkunde verfälscht.[123]

Missverständlich erscheint in diesem Zusammenhang der gebräuchliche Terminus der „geistigen Urheberschaft", der das eigentlich Gemeinte nicht angemessen zum Ausdruck bringt: Tatsächlich ist beispielsweise eine von einem juristischen Fachmann entworfene vertragliche Vereinbarung, die als **geistige Leistung** gar nicht von dem sie Unterzeichnenden hervorgebracht worden sein kann, dem **Unterzeichner** dennoch ohne Weiteres **normativ** als seine **(Willens-) Erklärung** zuzuordnen.[124] Dies gilt selbst dann noch, wenn im Grunde klar ist, dass der Unterzeichnende – etwa aus Desinteresse oder weil er sich auf gewisse Prüfungen anderer Personen zu verlassen pflegt – gar nicht gelesen hat, was er da mit seinem Namen versieht.[125]

119

Man denke z. B. auch an den **FALL 25**, in dem jemand mit den bekannten „**drei Kreuzen**" oder (in dessen Variante 1) mit seinem **Fingerabdruck** unterschreibt[126] und dadurch ggf. sein Unvermögen dokumentiert, das Unterzeichnete gelesen zu haben. Wenn und solange in derartigen Fällen die normative Verbindlichkeit nicht völlig fehlt, sondern eine rechtliche Zuordnung der Erklärung zum derart Unterzeichnenden möglich ist, kann auch ein entsprechendes Interesse seitens bestimmter – aktiver oder „passiver" – Teilnehmer des Rechtsverkehrs an einem **korrekten Zuordnungstatbestand** verletzt werden. Nichts anderes gilt auch für den folgenden

120

FALL 26: Ein nach den einschlägigen verwaltungsrechtlichen Grundsätzen **ohne Unterschrift wirksamer Behördenbescheid** wurde von dem Unbefugten U inhaltlich verändert.

121

Aussteller einer verkörperten Erklärung im vorstehend umschriebenen Sinne der personalen normativen Zuordnung dieser Erklärung kann ersichtlich **nicht nur** eine **natürliche Person** sein.[127] Denn für die normativ relevante Zuordnungsfrage kommt es letztlich gar nicht entscheidend darauf an, wer eine bestimmte Erklärung produziert oder geistig entwirft. Vielmehr gibt es

122

---

[123] Näher zum Verfälschen unten 2. Teil III 2 (Rn. 184 – 195).
[124] Zutreffend *Puppe*, Jura 1979, 630, 637; vgl. auch *dies.*, in: NK², § 267 Rn. 63 f.
[125] Auf die Irrelevanz der Kenntnisnahme weist mit Recht etwa *Puppe*, Jura 1979, 630, 636 hin.
[126] Dazu, dass ein Fingerabdruck nicht immer bloßes Augenscheinsobjekt ist, sondern u. U. auch Erklärungsfunktion besitzen kann, vgl. schon oben Rn. 70.
[127] So i. E. wohl auch die h. M.; vgl. etwa BGHSt 17, 11, 12; 9, 44, 46; 7, 149, 152; *Cramer/Heine*, in: Schönke/Schröder²⁷, § 267 Rn. 52; *Puppe*, Jura 1979, 630, 638; *Steinmetz*, Echtheitsbegriff, S. 66 f.; *Zieschang*, in: LK¹², § 267 Rn. 28, jew. m. w. N.; a. A. aber z. B. *Samson*, JuS 1970, 369, 374 f.; wohl auch *Otto*, JuS 1987, 761, 766.

davon völlig losgelöste Verbindlichkeiten, an deren korrekter Dokumentation durch einen entsprechenden Indikator ein legitimes Interesse bestehen kann.

123 Als Aussteller vermag deshalb beispielsweise auch eine **juristische Person** des Privatrechts oder (wie im **FALL 26**) eine **Behörde** zu fungieren, obwohl derartige Rechtssubjekte tatsächlich überhaupt nicht in der Lage sind, ohne Hilfe ihrer **Organe, Vertreter** usw. eine Erklärung zu produzieren. Denn da sie im Rechtsverkehr wirksam verkörperte Erklärungen (Vertragsangebote, Behördenbescheide etc.) abgeben (bzw. erlassen) können, ihnen also als **Rechtssubjekt** diese **Erklärungen normativ zuzuordnen** sind, muss insoweit auch die erforderliche Garantiefunktion als gewahrt angesehen werden.[128]

124 Für die Erfüllung dieser **normativ relevanten Garantiefunktion** ist es – entgegen verbreiteter Akzentuierung[129] – nicht notwendig, dass der jeweilige **Aussteller** ausdrücklich in der Urkunde selbst dokumentiert wird. Vielmehr muss es mit Blick auf die ratio genügen, wenn er **nach den konkreten Umständen**, unter denen die fragliche Erklärung Verwendung findet, **bestimm*bar*** ist. Daran fehlt es in den Fällen der – offenen oder versteckten – Anonymität, in denen der Erklärende etwa als „Julius Cäsar" oder „Napoleon"[130] in Erscheinung tritt oder aber mit einem keiner bestimmten Person zuordenbaren „**Allerweltsnamen**"[131] unterzeichnet. So ist es im

125 **FALL 27: A** war wütend auf **B**. Deshalb schrieb er ihm einen grob **beleidigenden** Brief, den er mit dem Namen „**Müller**" unterzeichnete.

126 Die Beurteilung ändert sich sogleich, wenn nach dem konkreten Kontext eine **reale Person** mit dem **Spitznamen Napoleon** oder mit dem Namen

---

[128] Der Ausstellerbegriff erweist sich auch insoweit als Funktion der als berechtigt anzuerkennenden *spezifischen* Rechtsgüterschutzinteressen! Auf die im Einzelnen sich ergebenden schwierigen Probleme der genauen Bestimmung des (scheinbaren) Ausstellers in derartigen Fällen (mehr oder weniger offener) Stellvertretung kann hier nicht näher eingegangen werden; vgl. dazu die Nachw. oben Rn. 118 Fn. 120 sowie ergänzend *Steinmetz*, Echtheitsbegriff, S. 206 ff. m. w. N.

[129] Vgl. etwa *Cramer/Heine*, in: Schönke/Schröder[27], § 267 Rn. 29; *Lackner/Kühl*[26], § 267 Rn. 14; *Meyer*, MDR 1973, 9, 10; *Samson*, JA 1979, 526, 531; BGHSt 13, 382, 384 f.; zu den erheblichen Relativierungen – um nicht zu sagen: offenen oder versteckten Ausnahmen von dem Postulat der Ausstellererkennbarkeit „aus der Urkunde selbst" – vgl. den instruktiven Überblick bei *Zieschang*, in: LK[12], § 267 Rn. 44 ff.; s. ferner dazu *Kienapfel*, Urkunden im Strafrecht, S. 261 ff.

[130] Vgl. diese Fälle bei *Samson*, JA 1979, 526, 531; näher zur Problematik *Steinmetz*, Echtheitsbegriff, S. 90 ff. m. w. N.

[131] Vgl. dazu etwa *Jäger*, Examens-Repetitorium BT[3], Rn. 430.

Müller zu assoziieren ist.[132] Desgleichen muss es ausreichen, wenn – etwa in einem Selbstbedienungsgeschäft – die (ohne Namenszusatz) vorgenommene **Preisauszeichnung** der Ware dem **Geschäftsinhaber als Aussteller** zugeordnet werden kann (vgl. oben **FALL 16**). In dem bekannten Fall der den **Bierkonsum dokumentierenden Bleistiftstriche** der Kellnerin auf dem **Bierfilz** – in dem jedenfalls bei Vornahme der Striche unter der Kontrolle des Gastes üblicherweise eine Urkunde angenommen wird[133] – ergibt sich der **Aussteller** ja auch nur **aus dem konkreten Kontext**, in dem der Bierfilz als Beweismittel relevant wird, und nicht aus einem ausdrücklichen Vermerk auf dem Bierfilz selbst.

Anders als bei der einfachen Abschrift, bei welcher der Abschreibende nicht in Erscheinung tritt, ist die erforderliche **Garantiefunktion** bei der Fotokopie einer Urkunde – entgegen noch immer verbreiteter Auffassung[134] – ohne Weiteres als gewahrt anzusehen. Denn die **Fotokopie** ist als Informationsträger ein in der entscheidenden Hinsicht „selbstredender Indikator" und deshalb geeignet, einen für die Urkundendelikte relevanten – zutreffen-

127

---

[132] Auf die Größe des Kreises der Eingeweihten kann es sinnvollerweise nicht ankommen; vgl. dazu schon oben Rn. 96 die Überlegungen zur Geheimschrift.

[133] Vgl. dazu etwa *Cramer/Heine*, in: Schönke/Schröder[27], § 267 Rn. 27; RG DStrZ 1916, 77; *Schlehofer*, JuS 1992, 572, 573 f.; ferner *Arzt/Weber*, LH 4[2], Rn. 488 Fn. 20 (mit instruktiven Variationen des Falles). – S. aber auch *Puppe*, Jura 1980, 18, 19 Fn. 4, die Bedenken im Hinblick darauf anmeldet, dass die Verbindung zwischen dem Bierdeckel und dem bloß davor sitzenden Gast nicht fest und dauerhaft genug sei, um den *vollständigen Sinn der Erklärung* hinreichend zu perpetuieren (vgl. auch *Erb*, in: MünchKommStGB, § 267 Rn. 24). Indessen greifen diese Bedenken jedenfalls dann nicht durch, wenn man eine Urkunde ohne Rücksicht auf die Ergänzungsbedürftigkeit der (hinreichend fest verkörperten) Erklärung bejaht. Dass die Ergänzungsbedürftigkeit einer verkörperten Erklärung kein Grund ist, die Urkundenqualität zu verneinen, belegt näher *Samson*, Urkunde und Beweiszeichen, S. 129 ff.

[134] S. dazu insbes. BGHSt 24, 140 ff.; OLG Köln StV 1987, 297; OLG Stuttgart, NJW 2006, 2869; OLG Zweibrücken NJW 1998, 2918; ferner BayObLG wistra 1992, 279 f. (= NJW 1992, 3311 f.); BGH wistra 1993, 225; BGH StV 1994, 18; *Beck*, JA 2007, 423 ff.; *Beckemper*, JuS 2000, 123, 124 f.; *Böse*, NStZ 2005, 370 (Rechtsprechungsübersicht); *Erb*, GA 1998, 577 ff.; *ders.*, NStZ 2001, 317 f.; *Otto*, BT[7], § 70 Rn. 28; *Wessels/Hettinger*, BT 1[32], Rn. 811 (§ 18 I 4); *Zieschang*, in: LK[12], § 267 Rn. 111 ff. – Bemerkenswert erscheint jedoch der immer wieder anzutreffende „Ruf nach dem Gesetzgeber", um den schutzwürdigen Belangen des Rechtsverkehrs mit Fotokopien Rechnung zu tragen (vgl. etwa BGHSt 24, 140, 141 f.; BayObLG wistra 1992, 279, 280). Dabei kann man nur hoffen, dass der Gesetzgeber diesem – bei richtiger Interpretation des § 267 überflüssigen – Begehren *nicht* nachkommt. So zustandegekommene Vorschriften wie z. B. §§ 268, 269 (s. zu diesen unten 3. Teil I, II [Rn. 235 – 274]) lassen nichts Gutes erwarten!

den – Zuordnungstatbestand zwischen einer Erklärung und einem bestimmten Erklärenden zu schaffen, ohne dass es auf die Person des manuell Fotokopierenden ankommt.[135] Normativ gesehen ist nach den Grundsätzen der Geistigkeitstheorie als **Aussteller** auch **der in der Fotokopie verkörperten Erklärung** selbstverständlich derjenige anzusehen, der als **Aussteller des Originals** erscheint.[136] Richtigerweise muss man deshalb im FALL 20 dazu gelangen, dass A von einer unechten Urkunde Gebrauch gemacht hat.[137]

---

[135] Wie *Grimm,* Die Problematik der Urkundenqualität von Fotokopien, S. 14 Fn. 51 richtig bemerkt, habe ich in meinem Beitrag in JuS 1991, 723 ff. zum damaligen Zeitpunkt als einziger nicht nur kriminalpolitisch die Gleichstellung von Kopie und Original gefordert, sondern im Einzelnen dargelegt, dass die Kopie (einer echten Urkunde) – von Sonderfällen abgesehen – sämtliche Erfordernisse des rechtverstandenen Urkundenbegriffs uneingeschränkt erfüllt, dass also die Kopie de lege lata ohne Weiteres unter den angemessen konkretisierten Gesetzesbegriff der Urkunde zu subsumieren ist. In dieser Hinsicht ist die Darstellung bei *Puppe,* in: NK², § 267 Rn. 24 [vgl. auch *dies.,* NStZ 2001, 482 f.; *dies.,* FG BGH IV, S. 569, 579] unzutreffend, wenn sie schreibt: „Es ist aber nicht damit getan, einfach die Gleichstellung der Kopie mit dem Original zu fordern, wie dies bisher geschehen ist. Der Begriff der Authentizität muss vielmehr neu bestimmt werden. Andernfalls ist nicht mehr zu erklären, warum die von fremder Hand hergestellte Abschrift keinen Urkundenschutz genießt und gar ihre Herstellung als Urkundenfälschung strafbar sein kann, wenn sie den Anschein erweckt, vom Erklärenden selbst zu stammen." – In meinem Beitrag in JuS 1991, 723, 725 ff. habe ich durchaus bereits begründet, weshalb die Abschrift (im Gegensatz zur unmanipulierten Kopie) nicht mehr dieselbe Erklärung verkörpert. Auch bildet das der Kopie von Seiten des Rechtsverkehrs faktisch entgegengebrachte (schutzwürdige) Vertrauen lediglich einen Teilaspekt meiner weitergehenden Argumentation.

[136] Die Urkundeneigenschaft der Kopie (einer Urkunde) bejahen inzwischen etwa auch *Heghmanns,* BT, Rn. 1363 ff.; *Honig,* GewArch 1995, 144, 145 f.; *Koch,* in: NomosHK-GS, § 267 Rn. 18; *Mitsch,* NStZ 1994, 88 f.; *Puppe,* in: NK², § 267 Rn. 23 f., 49 f., 82 f.; s. ferner *Engert/Franzmann/Herschlein,* JA 1997, 31, 36; auch die schweizerische Praxis behandelt Fotokopien grundsätzlich wie Durchschriften und damit als Urkunden (vgl. BGE 114 IV 26; BGE 115 IV 51, 57; s. dazu *Arzt/Weber/Heinrich/Hilgendorf,* BT², § 31 Rn. 12 Fn. 34). – Näher zu dieser – für FALL 20 (nach BayObLG NJW 1990, 3221) relevanten – Problematik *Freund,* JuS 1991, 723 ff.; *ders.,* StV, 2001, 234 ff.; *ders.,* in: MünchKommStGB, § 274 Rn. 12 ff. – Zur Gegenposition s. etwa *Erb,* in: MünchKommStGB, § 267 Rn. 94 ff. m. w. N. – Mit Recht i. S. einer Bejahung der Perpetuierungs-, Beweis- und Garantiefunktion von Mikro-, Foto- und Tele(fax)kopien eines Schriftstücks *Zoller,* NJW 1993, 429 ff. Zur Möglichkeit der Abgabe einer falschen eidesstattlichen Versicherung per Telefax s. BayObLG NJW 1996, 406. – Vgl. dazu auch noch unten Rn. 145 m. Fn. 157 sowie Rn. 271 f.

[137] Vgl. zur Verwirklichungsform des Gebrauchmachens von einer unechten Urkunde noch unten 2. Teil III 3 (Rn. 196 – 205).

II. Merkmale der Urkunde: Perpetuierungs-, Beweis- und Garantiefunktion 51

Im jüngeren Schrifttum hat sich erfreulicherweise die – fast triviale – Einsicht durchgesetzt, dass die **unechte Urkunde** die Merkmale des Begriffs der echten Urkunde nicht wirklich, sondern nur dem Anschein nach erfüllt. Die unechte Urkunde ist eine **scheinbar echte Urkunde**.[138] Nach den Grundsätzen der sogenannten Geistigkeitstheorie gebraucht demnach eine unechte Urkunde, wer im Beweisverkehr den Anschein erweckt, die Anfertigung der als solche vorgelegten Kopie sei von dem Aussteller des „Originals" autorisiert. Wegen der **vorgespiegelten Autorisierung** wird die **Kopie** im Grunde **als Ausfertigung des Originals** ausgegeben.[139] Von dieser Erkenntnis sind auch Rechtsprechung und h. L. nicht weit entfernt, wenn sie eine Fotokopie, die den Anschein eines Originals erweckt, als Urkunde ansehen.[140] Letztlich geht es nur noch um die Konkretisierung, wann genau von der Erzeugung dieses Anscheins gesprochen werden kann. Und dafür ist die **spezifische Schutzfunktion** (hier: des Verbots der Urkundenfälschung) von ausschlaggebender Bedeutung. **128**

Bis dato wird auch das **Telefax**, mit dem eine urkundliche Erklärung übermittelt wird, meist noch nicht uneingeschränkt als Urkunde im Sinne des § 267 angesehen.[141] Tatsächlich ist das Fax oft nur eine besondere **Form der Herstellung einer Kopie**. Der Unterschied liegt dann lediglich im „Ort" des Ausdrucks.[142] Allerdings sind auf der Basis der herkömmlichen Konzeption, die Fotokopien (von urkundlichen Erklärungen) noch nicht uneingeschränkt als Urkunden anerkennt, **Sonderfälle** in Rechnung zu stellen, die **praktisch häufig vorkommen**: **128a**

---

[138] Näher dazu *Erb*, in: MünchKommStGB, § 267 Rn. 27 (s. auch *dens.*, GA 1999, 344); *Gustafsson*, Die scheinbare Urkunde, S. 75 ff., 100 et passim; s. auch *Welp*, FS Stree/Wessels, S. 511, 522 ff.; *Zielinski*, CR 1995, 286 ff.
[139] I. d. S. *Zielinski*, CR 1995, 286 ff.
[140] Vgl. etwa OLG Stuttgart NJW 2006, 2869 f.; aus dem Schrifttum s. etwa *Beck*, JA 2007, 423, 424; *Beckemper*, JuS 2000, 123, 127 f. (Anschein des Autorisierungswillens); *Emde*, wistra 1995, 328, 329; *Wessels/Hettinger*, BT 1³², Rn. 811 (§ 18 I 4); ferner *Küper*, BT⁷, S. 320 f. (Stichwort: Urkunde/Fotokopie) m. w. N.
[141] S. dazu etwa OLG Oldenburg NStZ 2009, 391 f.; OLG Zweibrücken NJW 1998, 2918; *Beck*, JA 2007, 423, 424; *Beckemper*, JuS 2000, 123 ff.; *Rengier*, BT 2⁸, § 32 Rn. 28; *Zieschang*, in: LK¹², § 267 Rn. 122 ff.; ferner *Küper*, BT⁷, S. 323 f. (Stichwort: Urkunde/Vervielfältigungsstücke) m. w. N. – In manchen Fällen das Fax dem Brief gleichstellend etwa *Arzt/Weber/Heinrich/Hilgendorf*, BT², § 31 Rn. 13.
[142] Vgl. zu einem solchen Fall etwa OLG Oldenburg NStZ 2009, 391 f. (möglicherweise durch eine Collage als Faxvorlage beim Empfänger erzeugte falsche Bescheinigung). – Soweit der manipulierende Absender mit dem Ankunftsfax erklärt, es existiere eine ordnungsgemäße Originalvorlage, handelt es sich um eine sub specie § 267 irrelevante schriftliche Lüge (zu einer analogen Konstellation bei der Anfertigung einer Kopie vgl. den Fall BGH NStZ 2003, 543 f.).

128b **FALL 27a: A** hat ein Fax mit einer Bestellung direkt von seinem PC aus – quasi als Brief-Ersatz – verschickt (**„Computer-Fax"**).

128c Unter diesen Umständen kann beim Empfänger überhaupt nur eine **Original-Urkunde** ankommen.[143] Denn es gibt kein unmittelbar visuell wahrnehmbares **„Urbild"**[144], von dem ein (bloßes) **„Abbild"** genommen worden sein könnte. Wird durch bestimmte **PC-Manipulationen des B**, der A schaden möchte, der entsprechende falsche Eindruck hervorgerufen, entsteht eine **unechte Urkunde**.

128d **FALL 27b: A** hat sicherheitshalber für sich selbst auch einen **Ausdruck** gefertigt und diesen **als Vorlage für die Bestellung per Fax** verwendet. Dieser Ausdruck hat für ihn die **Funktion des** zu Zeiten der Schreibmaschine üblichen **Durchschlags** für die eigenen Unterlagen.

128e Auch in diesem Fall kommt beim Empfänger selbstverständlich eine **(Original-)Urkunde** an – was sonst sollte die dort ausgedruckte „Bestellung des A" sein?[145] Dementsprechend entsteht wiederum eine **unechte Urkunde**, wenn **B** durch geschickte **Manipulationen** beim Empfänger genau diesen falschen Anschein erweckt.

129 Auf der Basis dieser durchaus **gängigen Konzeption** ist der Schritt zur Annahme einer **Urkundenfälschung** in der Form des Gebrauchs einer unechten Urkunde im **FALL 20**[146] nicht mehr weit. Da der hervorgerufene **falsche Eindruck eines Autorisierungswillens des Anscheinsausstellers** für die unechte Urkunde als ausreichend angesehen wird, muss man nur sagen können, dass der **Anscheinsaussteller** nach Sachlage mit der **(manipulationsfreien!) Reproduktion** seines in Verkehr gegebenen Originals **einverstanden** wäre.[147] Das ist gar nicht selten der Fall. Man denke etwa an den **Steuerbescheid**, von dem in verschiedenen Zusammenhängen Kopien benötigt werden, oder an **Arbeits-** und **sonstige Zeugnisse**, die üblicherwei-

---

[143] Sachlich übereinstimmend insofern etwa *Erb*, in: MünchKommStGB, § 267 Rn. 89; vgl. auch *Zielinski*, CR 1995, 286, 292.

[144] Selbstverständlich gibt es in einer ganz bestimmten Verkörperungsform die verschickte Erklärung gleichsam „im PC". Sie stellt insofern eine sub specie § 269 (s. zu dieser Strafvorschrift noch unten Rn. 266 – 274a) strafrechtlich erfasste elektronische Urkunde dar, deren Inhalt sich durch die Transformation in ein – lesbares – Fax nicht verändert. Als Urkunde ist es vielmehr die nämliche.

[145] Sachlich übereinstimmend insofern etwa *Erb*, in: MünchKommStGB, § 267 Rn. 89; vgl. auch *Zielinski*, CR 1995, 286, 291.

[146] Zu einem vergleichbaren Fall s. etwa *Radtke*, JuS 1995, 236 f.; *Tiemann*, JuS 1994, 138, 140.

[147] Anders insofern aber wohl *Welp*, FS Stree/Wessels, S. 511, 522 (s. freilich *dens.*, a. a. O., S. 511, 522 ff.).

se bei vielen Bewerbungen in Kopie versandt werden. Hier kann man nach der Verkehrsauffassung von einer **konkludenten Ermächtigung** zur **Anfertigung unmanipulierter Kopien** ausgehen. Bei entsprechender Manipulation wird dann selbstverständlich eine unechte Urkunde hergestellt und bei deren Vorlage auch gebraucht.

Indessen kann nach dem oben Dargelegten selbst dann nichts anderes gelten, wenn die Anfertigung einer Kopie an sich unzulässig gewesen sein sollte. **Soweit ohne Manipulation kopiert** wird, mag das zwar berechtigte Interessen des Ausstellers oder Dritter verletzen. *Diese* Interessenverletzung ändert jedoch nichts an dem urkunden(straf-)rechtlichen Befund: Die **Kopie ist keine Verkörperung einer *neuen* Erklärung**, die – um die Zuschreibung der verkörperten Erklärung zu rechtfertigen – der *selbständigen* Autorisierung bedarf. Sie ist lediglich ein **Vervielfältigungsstück** der in der Vorlage verkörperten Erklärung und deshalb genauso wie diese **nolens volens automatisch mitautorisiert.**[148] 130

Wer letztlich in concreto ein rechtlich anzuerkennendes Interesse daran hat, keine Nachteile durch den bloßen **Schein einer Erklärung** zu erleiden, ist bei alledem vollkommen belanglos. Der ratio-orientiert entworfene Urkundenbegriff unterscheidet sich in keiner Weise, wenn es etwa darum geht, dass derjenige, dem der entsprechende **irreführende Informationsträger unterbreitet** wird, **selbst** daran interessiert ist, nicht auf den bloßen Schein einer Erklärung hereinzufallen, oder darum, dass ein **Dritter** (z. B. der Beklagte in einem Zivilprozess) daran interessiert ist, die Entscheidungsgrundlage des Gerichts von Falsifikaten freizuhalten. Beide Male sind es dieselben Anforderungen, die erfüllt sein müssen, damit ein **schutzwürdiges Vermeideinteresse** tangiert sein kann. Durchweg kommt es nur darauf an, dass ein **in puncto Aussteller irreführender „Indikator"** entscheidungsrelevant zu werden droht. 131

Nichts anderes gilt aber auch, soweit es um das **Interesse des scheinbaren Ausstellers selbst** an einem korrekten Zuordnungstatbestand geht. Das dürfte unbestreitbar sein für den Fall, dass der scheinbare Aussteller durch ein Falsifikat zu einem rechtserheblichen Verhalten veranlasst werden soll (z. B. wie im FALL 11 durch die Vorlage einer gefälschten Quittung dazu, eine Forderung nicht geltend zu machen). Und erst recht gilt dasselbe, wenn ein **Dritter** (z. B. ein Richter) veranlasst werden soll, **zum Nachteil des scheinbaren Ausstellers** zu entscheiden. 132

---

[148] Zu eng insofern noch *Zielinski,* CR 1995, 286, 291; noch enger *Welp,* FS Stree/Wessels, S. 511 ff.

133 Soeben wurden die Merkmale des strafrechtlichen Urkundenbegriffs (i. S. des § 267) unter Rekurs auf den **Leitgedanken des Interesses an richtiger Zuschreibung** bestimmt. Dabei standen Konstellationen im Vordergrund, in denen ein derartiges Zuschreibungsinteresse deshalb tangiert sein konnte, weil die in Frage stehende **Erklärung im Außenverhältnis** von Rechts wegen **schon nicht mehr** als **die des (scheinbaren) Ausstellers** zu gelten hatte. Die so entwickelten Merkmale sind auch angemessen, soweit es um die oben 2. Teil I 3 bzw. 4 (Rn. 41 – 62) einbezogene Intention des **Schutzes des Ausstellers vor** im Außenverhältnis bindender **Verfälschung seines „wahren" Willens** geht. Denn die erörterten Merkmale der Perpetuierungs-, Beweis- und Garantiefunktion in ihrer hier vorgenommenen Konkretisierung führen ersichtlich auch mit Blick auf einen etwa intendierten Schutz des Ausstellers (vor einer seinen wirklichen Willen verfälschenden Bindung) grundsätzlich zu einem **ratiogerechten Ergebnis**: Fehlt auch nur eines der genannten Erfordernisse, kann keine unerwünschte Bindung gerade aufgrund eines entsprechenden Informationsträgers eintreten.

133a
> **Definition der erforderlichen Garantiefunktion:**
> Die **Garantiefunktion** erfordert, dass der Aussteller der verkörperten Erklärung erkennbar ist – entweder weil er in der Urkunde selbst bezeichnet wird oder weil er sich aus den Umständen ergibt.
> **Aussteller** ist nicht, wer die Urkunde körperlich herstellt, sondern derjenige, dem das in perpetuierter Form Erklärte als eigene Erklärung zugerechnet wird.

III. Formen der Tatbestandsverwirklichung

134 Die Sanktionsnorm des § 267 enthält **drei Begehungsformen**, die auf den ersten Blick isoliert nebeneinander stehen, aber bei genauerer Analyse gemeinsame Grundlagen aufweisen. Im Gesetz verankert ist dieser innere Zusammenhang immerhin durch den Topos der **unechten (oder verfälschten) Urkunde**:

135 Bei der Verwirklichungsform des **Herstellens** einer unechten Urkunde (dem eigentlichen Fälschen) führt die Tathandlung zum Ergebnis einer unechten Urkunde – desgleichen beim **Verfälschen** (wenn man von dem – mit Recht umstrittenen – Problembereich der „Verfälschung" durch den Aussteller selbst absieht[149]); und bei der Tathandlungsform des **Gebrauchens**

---

[149] S. dazu schon oben 2. Teil I 2 (Rn. 29 – 40); ferner noch unten Rn. 187 – 190.

muss deren Gegenstand eine unechte (bzw. verfälschte) Urkunde sein. Indessen darf dieser Befund nicht darüber hinwegtäuschen, dass in der Konstruktion des tatbestandlichen Unrechts – insbesondere zwischen den **Verwirklichungsformen** des Fälschens und des Verfälschens einerseits und der Verwirklichungsform des Gebrauchens andererseits – **gravierende Unterschiede** bestehen.[150]

1. Herstellen einer unechten Urkunde

Produkt der Tathandlung des **Herstellens** einer unechten Urkunde muss – schon nach dem insoweit klaren Wortlaut des Gesetzes – eine **unechte Urkunde** sein. Die Art und Weise sowie die näheren Umstände der Herstellung spielen dabei für das spezifisch tatbestandliche Unrecht jedenfalls in der Regel keine Rolle.[151] Angelpunkt für die tatbestandliche Erfassungsbreite ist vielmehr das *Ergebnis* der Herstellung als spezifischer „Erfolgsunwert" der Urkundenfälschung: die *unechte Urkunde*.

Bezugspunkt dieses Relationsbegriffs ist die **echte Urkunde**. Nach geläufiger Definition ist eine Urkunde echt, wenn sie von demjenigen stammt, der als Urheber der verkörperten Erklärung erscheint. Eine Urkunde ist danach **unecht**, wenn sie den **Anschein erweckt, von einem anderen als ihrem wirklichen Aussteller herzurühren**.[152]

Zur Klarstellung sei hier nochmals auf die bereits oben (Rn. 26 f. und Rn. 128) hervorgehobene Einsicht aufmerksam gemacht, dass die **unechte Urkunde** die Merkmale der (echten) Urkunde nicht wirklich, sondern nur dem Anschein nach erfüllt. Entscheidend ist allein, ob aus „Opfersicht" der **Anschein einer (echten) Urkunde** erzeugt wird. Bei der Prüfung des Herstellens einer unechten Urkunde ist es deshalb verfehlt, wenn verbreitet in einem ersten Prüfungsschritt untersucht wird, ob ein bestimmtes Handlungsprodukt den Anforderungen des – mit Blick auf die echte Urkunde entwickelten – Urkundenbegriffs (wirklich) genügt, und nach Bejahung dessen sodann in einem zweiten Schritt die Feststellung erfolgt, dass diese Urkunde unecht sei. Ein solcher Gedankengang leidet an einem inneren Widerspruch, weil die **unechte Urkunde** den Anforderungen, die an eine (echte) Urkunde zu

136

137

138

---

[150] Näher zum Verhältnis der einzelnen Verwirklichungsformen noch unten 2. Teil VI (Rn. 228 – 234).
[151] Zu gewissen insoweit problematischen Konstellationen tatbestandlich missbilligten Verhaltens s. aber noch unten Rn. 164 – 171; vgl. auch unten Rn. 214 ff.
[152] Vgl. nur *Cramer/Heine*, in: Schönke/Schröder[27], § 267 Rn. 48; *Küper*, BT[7], S. 335 f. (Stichwort: Urkunde, unechte); *Wessels/Hettinger*, BT 1[32], Rn. 821 (§ 18 III 1).

stellen sind, gerade nicht genügt und bei ratio-orientierter Betrachtung auch nicht zu genügen braucht. Sie **täuscht** eben nur **vor**, eine **(echte) Urkunde zu sein!**

139   Eine **sachgerechte Prüfung** des Herstellens einer unechten Urkunde muss dem Rechnung tragen. Deshalb kann der **erste Prüfungsabschnitt** nur darauf abzielen zu klären, ob ein bestimmtes Handlungsprodukt **dem Anschein nach** den Anforderungen der **echten Urkunde** genügt. Trifft das zu, kann **sodann** der Frage nachgegangen werden, ob dieser **Anschein trügt** und eine **Identitätstäuschung über den eigentlichen Aussteller** vorliegt.

140   Wir haben oben 2. Teil I 4 (Rn. 51 – 62) als den gemeinsamen Nenner der nach § 267 geschützten Interessen das **Interesse an korrekter Wiedergabe (Indikation) des wirklichen Ausstellerwillens** benannt. Konkret können dahinter Interessen desjenigen stehen, der mit dem insoweit irreführenden Wiedergabeträger konfrontiert werden soll, aber auch solche des scheinbaren Ausstellers selbst oder anderer Personen. Diese **Interessen potentiell nachteilig Betroffener** sind grundsätzlich gleichwertig und gegebenenfalls je für sich tragfähig, das spezifische Unrecht der Urkundenfälschung zu begründen.

141   Demnach ist eine Urkunde jedenfalls dann als **unecht** anzusehen, wenn sich der **erkennbare Aussteller** die in der Urkunde **verkörperte Erklärung** – nach normativen Kriterien – **im Außenverhältnis schon nicht mehr als die seine zurechnen** lassen muss und deshalb der sich am bloßen Schein Orientierende entsprechend fehlgeleitet wird.[153] Die Begriffe der Echtheit und der Unechtheit erweisen sich dabei als vom zutreffenden **Ausstellerverständnis** abhängig.[154]

142   Ob die Erklärung selbst inhaltlich der Wahrheit entspricht oder nicht, spielt keine Rolle: Wer **bloß schriftlich lügt**, sich aber zu der entsprechenden **Aussage als Aussteller bekennt**, stellt deshalb eine **echte Urkunde** her und mag zwar das Unrecht anderer Delikte – etwa des Betruges – verwirklichen, begeht aber keine Urkundenfälschung. Mit einer für das Unrecht der Herstellung einer **unechten Urkunde** entscheidenden **Identitätstäuschung über den Aussteller** haben wir es dagegen selbst dann zu tun, wenn das Erklärte inhaltlich zutrifft, die verkörperte Erklärung aber gerade nicht als die des ausgewiesenen Ausstellers aufzufassen ist.

---

[153] S. dazu schon oben 2. Teil I 1 (Rn. 18 – 28).
[154] Dieses Ausstellerverständnis erweist sich seinerseits als Funktion der zu erfassenden spezifischen Rechtsgüterschutzinteressen. – Zur vorherrschenden sogenannten Geistigkeitstheorie (Gegensatz: Körperlichkeitstheorie) vgl. schon oben Rn. 113 – 130.

So verhält es sich oben bei **FALL 1:** In diesem Fall hatte der **Schuldner S** 143 seine Schuld beglichen, jedoch versäumt, sich eine Quittung geben zu lassen. Da er befürchtete, von dem Erben des verstorbenen Gläubigers nochmals in Anspruch genommen zu werden, fertigte er selbst eine entsprechende **Quittung** an und unterzeichnete mit dem **Namen des Gläubigers**.

Darin läge selbst dann noch eine Urkundenfälschung, wenn der Gläubiger 144 tatsächlich eine Quittung angefertigt haben sollte, die aber irgendwie verloren gegangen wäre.[155] Zwar ließe sich bei dieser Sachlage sagen, die vom Schuldner angefertigte Quittung dokumentiere doch eine Erklärung, die der Gläubiger abgegeben habe, und zu der er sich von Rechts wegen auch bekennen müsse. Die Quittung scheint deshalb auf den ersten Blick einen vergleichbar **zutreffenden Zuordnungstatbestand** zu schaffen, wie wir ihn bei den Überlegungen zur **Anerkennung der Fotokopie als Urkunde** kennengelernt haben.[156] Schließlich hätte ja der Gläubiger den Schuldner ermächtigen können, in oder mit seinem Namen als Vertreter zu quittieren.

Bei genauerer Betrachtung zeigen sich im Verhältnis zu dieser Variante 145 und zum Fall der Fotokopie, die der Schuldner von der echten (!) Quittung vorsorglich anfertigt, entscheidungserhebliche Unterschiede: Tatsächlich fehlt es im Fall der **eigenmächtigen Quittungsproduktion** an einem zutreffenden Zuordnungstatbestand und wird deshalb auch das sub specie § 267 relevante **Interesse an richtiger Zuschreibung verletzt**. Denn selbst wenn der Gläubiger tatsächlich eine entsprechende Erklärung abgegeben haben sollte, wird durch den Schuldner **im Beispielsfall nicht *diese* Erklärung perpetuiert** (wie noch im Falle der Kopie einer echten Urkunde[157]). Vielmehr wird von einem anderen als dem ausgewiesenen Aussteller selbst eine **inhaltlich entsprechende Erklärung – wie bei der Abschrift** – produziert und damit über deren Aussteller getäuscht. Wie im Falle der Herstellung einer Abschrift kann als „Garant" i. S. desjenigen, der die *konkrete* verkörperte Erklärung als die seine gelten lassen muss, (anders als bei der Kopie) **allein der Schuldner** aufgefasst werden.

Insofern erweist sich die „Unechtheit" (i. S. der **Täuschung über den** 146 **Aussteller**) aber im Grunde als ein ganz **spezieller Fall der** – ansonsten von

---

[155] Für diesen Fall i. E. übereinstimmend etwa *Erb,* in: MünchKommStGB, § 267 Rn. 170; *Puppe,* Jura 1979, 630, 635; *Wessels/Hettinger,* BT 1[32], Rn. 824 (§ 18 III 1).
[156] S. dazu oben Rn. 127 – 130.
[157] Von dem Sonderfall, in dem die Erklärung auf ihre stoffliche Grundlage inhaltlich bezogen ist (wie z. B. bei einer Fahrkarte) und *deshalb* die Anfertigung einer Kopie nicht zum Ergebnis einer echten, sondern dem einer unechten Urkunde führt, soll hier abgesehen werden; vgl. dazu freilich unten Rn. 271 f. im Kontext der Fälschung beweiserheblicher Daten.

§ 267 nicht erfassten – **schriftlichen Lüge**. Für das Unrecht der Urkundenfälschung genügt eben nicht irgendeine schriftliche Lüge, sondern notwendig ist eine Irreführung über den tatsächlichen Aussteller in Gestalt einer – regelmäßig impliziten – schriftlichen Lüge. Eine Urkunde, die unter keinem Aspekt eine schriftliche Lüge enthält, kann dagegen niemals unecht sein. So gesehen ist die Aussage, eine schriftliche Lüge sei keine Urkundenfälschung, zwar recht einprägsam, aber nicht nur viel zu grob, sondern nachgerade falsch.[158] Die Frage einer als Identitätstäuschung über den eigentlichen Aussteller zu begreifenden schriftlichen Lüge stellt sich auch in

147 **FALL 28: D** erklärte sich gegenüber **H** gegen Entgelt zur Hilfestellung bei der Lösung der **Klausuren** für die **Zweite Juristische Staatsprüfung** bereit. Er erhielt heimlich die Aufgabentexte zugespielt und lieferte auf nicht paginierten Blättern die **Lösungsvorschläge**. H selbst brachte sodann noch einige Änderungen an, nummerierte die Blätter und versah sie mit seiner Platzziffer. Sodann umschloss er die Blätter mit dem amtlichen Kopfbogen, auf den er zuvor ebenfalls eigenhändig die Kennziffer geschrieben hatte, und gab das Ganze **als eigene Klausur** der Aufsicht ab.

148 Indem sich H in diesem Fall die in den Lösungsvorschlägen des D enthaltenen Erklärungen in der geschehenen Weise zu eigen macht, lügt er immerhin konkludent insofern, als er sie **fälschlich als seine geistige Leistung** ausgibt. Darin allein kann aber noch keine die Echtheit betreffende Identitätstäuschung erblickt werden. Denn *insoweit* verhält es sich nicht anders, als wenn jemand bei einer Klausur abschreibt oder vorgesagt bekommt, was er schreiben soll.[159] Der **Prüfling** wird unter den gegebenen Umständen **selbst zum „Aussteller"** der Arbeit und steht als Garant hinter der urkundlichen Erklärung. Die konkludente Behauptung, er habe die Lösung selbst erarbeitet, entbehrt lediglich der Wahrheit. Damit scheidet eine Urkundenfälschung an sich aus.[160]

---

[158] Dass sich die Fälschung und (bei korrekter Ausstellerangabe) die von § 267 nicht erfasste schriftliche Lüge allein im Gegenstand, nicht aber in der Struktur unterscheiden, weil bei der Fälschung die Erklärung über den Aussteller eine (schriftliche) Lüge ist, wird zutreffend herausgestrichen bei *Samson*, JA 1979, 658 f.

[159] Es handelt sich dabei um eine urkundenstrafrechtlich irrelevante Täuschung über die „Eigengeistigkeit" der Leistung; mit Recht betont von *Samson*, in: SK StGB, 21. Lfg. Feb. 1987, § 267 Rn. 58; vgl. auch BayObLG NJW 1981, 772, 774; *Puppe*, JR 1981, 441; *dies.*, JZ 1986, 938, 941.

[160] Bisweilen wird in solchen Fällen bereits die Urkundenqualität der Lösungsniederschrift verneint, weil diese keine unmittelbar Rechtswirkungen erzeugende Erklärung beinhaltet (zu einem solchen verengten Verständnis des Urkundenbegriffs s. etwa *Erb*, in: MünchKommStGB, § 267 Rn. 76; *Jakobs*, Urkundenfälschung, S. 53 f. m. Fn. 88). – Vgl. dazu bereits oben Rn. 28a ff.

Fraglich kann aber sein, ob nicht vielleicht wegen der **vorausgesetzten** 149 **Eigenhändigkeit** in der Übernahme des fremdgeschriebenen Textes eine ausreichende **Täuschung über die Identität desjenigen** zu sehen ist, der den Text **eigenhändig geschrieben** hat.[161] Mit dieser Problematik hat man es auch in folgenden Fällen zu tun:

FALL 29: **A** setzte auf Bitten des schwerkranken **T** für diesen ein „Testa- 150 ment" auf und unterzeichnete mit seinem Namen und dem Zusatz „i. V.".

FALL 30: Wie im Fall zuvor mit der Maßgabe, dass **A** sich bemühte, die 151 **Handschrift des T nachzuahmen** und mit **dessen Namen** ohne jeglichen Zusatz **unterzeichnete**.

FALL 31: Wie im Fall zuvor mit der Maßgabe, dass **T** immerhin noch 152 **selbst unterschrieb**.

Im FALL 29 liegt lediglich ein **formungültiges Testament** vor (vgl. 153 § 2247 Abs. 1 BGB). Eine Identitätstäuschung über den Aussteller fehlt dagegen unter jedem erdenklichen Aspekt. Dagegen entsteht im FALL 30 immerhin der unzutreffende Eindruck eines gültigen (i. S. v. eigenhändig geschriebenen und unterschriebenen) Testaments. In diesem Fall geht man mit Blick auf den falschen Eindruck in Bezug auf die Eigenhändigkeit der Unterschrift weithin von einer für § 267 **ausreichenden Identitätstäuschung** über den Aussteller (als den – voraussetzungsgemäß – **eigenhändig Unterzeichnenden**) aus.[162]

Diese Einschätzung ist allerdings schwerlich in Einklang zu bringen mit 154 der Annahme, im FALL 31 liege *keine* ausreichende Identitätstäuschung vor.[163] Denn unter dem Aspekt der Irreführung über den tatsächlichen Aussteller (als des voraussetzungsgemäß eigenhändig Erklärenden) dürfte zwischen den FÄLLEN 30 und 31 wohl gerade kein Unterschied auszumachen sein. Jedenfalls zählen **eigenhändiges Schreiben** und **eigenhändiges Unterschreiben** unter dem Garantieaspekt des § 2247 Abs. 1 BGB gleich viel! – Der „wahre" Wille des Testators soll danach nur dadurch in rechtlich relevanter Weise

---

[161] Zum insoweit bestehenden Streit vgl. etwa *Hoyer*, in: SK StGB, 45. Lfg. Juli 1998, § 267 Rn. 47 ff.; *Zieschang*, in: LK[12], § 267 Rn. 40 ff.; s. auch OLG Oldenburg JR 1952, 410 (zum eigenhändigen Lebenslauf).

[162] Vgl. etwa *Cramer/Heine*, in: Schönke/Schröder[27], § 267 Rn. 59; *Kudlich*, BT II – Prüfe dein Wissen, S. 151 f. (zu Fragen 152 f.); *Maurach/Schroeder/Maiwald*, BT 2[9], § 65 Rn. 50 f.; *Zieschang*, in: LK[12], § 267 Rn. 42.

[163] So aber die in der vorhergehenden Fn. 162 Genannten; vgl. ergänzend *Schroeder*, JuS 1981, 417; krit. insofern mit Recht *Puppe*, JR 1981, 441 ff.; vgl. auch *dies.*, Jura 1979, 630, 639; auf die Inkonsequenz der h. M. weist deutlich *Steinmetz*, Echtheitsbegriff, S. 194 f. hin.

verkörpert werden können, dass er eigenhändig geschrieben und unterschrieben niedergelegt wird. In beiden Fällen wird so gesehen gleichermaßen ein solcher **normativ maßgeblicher „wahrer"** Ausstellerwille als tatsächlich vorhanden **vorgetäuscht**.[164] Dass demzufolge auch der **Testator „sein" Testament** i. S. des § 267 **fälschen** kann, mag vielleicht auf den ersten Blick als problematisch erscheinen,[165] ist aber vor dem Hintergrund der spezifischen Schutzinteressen nichts Ungewöhnliches.[166]

155 Vor dem Hintergrund des Bisherigen erscheinen die Fälle des **Zwangs** und der **Täuschung** gegenüber dem **Unterzeichnenden**[167] jedenfalls dann als klare Fälle der Herstellung einer unechten Urkunde (man könnte sagen: in **„mittelbarer Täterschaft"**), wenn der Getäuschte oder Gezwungene an die **Erklärung** gerade wegen der Täuschung oder des Zwangs **nicht gebunden** ist.[168] Denn unter dieser Voraussetzung wird derjenige, der sich an dem „Indikator" orientiert, irregeleitet: Entgegen dem produzierten Anschein muss der Unterzeichnende nach normativen Kriterien die manuell angefertigte Erklärung gar nicht als die seine gelten lassen.

156 Das soeben Gesagte gilt ersichtlich für die – praktisch weniger bedeutsamen – Fälle der **vis absoluta** (etwa wenn die Hand bei der „Unterschrift" zwangsweise geführt wird) und die – praktisch wohl häufigeren – **Täuschungsfälle**, in denen die **Erklärung eo ipso unwirksam** ist. Es gilt entgegen verbreiteter Auffassung aber auch dann, wenn die erzwungene oder durch Täuschung bewirkte Erklärung „nur" angefochten werden kann.[169]

---

[164] I. d. S. OLG Düsseldorf NJW 1966, 749; zust. *Ohr,* JuS 1967, 255. – Zur Kritik an dieser Entscheidung vgl. *Lackner/Kühl*[26], § 267 Rn. 18; *Mohrbotter,* NJW 1966, 1421; *Rheineck,* Fälschungsbegriff und Geistigkeitstheorie, S. 145; *Schroeder,* JuS 1981, 417. Näher zur Problematik rechtlich unzulässiger verdeckter Stellvertretung auch *Steinmetz,* Echtheitsbegriff, S. 187 ff. m. w. N.

[165] Vgl. die entsprechenden Überlegungen bei *Tröndle,* in: LK[10], § 267 Rn. 22: „seltsames Ergebnis" (in der Sache ähnlich *Zieschang,* in: LK[12], § 267 Rn. 42); *Schroeder,* JuS 1981, 417, 418: „Soll der Erblasser Fälscher gewesen sein, obwohl er das Testament unterschrieben hat?". – Auf der zutreffenden Linie des Textes dagegen etwa *Jakobs,* Urkundenfälschung, S. 64 f., 77.

[166] Zur Irrelevanz des Einverstandenseins des Testators mit der Textniederschrift des anderen vgl. OLG Düsseldorf NJW 1966, 749. – Auf die Frage der Beteiligungsformen in einem solchen Fall kann hier nicht näher eingegangen werden.

[167] Vgl. zu dieser Problematik *Hoyer,* in: SK StGB, 45. Lfg. Juli 1998, § 267 Rn. 43; *Rheineck,* Fälschungsbegriff und Geistigkeitstheorie, S. 66 ff., 152 ff.; *Samson,* JA 1979, 658, 660 f.; *Schroeder,* GA 1974, 225 ff., jew. m. w. N.

[168] Zu den Fällen der Bindung s. noch unten Rn. 177 f.

[169] A. A. für diese Fälle aber etwa *Otto,* JuS 1987, 761, 764; noch enger (nur bei vis absoluta) *Rheineck,* Fälschungsbegriff und Geistigkeitstheorie, S. 152 ff.; s. auch

Abgesehen davon, dass die Grenzziehung zwischen Unwirksamkeit und bloßer Anfechtbarkeit höchst unklar erscheint,[170] kommt es auf *diese* Grenzziehung für das Unrecht der Herstellung einer unechten Urkunde gar nicht an. Denn derjenige, der sich an einer **anfechtbaren Erklärung** orientiert, wird jedenfalls bei erfolgter Anfechtung in der entscheidenden Hinsicht **irregeleitet**: Auch er orientiert sich an einer verkörperten Erklärung, die der ausgewiesene Aussteller gerade nicht rechtsbeständig als die seine gelten lassen muss.

Entsprechendes gilt ersichtlich in den Fällen der **Veranlassung eines Geschäftsunfähigen** zur **Anfertigung einer Urkunde**. Auch in diesen Fällen geht derjenige fehl, der sich an der Erklärung als einer dem ausgewiesenen Aussteller zurechenbaren orientiert.[171]

157

Erwägenswert erscheint sogar, ob nicht vielleicht der **Geschäftsunfähige selbst** durch die Erstellung unwirksamer schriftlicher Erklärungen das Unrecht der Urkundenfälschung verwirklichen kann.[172] Dabei müsste freilich der **Sinn** der die **Unwirksamkeit der rechtsgeschäftlichen Erklärung** anordnenden Norm gewahrt bleiben, soll nicht die zivilrechtliche Vorwertung in unzulässiger Weise strafrechtlich unterlaufen werden.[173] Voraussetzung wäre deshalb jedenfalls eine entsprechende **deliktisch-schadensersatzrechtliche Verantwortlichkeit des Geschäftsunfähigen** für sein Tun.

158

Ungeeignet zur Ausfilterung dieser Konstellation erscheint dagegen die Überlegung, es könne keinen Unterschied machen, ob der **Geschäftsun-**

159

RGSt 5, 410 ff.; *Samson,* JuS 1970, 369, 375; *Schroeder,* GA 1974, 225 ff., 229; ferner *Erb,* in: MünchKommStGB, § 267 Rn. 114 f.

[170] Die weichenstellende Frage nach dem *insoweit* für die Grenzziehung maßgeblichen Leitkriterium (z. B. angemessener Vertrauensschutz auf seiten des Adressaten?) wird meist noch nicht einmal aufgeworfen, sondern man operiert in der Regel mit einem funktional unabgeklärten Erfordernis des Erklärungs*willens* oder *-bewusstseins* für eine zunächst wirksame Erklärung. Dabei lässt sich in den hier interessierenden Fällen auf dieser Basis trefflich darüber streiten, wann genau das eine und/oder andere Erfordernis erfüllt ist (vgl. dazu etwa *Otto,* JuS 1987, 761, 764). Dazu, dass es für das Unrecht der Urkundenfälschung darauf letztlich gar nicht ankommen kann, s. sogleich im Text.

[171] So im Ergebnis etwa auch *Ulsenheimer,* Jura 1985, 97, 99; *Zieschang,* in: LK[12], § 267 Rn. 183; differenzierend *Maurach/Schroeder/Maiwald,* BT 2[9], § 65 Rn. 62; zur Gegenauffassung s. etwa *Erb,* in: MünchKommStGB, § 267 Rn. 116; krit. auch *Rheineck,* Fälschungsbegriff und Geistigkeitstheorie, S. 78, 152 ff.

[172] Das wird wohl weithin verneint; vgl. etwa *Erb,* in: MünchKommStGB, § 267 Rn. 116; *Puppe,* JR 1981, 441, 442; *Rheineck,* Fälschungsbegriff und Geistigkeitstheorie, S. 160 f. – Zur Gegenposition s. *Jakobs,* Urkundenfälschung, S. 62 f.

[173] Über § 823 Abs. 2 BGB i. V. m. mit § 267 StGB; zum – umstrittenen – Schutzgesetzcharakter des § 267 vgl. oben Rn. 3 m. Fn. 10.

fähige **mündlich** oder **schriftlich unwirksame** und damit wertlose **Erklärungen** abgebe. Denn *dieses* Unterscheidungskriterium ist bei der Urkundenfälschung typischerweise *immer* „eingebaut" und kann deshalb auch nicht ohne Willkür gegen die Einbeziehung einzelner Konstellationen ins Feld geführt werden.[174] Was bleibt, ist dann allenfalls noch die Überlegung, der **Wortlaut des Strafgesetzes** decke solches Verhalten nicht mehr ab.

160 Die im Vorstehenden genannten Konstellationen zeigen auch, dass das Unrecht der Urkundenfälschung nicht vom **Gebrauch eines falschen Namens** abhängt. Praktisch wird sich der Fälscher zwar in aller Regel eines falschen Namens bedienen, um eine Identitätstäuschung über den Aussteller zu bewirken und so eine unechte Urkunde herzustellen. Eine normativ ausreichende **Identitätstäuschung** über den **wirklichen Aussteller** ist aber auch auf andere Weise möglich. Sie kann sogar durch den Gebrauch des – richtigen – eigenen Namens des Fälschers bewirkt werden, sofern nach dem konkreten Kontext, um den es geht, damit eine andere Person assoziiert wird.[175] Zu denken ist dabei etwa an folgende Konstellationen:

161 **FALL 32:** A fügte seiner (an sich richtigen) **Unterschrift** den fälschlichen **Zusatz „sen."** bei.

162 **FALL 33:** B setzte zu seiner (an sich richtigen) **Unterschrift** unbefugt einen auf eine andere Person verweisenden **Firmenstempel**.[176]

163 Eine **ausreichende Identitätstäuschung** kann außerdem vorliegen, wenn jemand ständig unter falschem Namen reist, aber in einer bestimmten Situation **mit seinem richtigen Namen unterschreibt**,[177] oder wenn jemand (wie oben im **FALL 4**) zur **Verschleierung der Ausstellerschaft** abweichend vom Üblichen unterzeichnet.[178] Man darf sich in derartigen Fälschungsfällen nicht

---

[174] Vgl. dazu schon oben Rn. 75 Fn. 59 den Fall der mündlichen Erklärung, in dem über die Person des Erklärenden getäuscht wird und in dem gleichfalls aus dem „formalen" Grund der fehlenden Verkörperung eine Urkundenfälschung ausscheidet; vgl. ferner noch die Fälle der „Namens- bzw. Identitätstäuschung" unten Rn. 163 f.

[175] Zutreffend insoweit BGH NJW 1994, 2628 m. zust. Bespr. *Meurer,* NJW 1995, 1655 ff.; *Lackner/Kühl*[26], § 267 Rn. 19; *Otto,* BT[7], § 70 Rn. 44; *Zieschang,* in: LK[12], § 267 Rn. 173 f., jew. m. w. N.; s. aber auch *Mewes,* NStZ 1996, 14 ff.

[176] Vgl. BGHSt 17, 11.

[177] Vgl. RG LZ 1915, 549 = RG DStrZ 1916, 253; s. freilich auch *Steinmetz,* Echtheitsbegriff, S. 230 f. m. Fn. 725.

[178] Vgl. dazu BGH NJW 1953, 1358 = LM Nr. 11 zu § 267; *Steinmetz,* Echtheitsbegriff, S. 229 f. m. w. N.; ferner den Fall der einverständlichen Scheckfälschung BayObLG NJW 1988, 1401 (m. krit. Bespr. von *Puppe,* JuS 1989, 361 f.; s. auch *dies.,* JZ 1991, 447, 449), in dem trotz Einverständnisses des Ausstellers durchaus eine urkundenfälschungsspezifische Gefahr der Irreleitung bestand. – Zur krimi-

dadurch irritieren lassen, dass der „wahre" Aussteller, der ja der **Fälscher** selbst ist, *rechtlich* durchaus an die Erklärung im Außenverhältnis **gebunden** wird[179] (und auch schwerlich geltend machen kann, sein wirklicher Wille werde dadurch verfälscht). Denn für die entscheidende Identitätstäuschung über den Aussteller genügt es, wenn ein in dieser Hinsicht **irreführender Informationsträger**[180] geschaffen wird. Und daran fehlt es in den vorgenannten Fällen nicht.

Fraglich mag allenfalls sein, ob die durch den **Gebrauch des richtigen Namens** geschaffene **Verwechslungsgefahr** trotz betroffener Schutzintention des § 267 – unter gewissen Voraussetzungen – nicht (noch) als im Bereich der **erlaubten Risikoschaffung** liegend anzusehen ist und *deshalb* das entsprechende Verhalten aus dem Tatbestand herausfällt. Das kann hier nicht weiter vertieft werden. 164

Umgekehrt muss aber auch der **Gebrauch eines falschen Namens** nicht durchweg zum Unrecht der Urkundenfälschung führen. Die bloße **Namenstäuschung** ist noch nicht die normativ relevante Identitätstäuschung über den Aussteller.[181] Wann Erstere und wann Letztere vorliegt, richtet sich nach dem jeweiligen konkreten Kontext, in dem eine Urkunde relevant wird. 165

Beispielsweise ist es denkbar, dass jemand – aus welchen Gründen auch immer – seine bisherige Identität aufgibt und unter anderem Namen ein „neues Leben" beginnt. Der schriftliche **Gebrauch** des an sich **falschen Namens** führt dann nicht jedes Mal zum Unrecht der Urkundenfälschung, sondern beinhaltet im konkreten Kontext mitunter sogar die einzige – sub specie § 267 – **richtige Identitätskennzeichnung** der Person. Dabei kann es nicht darauf ankommen, ob sich der falsche Name – etwa als **Künstlername** – derart im Verkehr durchgesetzt hat, dass der Aussteller mit dem angenommenen Namen ohne Weiteres identifiziert werden kann.[182] Vielmehr 166

---

nologischen Problematik der Schriftverstellung durch nominelle Veränderung der eigenen Unterschrift näher *Brandt,* Archiv für Kriminologie, 1992 (Bd. 190), 36 ff.
[179] Darauf stellt aber etwa *Puppe,* JZ 1991, 447, 449 und JuS 1989, 361 f. ab; krit. dazu *Steinmetz,* Echtheitsbegriff, S. 171 f. m. Fn. 423.
[180] Zum durch § 267 geschützten Interesse an Orientierungssicherheit in Bezug auf einen einwandfreien Indikator des wirklichen Willens des (ausgewiesenen) Ausstellers vgl. nochmals oben 2. Teil I 4 (Rn. 51 – 62).
[181] Gegen diese verbreitete Sicht *Steinmetz,* Echtheitsbegriff, S. 88 ff., 107 ff.
[182] So aber z.B. *Cramer/Heine,* in: Schönke/Schröder[27], § 267 Rn. 51; *Samson,* JA 1979, 658, 659.

entscheidet allein, ob durch die gewählte Bezeichnung die Identifikation des Ausstellers nicht in rechtserheblicher Weise leidet.[183]

167   Bei der Beurteilung, ob die **Identifizierung des Ausstellers** unter der gewählten Bezeichnung ausreichend erscheint, finden ersichtlich außer den näheren äußeren Umständen auch die (subjektiven) Interessen des anderen Teils sowie gewisse **Intentionen** des unter einer bestimmten Bezeichnung Auftretenden Berücksichtigung.[184] Indessen darf dies nicht zu der Annahme verleiten, es gehe hier in Wahrheit bereits um ein **Problem der (intendierten) Täuschung** und damit um ein subjektives Element der Straftat,[185] während die Unechtheit ohne Weiteres zu bejahen sei. Denn von einer **unechten Urkunde** zu reden, erscheint allenfalls mit Blick auf solche Gegenstände sinnvoll, denen nach den näheren Umständen (positiv) ein – grundsätzlich – **rechtlich erhebliches Risiko der Identitätstäuschung** über ihren Aussteller anhaftet.

168   Lässt man für eine grundsätzliche rechtliche Erheblichkeit richtigerweise **nicht jede** völlig **entfernte Möglichkeit der Irreleitung** genügen, so kann für den Fall, dass nach den näheren Umständen die notwendige Identifikation des Ausstellers trotz Gebrauchs eines falschen Namens nicht ernsthaft gefährdet erscheint, bei objektiver Würdigung wohl kaum von einer **unechten Urkunde** gesprochen werden. Eine **abstrakte Möglichkeit** der Irreleitung besteht im Grunde ja immer, wenn jemand z. B. **Müller** oder **Schulze** heißt. Dennoch stellt der Betreffende nicht ständig im Rechtsverkehr „unechte" – weil (abstrakt) in Bezug auf den Aussteller verwechslungsgefährliche – Urkunden her und bleibt bloß wegen des fehlenden Handelns mit Täuschungsfunktion straflos.

169   Ob man es mit einer solchen, die **Gefährlichkeit** der **unechten Urkunde** nicht aufweisenden Sachlage im Fall desjenigen zu tun hat, der inkognito irgendwo ungestört Urlaub machen möchte,[186] muss allerdings bezweifelt

---

[183] I. d. S. wohl auch RGSt 48, 238, 241; BGHSt 1, 117, 121; OLG Celle NJW 1986, 2772 f.; *Maurach/Schroeder/Maiwald,* BT 2[9], § 65 Rn. 59; *Otto,* JuS 1987, 761, 768; *Wessels/Hettinger,* BT 1[32], Rn. 827 f. (§ 18 III 1 a); vgl. dazu auch *Steinmetz,* Echtheitsbegriff, S. 103 ff.

[184] Gegen eine Berücksichtigung von Intentionen und subjektiven Interessen aber etwa *Steinmetz,* Echtheitsbegriff, S. 103 ff., 111 ff., 121 ff. et passim.

[185] Näher zur Funktion des Erfordernisses „zur Täuschung im Rechtsverkehr" unten 2. Teil V (Rn. 212 – 227).

[186] Vgl. dazu den Fall des Ministers der Bundesregierung in einem kleinen Schwarzwalddorf sowie den des verheirateten Fabrikanten und seiner Sekretärin bei *Wessels/Hettinger,* BT 1[32], Rn. 828 (§ 18 III 1 a); ferner schon oben FALL 2 sowie BGH MDR 1973, 556; ergänzend *Koppenhöfer,* NJW 1956, 1345; *Steinmetz,* Echtheitsbegriff, S. 107 ff.

werden. Denn auch in einem solchen Fall vermag die Urkunde *als solche* das, was sie verspricht, in Wahrheit nicht zu halten: Sollte der **Inkognito-Reisende** – aus welchen Gründen auch immer – nach seiner Abreise an seiner Erklärung festgehalten werden müssen, ist er **nicht mehr greifbar**.[187] Wegen dieser immerhin in Rechnung zu stellenden Möglichkeit einer Enttäuschung des für die Urkundenfälschung relevanten Interesses an korrekter Zuschreibung erscheint es durchaus angemessen, in diesem Fall immerhin das **Herstellen einer unechten Urkunde** zu bejahen.[188]

Über die Tatbestandsmäßigkeit derartigen Fälschungsverhaltens ist damit noch keineswegs abschließend entschieden.[189] Dafür spielt die dem Fälschungsfabrikat zugedachte Funktion noch eine entscheidende Rolle.[190] Mit einer solchen Herstellung einer unechten Urkunde, die wegen der **fehlenden Täuschungsfunktion des Verhaltens** aus dem Tatbestand ausgefiltert wird, hat man es etwa dann zu tun, wenn jemand ein **amtliches Zeugnis** oder ein **Gemälde** eines bekannten Malers bis hin zum **Namenszug fälscht**, aber die unechten Urkunden anfertigt, um sie bei sich **an die Wand** zu **hängen** oder aber **als „unecht" in den Verkehr** zu **bringen**. **170**

Ein klarer Fall der tatbestandlich missbilligten – auch das Erfordernis des Handelns mit Täuschungsfunktion erfüllenden und deshalb strafbaren – Urkundenfälschung liegt dagegen vor, wenn sich jemand **eines anderen Namens bedient**, weil er auf diese Weise die **Ausstellerverantwortlichkeit** aus einem Vertrag von sich selbst **abweisen** und auf einen – nicht notwendig existierenden[191] – anderen lenken möchte. In einem solchen Fall hat nicht nur bereits die Herstellung der Urkunde bei objektiver Würdigung den Sinngehalt, dass hier etwas produziert wird, was die „handfeste" **Gefahr** des „Ins- **171**

---

[187] Insofern durchaus zutreffend *Steinmetz,* Echtheitsbegriff, S. 113 f.
[188] So mit Recht etwa auch *Erb,* in: MünchKommStGB, § 267 Rn. 157 m. w. N.
[189] Zur üblichen Ausfilterung solcher Fälle über das Erfordernis „zur Täuschung im Rechtsverkehr" s. noch unten Rn. 225 – 227. – Sachlich geht es dabei um das allgemeine Straftaterfordernis der tatbestandlichen Verhaltensmissbilligung.
[190] Näher zum für die tatbestandliche Verhaltensmissbilligung relevanten Erfordernis „zur Täuschung im Rechtsverkehr" noch unten 2. Teil V (Rn. 212 – 227).
[191] Dazu, dass der scheinbare Aussteller nicht wirklich zu existieren braucht, vgl. etwa *Puppe,* JuS 1987, 275, 276 m. w. N. Dies folgt ohne Weiteres aus den oben 2. Teil I 1 (Rn. 18 – 28), 4 (Rn. 51 – 62) angestellten Überlegungen zum intendierten Rechtsgüterschutz: Es geht um das Interesse an einem einwandfreien Indikator des wirklichen Willens des ausgewiesenen (!) Ausstellers. Dieses Interesse an *korrekter Zuschreibung* der verkörperten Erklärung ist ersichtlich gerade auch dann verletzt, wenn es den ausgewiesenen Aussteller gar nicht gibt.

Leere-Greifens" bei der Suche nach dem tatsächlichen Aussteller begründet, sondern ist auch die notwendige **Täuschungsfunktion** gegeben.[192]

172 Auf die „**Güte**" der **Fälschung** kann es mit Blick auf die berechtigten Schutzinteressen bei alledem grundsätzlich nicht ankommen. Erst wenn keinerlei ernstzunehmende Gefahr der Irreführung (i. S. einer Täuschung über die Identität des Ausstellers) besteht, fehlt es am erforderlichen „**Erfolgsunwert**" der unechten Urkunde.[193] Mit der Produktion einer hinreichend irreführungsgeeigneten und deshalb unechten Urkunde i. S. des § 267 hat man es auch zu tun in

173 FALL 34: **A** hatte einen **Einzelfahrausweis** der **Straßenbahn-AG** gekauft und dessen **Entwerterfeld** mit einer **wachsähnlichen Schicht überzogen**. Er stempelte bei Fahrtantritt dieses Feld im Entwertergerät ab. Da der **Stempelabdruck** lediglich auf der genannten Beschichtung aufgetragen wurde, war es möglich, ihn durch **einfaches Abwischen** wieder zu entfernen. Bei der ersten Fahrt fiel die Manipulation dem **Kontrolleur**, der nur **flüchtig hinsah**, nicht auf.

174 Bei ordnungsgemäßer Entwertung einer Fahrkarte – d. h. **bei *dauerhafter* Anbringung** des **Stempelabdrucks** auf dem Entwerterfeld – ist die **Straßenbahn-AG Aussteller** der durch den entwerteten Fahrschein verbrieften Berechtigungserklärung in Bezug auf die konkrete Fahrt.[194] Diese bedient sich des Benutzers lediglich als eines manuell tätig werdenden Herstellungsgehilfen. Da im FALL 34 infolge der Beschichtung des Entwerterfeldes der Stempelabdruck nicht wirklich, sondern nur dem Anschein nach dauerhaft angebracht wurde, liegt tatsächlich **keine gültige** (i. S. v. der Straßenbahn-AG zurechenbare) **Berechtigungserklärung** in Bezug auf die konkrete Fahrt vor. Vielmehr hat A nur einen entsprechenden **Anschein erzeugt** und damit eine **unechte Urkunde hergestellt**.[195] Dass der Kontrolleur, der durch die unechte Urkunde getäuscht und zu einem rechtserheblichen Verhalten (die

---

[192] Näher dazu noch unten 2. Teil V (Rn. 212 – 227).
[193] Vgl. zur grundsätzlichen Irrelevanz der Qualität der Fälschung BGH GA 1963, 16, 17 – wo allerdings die Fälle der nicht ernstzunehmenden Gefahren unzutreffend bloß als unter dem Aspekt der „subjektiven Tatseite" problematisch angesehen werden.
[194] Vgl. zur rechtlichen Bedeutung des Entwertungsstempels *Puppe*, JR 1983, 429, 430; *Schroeder*, JuS 1991, 301 f.
[195] A. A. aber etwa *Puppe*, JR 1983, 429, 430 (die im Abwischen eines solchen Aufdrucks eine Straftat nach § 274 I Nr. 1 sieht); *Schroeder*, JuS 1991, 301, 303 (der das Abwischen [!] unter § 267 I Fall 1 subsumiert); vgl. auch OLG Düsseldorf VRS 82 (1992), 28 und JR 1983, 428 (wo die Problematik bei weitem nicht voll erkannt wird).

Geltendmachung von Ansprüchen wegen der „Schwarzfahrt" zu unterlassen) veranlasst werden sollte, bei genauerer Kontrolle die Fälschung als solche hätte erkennen können, ist hier wie sonst auch grundsätzlich irrelevant.[196]

Dieser Fall der nicht dauerhaften Anbringung des Entwertungsstempels **175** zeigt sehr deutlich, wie gefährlich eine ungenügende Beachtung des Schutzinteresses der Urkundenfälschung sein kann. Bei **oberflächlicher Subsumtion** unter die geläufigen Merkmale des Urkundenbegriffs könnte man leicht geneigt sein, die Urkundenqualität des Fahrscheins gerade deshalb abzulehnen, weil der Entwerterabdruck nicht dauerhaft angebracht wurde (Gedanke der **mangelnden hinreichenden Perpetuierung** bei leichter Abwischbarkeit entsprechend der Einschätzung z. B. der Zeichen im Sand oder im Schnee).

Bereits in diese Richtung gehende Überlegungen sind verfehlt.[197] Denn aus **176** der allein maßgeblichen **Perspektive** (in casu: **des Kontrolleurs**) stellte sich der Stempelabdruck als dauerhaft angebracht und damit der so manipulierte Fahrschein auf jeden Fall als hinreichend fest verkörperte (perpetuierte) Erklärung dar. Mit Blick auf die legitimen Schutzinteressen der Straßenbahn-AG muss der entsprechend erzeugte **Anschein einer echten Urkunde** – wie sonst auch – völlig ausreichen![198]

Im Bisherigen standen solche Fälle der Unechtheit im Vordergrund, in **177** denen sich der erkennbare Aussteller einer Urkunde die in ihr verkörperte Erklärung – nach normativen Kriterien – im **Außenverhältnis** schon nicht als die seine zurechnen lassen muss. Für diese einfachen Unechtheitsfälle konnte als Bezugspunkt für den **Relationsbegriff des „Unechten"** (bzw. des **„Verfälschten"**) die im Außenverhältnis rechtlich verbindliche Ausstellerschaft dienen. In den Fällen der im **Außenverhältnis** rechtlich **verbindlichen Zurechnung** der perpetuierten Erklärung **fehlt** es dagegen an einem **derartigen unzutreffenden Zuordnungstatbestand**. In diesen Fällen ist Bezugspunkt des Relationsbegriffs des „Unechten" (bzw. des „Verfälschten")

---

[196] Zur grundsätzlichen Irrelevanz der Güte einer Fälschung vgl. schon oben Rn. 172 m. Fn. 193.

[197] Vgl. aber etwa *Martin,* JuS 2001, 364, 367 (der wegen des Klebestreifens „überhaupt keine Verbindung" sieht); *Ranft,* Jura 1993, 84, 86 (der eine hinreichend feste Verbindung verneint!) sowie *Puppe,* JR 1983, 429, die zwar i. E. eine hinreichend feste Verkörperung trotz leichter Abwischbarkeit bejaht, aber immerhin entsprechende – verfehlte – Überlegungen anstellt.

[198] Ob in bestimmten Fällen des erzeugten Anscheins einer echten Urkunde der Gesetzeswortlaut „Urkunde" die eigentlich sachgerechte strafrechtliche Erfassung verhindert, steht auf einem anderen Blatt und ist für die Lösung des Fahrscheinfalles im Ergebnis nicht relevant.

nicht die – im Außenverhältnis verbindliche – Ausstellerschaft. Denn scheinbarer und wirklicher Aussteller stimmen ja insofern überein, und die Urkunde ist unter diesem Aspekt „echt". **Unecht** bzw. **falsch** ist sie nur durch den Rekurs auf einen **anders gearteten Bezugspunkt**: den des intern relevanten **wirklichen Willens des Ausstellers** – etwa eines abredewidrig ausgefüllten **Blanketts**.[199] Ganz entsprechend verhält es sich in den Fällen des **Zwangs** und der **Täuschung** gegenüber dem Unterzeichnenden, in denen der Getäuschte oder Gezwungene letztlich an die Erklärung gebunden ist,[200] dabei aber sein **„wahrer" Wille verfälscht** wird.

178 Ob die eine oder andere Ausprägungsform des Unrechts der Urkundenfälschung vorliegt, kann dabei nach dem oben 2. Teil I 4 (Rn. 51 – 62) Gesagten u. U. durchaus offenbleiben. Das erspart nicht wenige diffizile Auslegungsfragen (etwa des Zivilrechts). Entscheidend für das Strafrecht ist lediglich, dass *jedenfalls* ein berechtigtes Interesse an **korrekter Indikation** des **wirklichen Willens** des (ausgewiesenen) **Ausstellers** verletzt wurde.

179 Eine derartige für § 267 ausreichende Interessenverletzung liegt – ungeachtet der sich in Bezug auf die Bindung im Außenverhältnis stellenden schwierigen Probleme – beispielsweise klar vor, wenn jemand eine an sich von ihrem „Aussteller" vollständig produzierte „Urkunde" **eigenmächtig in den Verkehr** gibt. Mit einer derartigen **„perfekten" Fälschung** hat man es z. B. zu tun in

180 **FALL 35: A** entwendete aus dem **Tresor** einer Firma die schon **vorbereitete** und **unterschriebene Kaufpreisquittung** über eine unter Eigentumsvorbehalt gelieferte Ware. Mit dieser Quittung ging er als angeblicher Beauftragter der Firma zu dem Kunden und kassierte gegen deren Aushändigung den ausgewiesenen Betrag.

181 Nach der Regelung des § 370 BGB wird der **Kunde** hier von seiner Zahlungspflicht durch Leistung an den Überbringer der i. S. des § 370 BGB „echten" Quittung frei, hat also ersichtlich **kein Eigeninteresse** daran, dass die Quittung nicht entsprechend missbraucht wird. Ein **Interesse** daran hat allein der **Aussteller**, der im Außenverhältnis zum Kunden nicht in der geschehenen Weise gebunden werden möchte. Diese **erzeugte Bindung** läuft dem **wirklichen Willen** des ausgewiesenen Ausstellers ganz genauso **zuwider** wie in den oben 2. Teil I 3 (Rn. 41 – 50) behandelten Blankettfälschungsfällen. Auch hier liegt eine Verletzung des Interesses an einer korrekten Indikation des „wahren" Willens des ausgewiesenen Ausstellers und damit des **urkundenfälschungsspezifischen Interesses** an einer **richtigen**

---

[199] Vgl. zu solchen Fällen schon oben 2. Teil I 3 (Rn. 41 – 50).
[200] Zu den Fällen der fehlenden Bindung s. bereits oben Rn. 155 ff.

Zuschreibung vor. Das erscheint nur deshalb vielleicht auf den ersten Blick frappierend, weil das Schriftstück (die **„Quittung"**) **„äußerlich" unangetastet** bleibt – anders als in dem Fall, in dem bei einem als solchen gekennzeichneten **Urkundenentwurf** das Wort **„Entwurf"** **abgeschnitten** oder **ausradiert** wird.

Indessen erweist sich dieser Unterschied bei zutreffender Betrachtung als irrelevant: Auch die äußerlich fertiggestellte Quittung im Tresor der Firma hat rechtlich nur die Bedeutung eines Urkundenentwurfs, da sie **noch nicht vom Aussteller autorisiert** in den Verkehr gegeben wurde. Durch die Präsentation der Quittung seitens des A wird deshalb aus einem Schriftstück, das bis dahin Nicht-Urkunde war, der falsche **Anschein** einer vom Aussteller autorisiert in den Verkehr gegebenen und in diesem Sinne **echten Urkunde** **„produziert"** und so eine *unechte Urkunde* im Rechtssinne *hergestellt*.[201] **182**

Bedenken gegen eine solche mit Blick auf die ratio des § 267 angemessene **Subsumtion** unter die Begehungsform des „Herstellens" einer unechten Urkunde könnten allenfalls noch unter dem Aspekt des entgegenstehenden **Wortlauts der Strafnorm** erhoben werden. Indessen scheinen mir diese Bedenken deshalb von nicht allzu großem Gewicht, weil die Sprache des Gesetzes („unechte Urkunde herstellt") wohl offen genug ist, um diesen Fall zu erfassen. Im Übrigen bestünde bei anderer Sicht durchaus die Möglichkeit, auf die Begehungsform des *„Gebrauchmachens* **von einer unechten Urkunde"** zurückzugreifen.[202] Geht man schon vom Gegebensein des Herstellens einer unechten Urkunde durch die Präsentation der Quittung gegenüber dem Kunden aus, liegt hier der interessante Fall vor, dass ein und dasselbe Verhalten sowohl die Verwirklichungsform des **Herstellens** als auch die des **Gebrauchmachens** erfüllt.[203] **183**

> **Definition des Herstellens einer unechten Urkunde:**
> Eine unechte Urkunde stellt her, wer den Anschein erzeugt, die verkörperte Erklärung stamme von einem anderen als dem tatsächlich Erklärenden.

183a

---

[201] So i. E. wohl auch *Binding,* BT 2², 1. Teilband, S. 207 f.; *Zieschang,* in: LK¹², § 267 Rn. 140.
[202] I. d. S. auch *Binding,* a. a. O., S. 208; ferner *Erb,* in: MünchKommStGB, § 267 Rn. 122 – *Erbs* Bedenken gegen die Annahme des Herstellens einer unechten Urkunde vermögen nicht zu überzeugen. Denn die rechtlich relevanten Eigenschaften des Entwurfs werden spätestens beim Gebrauch als angeblich echte Urkunde durchaus verändert.
[203] Zum Verhältnis der Tatbestandsverwirklichungsformen des § 267 vgl. noch unten 2. Teil VI (Rn. 228 – 234).

183b Zur Klarstellung: Für die **Tatbestandsmäßigkeit** des **Herstellens** i. S. des § 267 bedarf es **zusätzlich** der entsprechenden rechtlichen **Verhaltensmissbilligung**.[204]

2. Verfälschen einer echten Urkunde

184 Unter dem **Verfälschen** einer echten Urkunde versteht man noch immer häufig jedes unbefugte nachträgliche Verändern des gedanklichen Inhalts der Urkunde, so dass diese etwas anderes als zuvor zum Ausdruck bringt.[205] Diese **verbreitete Definition** ist **falsch** – zumindest ist sie in dieser Allgemeinheit nicht richtig. Zu denken ist hier an folgenden

185 **FALL 36:** Lehrer **L** hatte **Rechtschreibungsarbeiten**, welche die Schüler nach seinem Diktat geschrieben hatten, übermäßig streng bewertet. Hierüber hatte sich ein Vater beim Schulleiter beschwert. L befürchtete nun Nachteile für seine Laufbahn. Um die überscharfe Beurteilung zu rechtfertigen, **veränderte** er in zahlreichen Klassenarbeitsheften in jeweils mehreren Diktatarbeiten **Wörter, die richtig geschrieben waren**, und strich diese „Fehler" rot an. Er **rechnete** dann alle **wirklichen und scheinbaren Fehler zusammen** und schrieb jedes Mal die **Summe unter die Arbeit**; dies hatte er bei der ersten Korrektur noch nicht getan. Der Vater, der sich beim Rektor beschwert hatte, erhielt das so veränderte Heft seines Sohnes zugeschickt.

186 **Produkt** der Tathandlung des Verfälschens einer echten Urkunde muss nach der Diktion des Gesetzes eine **verfälschte Urkunde** sein. Wie schon oben Rn. 29 – 40 gezeigt, kann nach der ratio legis aber **nur eine unechte Urkunde** (im oben Rn. 136 – 183 näher beschriebenen Sinne) als eine solche **verfälschte Urkunde** aufgefasst werden.

187 Die wohl noch h. M., die Fälle der **nachträglichen Veränderung** einer Urkunde nach Verlust der entsprechenden Dispositionsbefugnis seitens des **Ausstellers** selbst unter die Begehungsform des Verfälschens subsumiert, bestraft – **willkürlich** – **schriftliche Lügen** dann **als Urkundenfälschung**, wenn (zufällig) als „Ausgangsmaterial" eine echte Urkunde verwendet wurde.

---

[204] Zu diesem selbstverständlich zu beachtenden allgemeinen Straftaterfordernis des Verstoßes gegen eine rechtlich legitimierte Verhaltensnorm näher *Freund*, AT², § 1 Rn. 12 ff., § 2; *ders.*, in: MünchKommStGB, vor § 13 Rn. 118 ff., 133 ff. – Hier liegt der Schlüssel für die Lösung etwa der oben Rn. 19 und Rn. 170 erwähnten und vieler weiterer Fälle.

[205] Vgl. nur *Jäger*, BT, Rn. 440, 443; *Lackner/Kühl*²⁶, § 267 Rn. 20; *Wessels/Hettinger*, BT 1³², Rn. 842 (§ 18 IV 1).

Der insoweit in Wahrheit urkundenstrafrechtlich allein betroffene Rechtsgüterschutzaspekt ist demgegenüber sachgerecht in § 274 Abs. 1 Nr. 1 – also bei der **Urkundenunterdrückung** – zu verorten.[206]

Das auch für die Verwirklichungsform des Verfälschens notwendige Herstellen einer unechten Urkunde durch den nach Verlust der Dispositionsbefugnis abändernden Aussteller selbst lässt sich – entgegen *Sax*[207] – nicht etwa mit der Erwägung annehmen, eine **Identitätstäuschung** über den Aussteller sei trotz realer Personenidentität möglich, wenn man nur die normativ maßgebliche (Personen-)**Identität zeitpunktbezogen** verstehe – mithin davon ausgehe, dass der Aussteller nach Verlust der Dispositionsbefugnis **nicht mehr derselbe** sei.[208] **188**

Zwar mag die Grenze zwischen bloßer schriftlicher Lüge ohne Identitätstäuschung und unter dem Aspekt des Echtheitsschutzes relevanter Identitätstäuschung über den Aussteller problematisch und insbesondere die letzte Fallgruppe nicht unbedingt davon abhängig sein, dass eine andere reale Person als Aussteller erscheint.[209] Indessen zeigt eine einfache Kontrollüberlegung das **Fehlen einer Identitätstäuschung** im normativ maßgeblichen Sinne in den hier interessierenden Fällen: Zerreißt der Aussteller eine Urkunde nach Verlust der Dispositionsbefugnis, statt deren Inhalt zu verändern, und produziert er eine neue mit **falschem Errichtungsdatum** – was u. U. sogar leichter fallen kann als eine Veränderung der alten (!) –, so liegt das Fehlen einer Identitätstäuschung durch die neu errichtete Urkunde auf der Hand.[210] Denn das – enttäuschte – **Vertrauen in den Zeitpunkt der Errichtung** kann schwerlich als für § 267 spezifisch aufgefasst werden, will man nicht jede schriftliche Lüge als Herstellung einer unechten Urkunde auffassen **189**

---

[206] Sachlich übereinstimmend etwa *Erb*, in: MünchKommStGB, § 267 Rn. 189 ff.; *Heghmanns*, BT, Rn. 1379 f.; *Otto*, BT7, § 70 Rn. 49, jew. m. w. N. – Dazu, dass § 274 Abs. 1 Nr. 1 *durchweg* zur angemessenen Erfassung des insoweit aufweisbaren Unrechts in der Lage ist, vgl. näher unten Rn. 292 f.; s. ergänzend die Nachw. bei *Küper*, BT7, S. 338 ff. (Stichwort: Urkunde, Verfälschen).

[207] *Sax*, FS Peters, S. 137, 149 ff.

[208] *Sax*, a. a. O., S. 137, 151 f. ist insofern konsequent, als er bei nachträglicher Manipulation des Errichtungszeitpunkts unabhängig davon zu einer unechten Urkunde gelangt, ob *ansonsten* inhaltlich die Wahrheit bekundet wurde (*eine* schriftliche Lüge ist ja vorhanden: die über den Errichtungszeitpunkt).

[209] Erinnert sei an den Fall des Geschäftsunfähigen, der einen Vertrag unterzeichnet oder dazu veranlasst wird; vgl. dazu oben Rn. 157 – 159.

[210] Das anerkennt auch *Sax*, FS Peters, S. 137, 151 Fn. 26 a. E., der seine eigene Unterscheidung selbst als vielleicht spitzfindig anmutend kennzeichnet, aber aus der Zufälligkeit, ob der Aussteller ganz neu produziert oder auf Vorhandenes zurückgreift, keinen Einwand gegen sein Konzept ableiten möchte.

– was gegenwärtig wohl niemand ernsthaft in Erwägung zieht.[211] Der Zeitpunkt der Errichtung kann insoweit nicht anders eingeschätzt werden als andere schriftliche Lügen, zu denen sich ihr Aussteller gerade bekennt. Im Grunde ließe sich jede schriftliche Lüge irgendwie in Relation zu ihrem Aussteller bringen und könnte auf diese Weise dessen Identität als betroffen aufgefasst werden.

190 Wenn beispielsweise **A der Wahrheit zuwider schriftlich behauptet**, er sei an einem **bestimmten Ort gewesen**, so könnte man dann auch sagen, die als Aussteller erscheinende Person sei gar nicht mit A identisch, weil sie sich (scheinbar) an dem betreffenden Ort aufgehalten habe; usw.[212] Für die normativ maßgebliche Identitätstäuschung ist aber mehr vonnöten: Es muss ein **Interesse** gerade an **korrekter Zuordnung** einer **Erklärung** zu einem bestimmten Erklärenden als **Garanten der Erklärung** betroffen sein. Daran fehlt es, wenn der entsprechende Zuordnungstatbestand korrekt ist (weil der betreffende Aussteller für seine Lüge in vollem Umfang einstehen muss und auch als solcher „greifbar" ist) und man nur deshalb enttäuscht wird, weil man auf einen **unzuverlässigen Aussteller** trifft.

191 Die – einzige – Besonderheit des Verfälschens einer echten gegenüber dem (schlichten) Herstellen einer unechten Urkunde ist vor diesem Hintergrund nicht das *Produkt* der Tathandlung, sondern dessen **„Ausgangsmaterial"**, das seinerseits den Anforderungen genügen muss, die an eine *echte Urkunde* zu stellen sind. Dem Verfälschen ist damit aber jedenfalls nicht selten[213] auch das Unrecht der **Urkundenunterdrückung** zu eigen.[214] Deshalb geht diese Verwirklichungsform der Urkundenfälschung nach allgemeinen **Konkurrenzregeln** der tatbestandlich an sich eingreifenden Urkundenunterdrückung vor. Entsprechendes gilt für das Verhältnis zum Herstellen einer unechten Urkunde. Auch insoweit ist die Verwirklichungsform des **Verfälschens** als die mit dem am weitesten reichenden Unrechtsgehalt[215] durch eine **vorrangige speziellere Norm** geregelt.

---

[211] Auch *Sax* nicht; vgl. die vorhergehende Fn.
[212] In der Sache wie hier z. B. *Otto,* JuS 1987, 761, 769.
[213] Anders verhält es sich, wenn die als „Ausgangsmaterial" dienende echte Urkunde dem Täter „ausschließlich gehört", so dass kein fremdes Beweisführungsrecht beeinträchtigt wird; vgl. dazu den Fall der Anbringung des Stempelabdrucks auf dem präparierten Entwerterfeld eines Fahrscheins (oben FALL 34; dazu auch unten Rn. 287 f.).
[214] Näher zu diesem Unrecht noch unten 3. Teil III (Rn. 275 – 298).
[215] Außer dem Herstellen einer unechten Urkunde liegt auch noch das Unterdrücken einer echten vor; ob und inwieweit sich dies strafzumessungsrechtlich auf die

Vor diesem Hintergrund erweist sich die Annahme als unzutreffend, die **192**
Aufnahme der Verwirklichungsform des **Verfälschens** in das Gesetz sei nur
dann sinnvoll, wenn sie nicht nur die Herstellung unechter Urkunden umfasse, sondern auch die Fälle der nachträglichen **Änderung durch den Aussteller** nach Verlust der Dispositionsbefugnis, und zwar **als eigenständige Fallgruppe**.[216] Tatsächlich hat die spezielle Begehungsform des Verfälschens die wichtige Funktion, das zusätzlich zum Herstellen einer unechten Urkunde gegebene **Unrecht der Urkundenunterdrückung im Schuldspruch** angemessen zum Ausdruck zu bringen (Gedanke der „**Schuldspruchadäquität**"[217]). Ohne die Verwirklichungsform des Verfälschens müsste der Schuldspruch umständlicher wegen **tateinheitlicher Herstellung der unechten und (!) Unterdrückung der echten Urkunde** erfolgen. Das Verfälschen als **spezielle Tatbestandsverwirklichungsform** löst daher auf elegante Weise ein sich sonst ergebendes Konkurrenzproblem.

Im Übrigen ist es durchaus **nichts Ungewöhnliches**, wenn das Gesetz im **193**
Interesse einer anschaulichen, lebensnahen Schilderung einer **phänotypisch wichtigen Fallgruppe** etwas ausdrücklich erwähnt, obwohl diese Erwähnung nach zutreffender normativer Sicht eigentlich unnötig – weil Selbstverständliches betreffend – erscheint. Man denke hier etwa an die „**eigentlich unnötige**" Erwähnung der **Waffe** in § 224 Abs. 1 Nr. 2 neben dem Begriff des **gefährlichen Werkzeugs** oder an das ebenfalls eigentlich überflüssige Nennen des **Ankaufens** in § 259 Abs. 1, das nur einen Unterfall des **Sich-Verschaffens** bildet. Normative Schlussfolgerungen in Bezug auf die spezielle Konstellation der „Ausstellerverfälschung" erweisen sich deshalb auch unter diesem Aspekt als verfehlt.

Mit einer Urkundenfälschung in der Form des Verfälschens einer echten **194**
Urkunde hat man es nach allem Bisherigen zwar in dem Fall der **Manipula-**

Strafhöhe auswirkt, ist damit aber noch nicht ausgemacht. – Näher zum Verhältnis der verschiedenen Begehungsformen noch unten 2. Teil VI (Rn. 228 – 234).
[216] Zu diesem problematischen „Argument" vgl. etwa *Wessels/Hettinger*, BT 1[32], Rn. 848 (§ 18 IV 2) (wo allerdings die Frage der Überflüssigkeit des Verfälschungstatbestandes immerhin als klärungsbedürftig angesehen wird); *Geppert*, Jura 1990, 271, 272.
[217] Zum grundlegenden Erfordernis der inhaltlichen Entsprechung von Schuldspruch und straffundierenden Daten näher *Freund*, Erfolgsdelikt und Unterlassen, S. 109 ff. et passim.

tion von **Preisetiketten** (**FALL 16**)[218], nicht aber in den **Fällen des Lehrers** (**FALL 36**)[219] und des **Bierkutschers** (**FALL 8**)[220] zu tun, soweit deren *eigene* Erklärung in Frage steht.

195 In den beiden zuletzt genannten Fällen kann das entsprechende **Verfälschungsunrecht** allerdings dann verwirklicht sein, wenn zugleich eine – die Merkmale des Urkundenbegriffs erfüllende – **verkörperte Erklärung** eines anderen (der **Schüler** oder der **Wirtin**) so verändert wurde, dass in Bezug auf diese Erklärung eine Identitätstäuschung über den Aussteller vorliegt. Das ist gut begründbar im **Lehrer-FALL 36** (die Erklärungen mit den Zusatzfehlern stammen entgegen dem erzeugten Anschein nicht von den Schülern),[221] aber auch im **Bierkutscher-FALL 8** immerhin denkbar (sofern wegen der Verwahrung des Bierbuches und einer etwaigen Kontrolle der Eintragungen des B durch die **Wirtin** diese als **Mitausstellerin** angesehen werden kann; die Beantwortung dieser Frage hängt von den näheren Umständen ab).

195a **FALL 36a:** A hatte das **Nummernschild** seines Autos unter Verwendung einer **weißen Folie** so **überklebt**, dass anstelle der ursprünglichen Buchstaben- und Zahlenkombination **MR AL 123** die seines wenig geschätzten Nachbarn B erschien: **MR AI 123**. A wurde in der folgenden Zeit mit dem so präparierten Kennzeichen mehrfach **geblitzt**.

195b **VARIANTE: A** überklebte das Nummernschild auf dieselbe Weise mit einer transparenten „**Antiblitzfolie**", die nur unter **bestimmten Lichtverhältnissen** und auf den **Radarfotos** die Kennzeichenfolge **MR AI 123** erscheinen ließ.[222]

195c Im **Fall 36a** kommt zunächst ein **Verfälschen** einer **echten Urkunde** in Betracht. Das Nummernschild stellt – in Verbindung mit dem Pkw als Bezugsobjekt – eine zusammengesetzte Urkunde dar. Bewiesen und garantiert wird durch die feste Verbindung von Auto und Nummernschild, dass

---

[218] Ebenso zu einem entsprechenden Fall *Wessels/Hettinger,* BT 1[32], Rn. 840, 845 (§ 18 IV 1) m. w. N.
[219] Insoweit offengelassen in BGHSt 17, 297, 299.
[220] Anders jedoch RGSt 51, 36, 38 f.
[221] I. d. S. auch BGHSt 17, 297, 298.
[222] Zu in der entscheidenden Hinsicht anders gelagerten Fällen s. BGHSt 45, 197 ff. (bloße Beeinträchtigung der Lesbarkeit ohne Änderung des Erklärungsinhalts); *Böse,* NStZ 2005, 370, 373 f. (Rechtsprechungsübersicht); *Heinrich,* Kriminalistik 2006, 758 f.; *Kindhäuser,* LPK[3], § 267 Rn. 51; *Walter/Uhl,* JA 2009, 31 ff., jew. m. w. N. – In diesen Fällen ist letztlich auch eine Urkundenunterdrückung abzulehnen, weil das für § 274 Abs. 1 Nr. 1 erforderliche Recht eines anderen *zur* Beweisführung fehlt. Zur wichtigen Differenzierung zwischen dem Recht *zur* Beweisführung und dem bloßen Recht *auf* Beweisführung näher unten Rn. 288.

dieser Pkw mit diesem amtlichen Kennzeichen ordnungsgemäß zugelassen wurde und damit am Straßenverkehr teilnehmen darf[223] – nicht dagegen, dass das Nummernschild immer gut ablesbar sein wird.[224] Indem A **durch** das **nachträgliche Aufbringen** der deckenden Folie die **inhaltliche Aussage** des Kennzeichens so **verändert**, dass sich dieses auf den Wagen des B zu beziehen scheint, **täuscht** er über die **Identität** des **Ausstellers** dieser Erklärung. Die ursprünglich echte Urkunde wird durch Verfälschen (nachträgliche unbefugte Änderung des Inhalts der Erklärung) zu einer **unechten Urkunde**. A beschränkt bzw. verhindert gerade nicht nur die (gute) Ablesbarkeit der ursprünglich echten Urkunde, sondern er produziert eine neue Erklärung, die er der Zulassungsstelle „unterschiebt".

Aufgrund des „**Geblitztwerdens**" ist überdies das (mehrfache) **Herstellen** einer **unechten Urkunde** zu prüfen. Als unechte Urkunde kommt das Radarbild in Betracht, auf dem das **manipulierte Kennzeichen am Auto des A erkennbar** ist und das den falschen Eindruck erweckt, nicht mit dem Pkw des A, sondern mit dem des B sei die erlaubte Geschwindigkeit überschritten worden. A hat die **Entstehung** des **Radarbildes** in seiner konkreten Gestalt (mit-)**bewirkt**. Dass insoweit ein **vermittelndes Verhalten anderer** Personen im Spiele ist, steht jedenfalls wegen deren Unkenntnis, dass es sich bei dem auf dem Foto festgehaltenen Objekt um eine unechte Urkunde handelt, der **Verantwortlichkeit des A** für die **Erzeugung** des Fotos *als* **unechte Urkunde** nicht entgegen. Die entscheidende Frage ist, ob das entstandene Bild von dem Auto mit manipuliertem Nummernschild als **Abbild** einer **unechten Urkunde seinerseits** eine **unechte Urkunde** darstellt oder aber als bloßes – nicht dem Schutzbereich des § 267 unterfallendes – Augenscheinsobjekt aufzufassen ist.[225] Problemkreis und Argumentation decken sich weitgehend mit der Fragestellung, ob **Fotokopien von Urkunden** (generell) **Urkundsqualität** aufweisen. Es kommt also auch in diesem Zusammenhang allein darauf an, welcher Person die Erklärung – hier die auf dem Nummernschild (in Verbindung mit dem Pkw) ausgewiesene Erklärung der Zulassungsstelle – rechtlich zuzuordnen ist. Unter ratio-Aspekten angemessen ist es, nicht auf die Person des Fotografierenden abzustellen, sondern darauf, dass normativ gesehen die **Zulassungsbehörde auch auf** dem **Radarfoto** als **Aussteller** der in Frage stehenden Zulassungserklärung erscheint. Diese hat jedoch den (abgebildeten) Wagen des A gerade nicht mit dem auf dem Abbild auftauchenden Kennzeichen des B zugelassen.

195d

---

[223] S. dazu nur BGHSt 45, 197, 200.
[224] So mit Recht BGHSt 45, 197, 200.
[225] Näher zu dieser Problematik Rn. 99, 102, 127 – 130, 195d, 197, 202 – 204; ergänzend Rn. 272a ff., 278a ff.

Bei der die Bußgelder eintreibenden Stelle stellt sich das auf dem Foto aber so dar (**Identitätstäuschung**).

195e Geht man zutreffend davon aus, dass Fotokopien und Fotografien unechter Urkunden immer ebenfalls die Anforderungen an unechte Urkunden erfüllen, erledigen sich gewisse **Folgeprobleme**, mit denen die **Gegenposition** zu kämpfen hat. Diese muss sich nämlich damit auseinandersetzen, ob nicht vielleicht die Anfertigung der konkreten Fotokopie oder Fotografie ihrerseits als vom **Anscheinsaussteller** der abgebildeten **Original-Urkunde** autorisiert anzusehen ist. Denn unter diesen Umständen besitzt die konkrete Erklärungsverkörperung (unter der gedachten Voraussetzung ihrer Echtheit) als **autorisiertes Abbild** nach wohl allgemeiner Auffassung **Urkundsqualität**.[226] Von diesem Ausgangspunkt aus stellt sich mit Blick auf den bei Geschwindigkeitsüberschreitungen fotografierten Wagen des A die Frage, ob solche **Aufnahmen** von der **Zulassungsstelle** nicht zumindest **konkludent autorisiert** sind. Jedenfalls hat die Zulassung zumindest auch die Funktion, solche Lichtbild-Aufnahmen zu ermöglichen und so zur Überführung von „Verkehrssündern" beizutragen.

195f Im **FALL 36a gebraucht** A überdies eine **verfälschte Urkunde** durch sein Fahren mit manipuliertem Nummernschild. Entsprechendes wird man mit Blick auf die Erzeugung der Radarfotos anzunehmen haben, die schon im Zeitpunkt ihrer Bewirkung dem zu täuschenden Personenkreis zugänglich gemacht werden.[227]

195g In der **Fallvariante** des **FALLES 36a** ist die Lösung einzig dahingehend ein klein wenig erschwert, dass die zusammengesetzte Urkunde (das Nummernschild am Pkw) **nur** in gewissen Situationen – genauer: **unter bestimmten Wahrnehmungsbedingungen** (z. B. beim nächtlichen **Anleuchten** des Nummernschilds mittels einer Taschenlampe oder beim **Blitzlicht** eines Fotoapparates) – eine **Identitätstäuschung** bewirkt. Insofern spricht viel dafür, den Schutz vor unechten Urkunden auch auf solche Fälle zu erstrecken: Auch eine nur situationsabhängig verfälschte Urkunde ist in der entscheidenden Situation eine **(temporär) unechte Urkunde**, in Bezug auf die jedenfalls grundsätzlich ein rechtlich **schutzwürdiges Vermeideinteresse** besteht.

---

[226] Zur Bedeutung des Willens des Ausstellers der Vorlage als Kriterium für die Anerkennung der Urkundseigenschaft ihres Abbildes vgl. etwa *Grimm,* Die Problematik der Urkundenqualität von Fotokopien, S. 39 f.; *Welp,* FS Stree/Wessels, S. 511, 520.

[227] Zur Tatbestandsverwirklichungsform des Gebrauchens s. näher unten Rn. 196 – 205b.

> **Definition des Verfälschens einer echten Urkunde:** 195h
> **Verfälschen** ist jede nachträgliche unbefugte Änderung der in einer echten Urkunde enthaltenen Erklärung, sofern dadurch eine unechte Urkunde entsteht.

Selbstverständlich bedarf es auch hier wieder für die **Tatbestandsmäßig-** 195i
keit des **Verfälschens** i. S. des § 267 **überdies** der entsprechenden rechtlichen **Verhaltensmissbilligung**.[228]

3. Gebrauchmachen von einer unechten oder verfälschten Urkunde

Gebraucht wird eine unechte oder verfälschte Urkunde nach üblichem 196
Verständnis, wenn sie **dem zu Täuschenden in der Weise zugänglich gemacht** wird, dass er die **Möglichkeit der Kenntnisnahme** besitzt.[229]

FALL 37: A legte einem **Bewerbungsschreiben** ein **gefälschtes Arbeits-** 197
zeugnis der Firma W sowie die **Fotokopie** eines im Datum **verfälschten polizeilichen Führungszeugnisses** bei.

FALL 38: A fuhr längere Zeit mit einem **Pkw**, dessen **Kennzeichen ge-** 198
fälscht waren, ohne je kontrolliert zu werden.

Gegenstand des Gebrauchens kann nicht nur nach dem klaren Wortlaut, 199
sondern auch mit Blick auf die ratio des Tatbestands (Schutz des Interesses an korrekter Indikation des wirklichen Willens des ausgewiesenen Ausstellers) nur eine **unechte** oder **verfälschte Urkunde** im oben skizzierten Sinne sein. Die Begehungsform des Gebrauchens meint sachlich nichts weiter als die praktische Umsetzung dessen, was – als gedachte Möglichkeit – schon materialer **Verbotsgrund** für die Verwirklichungsformen des **Herstellens** und des **Verfälschens** ist: die **Identitätstäuschung** über den **Aussteller** mittels eines in dieser Hinsicht irreführenden Informationsträgers.

Allerdings liegt ein **Gebrauchen** nach üblichem – mit Wortlaut und ratio 200
durchaus in Einklang stehenden – Verständnis bereits dann **in vollendeter Form** vor, wenn wegen der durch das tatbestandsmäßige Verhalten eröffneten **Möglichkeit der Kenntnisnahme** von dem Falsifikat die mehr oder weniger konkrete *Gefahr der Irreführung* in der entscheidenden Hinsicht besteht.

---

[228] Zu diesem allgemeinen Straftaterfordernis näher *Freund,* AT², § 1 Rn. 12 ff., § 2; *ders.,* in: MünchKommStGB, vor § 13 Rn. 118 ff., 133 ff.

[229] Vgl. nur BGHSt 36, 64, 65 f.; *Heghmanns,* BT, Rn. 1381; *Küper,* BT⁷, S. 328 f. (Stichwort: Urkunde, Gebrauchen); *Lackner/Kühl*²⁶, § 267 Rn. 23; *Wessels/Hettinger,* BT 1³², Rn. 851 (§ 18 V 1).

Dabei ist nochmals konkretisierungsbedürftig, wann genau ein solcher ausreichender **„Erfolgssachverhalt"** des Gebrauchmachens von einer unechten oder verfälschten Urkunde vorliegt. Auf eine tatsächliche Irreführung kommt es jedenfalls nicht an; vielmehr genügt es, wenn die Möglichkeit der Kenntnisnahme seitens des zu Täuschenden eröffnet und so ein hinreichend gewichtiger **„Gefahrerfolg"** geschaffen wird.[230]

201 Strukturell geht es insoweit um den mehr oder weniger tauglichen *Versuch der Täuschung* mittels eines in puncto Aussteller irreführenden Informationsträgers, der nach dem Tatbestandszuschnitt des § 267 formal bereits als **vollendetes Delikt** ausgestaltet ist. Ganz entsprechend liegt es ja auch bei den Begehungsformen des **Fälschens** und des **Verfälschens**, die im Verhältnis zu den letztlich tangierten Rechtsgüterschutzinteressen sachlich bloße **Vorbereitungshandlungen** darstellen, aber formal als **vollendetes Delikt** konstruiert sind. Auf einer gedachten Skala der Nähe zu den durch ein entsprechendes Verbot zu vermeidenden Interessenbeeinträchtigungen liegt so gesehen das **Gebrauchen** allemal **„verletzungsnäher"** als das **Fälschen** oder **Verfälschen**. Deshalb werden beim Gebrauchen die aufweisbaren **Legitimationsgründe eines Verbots** entsprechend der größeren Verletzungsnähe auch **gewichtiger**.[231]

202 Dass für die Tatbestandserfüllung das **Falsifikat** *selbst* **zugänglich gemacht** werden muss, ist nach Wortlaut und Sinn selbstverständlich. Begreiflich wird die von manchen vorgenommene Akzentuierung dieses Erfordernisses vor dem Hintergrund der üblichen Einschätzung von (einfachen) Fotokopien, die danach keine Urkundenqualität besitzen sollen.[232] Mit Hilfe dieses akzentuierten Erfordernisses soll der – auf der Basis der üblichen Einschätzung von Fotokopien in der Tat problematische – Fall des Vorlegens der Kopie einer unechten Urkunde vom Gebrauchen der unechten Urkunde ausgeschlossen werden. Indessen ist es keineswegs ausgemacht, ob das Erfordernis des Gebrauchens der unechten oder verfälschten Urkunde *selbst* nicht auch in dem genannten Fall der **Vorlage der Kopie eines Falsifikats** noch als erfüllt angesehen werden kann – das richtet sich nach dem jeweils zugrunde gelegten **(Vor-)Verständnis des Wortes „selbst"**.[233]

---

[230] Vgl. die Nachw. in der vorhergehenden Fn.
[231] Auf die sich insoweit stellende strafzumessungsrechtliche Problematik kann hier nicht eingegangen werden. – Zur (problematischen) Vorverlagerung der Strafbarkeit durch die Urkundendelikte vgl. schon oben Rn. 8.
[232] Vgl. dazu oben Rn. 127 m. Fn. 134.
[233] Deshalb verwundert es nicht, wenn schon das RG (vgl. RGSt 69, 228, 230) auf der Basis eines akzentuierten Erfordernisses des Gebrauchs der Urkunde *selbst* keine Schwierigkeiten hatte, die Vorlage einer Fotokopie als Gebrauchen der Ur-

Der Streit kann jedoch dahingestellt bleiben, wenn man – wie hier – **Foto-** 203
kopien (von Urkunden) als solchen **Urkundenqualität** zuerkennt.²³⁴ Denn
dann ist die Vorlage eines entsprechenden Falsifikats (im FALL 37 der **Fotokopie** des im Datum **verfälschten Führungszeugnisses**²³⁵) ohne Zweifel
ein **Gebrauchen der unechten Urkunde selbst.**

Unumstrittene Fälle des Gebrauchens sind insbesondere solche, in denen 204
das **Falsifikat** dem zu Täuschenden **ausgehändigt** wird – ohne Rücksicht
darauf, ob er tatsächlich Einsicht in das Falsifikat nimmt. Im FALL 37 kommt
es deshalb nicht darauf an, ob jemand das gefälschte Arbeitszeugnis und die
Führungszeugniskopie gelesen hat. Andererseits wird beispielsweise ein
gefälschter **Führerschein** noch **nicht** durch das **bloße Beisichführen**
während einer Fahrt mit dem Kraftfahrzeug i. S. des § 267 „gebraucht".

Die lediglich abstrakte Möglichkeit einer Verkehrskontrolle, bei der das 205
Falsifikat vorgelegt werden soll, reicht nach geläufiger Einschätzung als
„Erfolgsunwert" nicht aus.²³⁶ Vielmehr muss dafür das **Falsifikat** in den
Machtbereich des zu Täuschenden gelangt sein.²³⁷ Dass in dieser Hinsicht üblicherweise ein relativ weites Verständnis des Machtbereichs zugrunde
gelegt wird, zeigt die Einstufung des FALLES 38, in dem jemand ein **Kraftfahrzeug** mit einem **gefälschten Kennzeichen** benutzt, als **vollendetes**

---

kunde selbst aufzufassen; so etwa auch BGHSt 5, 291; BGH NJW 1978, 2042,
2043; vgl. zum insoweit vorhandenen Streit etwa *Zieschang,* in: LK¹², § 267
Rn. 217; ferner *Küper,* BT⁷, S. 329 f. (Stichwort: Urkunde, Gebrauchen); *Meyer,*
MDR 1973, 9, 11 f.; *Otto,* JuS 1987, 761, 769 f.; *Puppe,* Jura 1979, 630, 640; *Wes-
sels/Hettinger,* BT 1³², Rn. 852 (§ 18 V 1), jew. m. w. N. – Zu dem entsprechenden
Problem des Gebrauchens bei § 281 näher *Hecker,* GA 1997, 525, 534 ff.

²³⁴ Näher dazu oben Rn. 127 m. Fn. 136 sowie FALL 20.
²³⁵ Sollte A selbst die Fotokopie angefertigt haben, hat er dadurch bereits die
Voraussetzungen des Herstellens einer unechten Urkunde verwirklicht; näher
zum Verhältnis der Verwirklichungsformen des Herstellens und des Gebrauchens
unten 2. Teil VI (Rn. 228 – 234).
²³⁶ I. d. S. etwa BGH GA 1973, 179; StV 1989, 304; vgl. auch *Heinrich,* Kriminalistik
2006, 758, 760.
²³⁷ Instruktiv dazu BGHSt 36, 64, 65 ff. m. Anm. *Puppe,* JZ 1989, 596. – Zum
(scheinbaren) Problem des „Gebrauchens", wenn jemand einen Führerschein, in
dem an die Stelle der Klasse 4 eine gefälschte Eintragung der Klasse 3 gesetzt ist,
bei der Benutzung eines für die Klasse 4 zugelassenen Fahrzeugs einem kontrol-
lierenden Polizeibeamten vorzeigt, vgl. BGHSt 33, 105 m. Anm. *Kühl,* JR 1986,
297; vgl. auch *Otto,* JuS 1987, 761, 770; *Weber,* Jura 1982, 66, 73 ff.; tatsächlich
dürfte es insoweit jedenfalls vorrangig um die Frage der „Echtheit" des Führerscheins *insgesamt* gehen (zur notwendigen Täuschungsfunktion des Verhaltens vgl.
Puppe, JZ 1986, 938, 947 f. sowie noch unten 2. Teil V [Rn. 212 – 227]).

Gebrauchmachen.²³⁸ Über die Berechtigung dieser Einschätzung lässt sich wohl trefflich streiten. Jedenfalls dürften die Voraussetzungen eines **strafbaren Versuchs** in einem solchen Fall vorliegen.²³⁹

205a

> **Definition des Gebrauchmachens von einer unechten oder verfälschten Urkunde:**
> Eine unechte oder verfälschte Urkunde **gebraucht**, wer die Gefahr der Irreführung über die Identität des Ausstellers schafft, indem er sie dem zu Täuschenden so zugänglich macht, dass dieser von ihr Kenntnis nehmen kann.

205b Ein **tatbestandsmäßiges Gebrauchmachen** i. S. des § 267 erfordert – wie bei jeder Straftat²⁴⁰ – **zusätzlich** eine entsprechende rechtliche **Verhaltensmissbilligung**.

IV. Tatbestandsvorsatz

206 Der Täter einer Urkundenfälschung muss diese Tat nach der allgemeinen Regel des **§ 15 vorsätzlich** begehen. Die nähere Bestimmung der Kriterien einer entsprechenden Vorsatztat hat sich an den allgemeinen Kriterien **vorsätzlich-tatbestandsmäßigen Verhaltens** bzw. der **vollendeten Vor**satztat zu orientieren.²⁴¹ Vorsatz*gegenstand* ist danach das **tatbestandsmäßige Verhalten** in seiner spezifischen **Risikodimension**. Diese muss i. S. eines rechtverstandenen Wissens erfasst sein, damit von vorsätzlichem Handeln (oder Unterlassen) gesprochen werden kann.

---

[238] BGHSt 18, 66, 70 f. – Von der Problematik der unechten Urkunde in einem solchen Fall und deren Verhältnis zum eigenständig erfassten Kennzeichenmißbrauch nach § 22 StVG soll an dieser Stelle abgesehen werden, vgl. dazu oben Rn. 80 m. Fn. 64.

[239] Deshalb geht es nicht mehr um das Ob der Bestrafung in einem solchen Fall, sondern – natürlich nicht unwichtig – nur noch um den korrekten Schuldspruch und um die Strafrahmenentscheidung; näher zur Frage der zu gewährenden Versuchsmilderung *Frisch*, FS Spendel, S. 381 ff. (S. 407 ff. auch mit Blick auf Delikte wie § 267).

[240] Näher dazu etwa *Freund*, Erfolgsdelikt und Unterlassen, S. 51 ff.; *ders.*, in: MünchKommStGB, vor § 13 Rn. 118 ff., 133 ff.

[241] Grundlegend zur ratio der Vorsatzbestrafung und zum daraus abzuleitenden Verständnis des Gegenstands und des Inhalts des Vorsatzes *Frisch*, Vorsatz und Risiko, 1983. – Aus der Lehrbuchliteratur näher dazu etwa *Freund*, AT², § 7 Rn. 35 ff., 115 ff.

> **Definition vorsätzlichen Verhaltens:** 206a
> Vorsätzlich handelt oder unterlässt, wer die Umstände kennt, welche die nicht gerechtfertigte Tatbestandsverwirklichung begründen.[242]
> **Definition der Anforderungen an eine vollendete Vorsatztat:**
> Die vollendete Vorsatztat erfordert, dass sich im Erfolgssachverhalt die spezifische Gefährlichkeit des vorsätzlich-tatbestandsmäßigen Verhaltens realisiert.[243]

Für das **Vorsatz-Unrecht des § 267** heißt das: Der Täter muss zuallererst 207 erfasst haben, dass er eine unechte Urkunde herstellt, eine echte verfälscht bzw. ein solches Falsifikat gebraucht. Dabei bedarf es selbstverständlich **keiner Subsumtion** des eigenen Verhaltens unter die **Gesetzesbegriffe**. Es genügt, wenn der Täter sachlich erfasst, dass er einen in der entscheidenden Hinsicht (**in puncto Aussteller**) **irreführenden Informationsträger** (ggf. aus einem korrekten) **produziert** oder (dem zu Täuschenden) **zur Kenntnis bringt**[244] – genauer: er muss den materialen Verbotsgrund seines Verhaltens klar vor Augen haben und dennoch handeln! Daran fehlt es, wenn – wie im folgenden Fall – auch nur ein dem **tatbestandlichen Missbilligungsurteil** zugrundeliegendes **essentiales Moment** verkannt wird.

FALL 39: **Tourist A** radierte in **Unkenntnis der Gepflogenheiten** in 208 deutschen Gastwirtschaften aus Langeweile einen der für ihn merkwürdigen **Striche der Kellnerin** auf dem **Bierfilz** aus, der angeben sollte, wieviel der Gast getrunken hat.

A ist nicht wegen (vorsätzlicher) Urkundenfälschung strafbar, weil ihm die 209 **Bedeutung** seines Verhaltens für **urkundenspezifische Rechtsgüterschutzinteressen verborgen** bleibt: Er weiß bereits nicht, dass die Striche überhaupt Erklärungen perpetuieren (sollen) – seien es solche der Kellnerin oder seien es gar seine eigenen.

Auf der anderen Seite erfüllt der mit der Bedeutung der Striche auf dem 210 Bierfilz Vertraute die Voraussetzungen vorsätzlichen Handelns auch dann, wenn er niemals ernsthaft in Erwägung gezogen haben sollte, dass **Striche auf einem Bierfilz** eine „**Urkunde**" **i. S. des Strafrechts** sein könnten. Vorgeworfen wird ihm ja **nicht**, dass er seine Tat nicht unter die Gesetzesbegriffe **subsumiert** hat, sondern sein Tun in voller Kenntnis der Bedeutung

---

[242] S. zu dieser Definition bereits *Freund,* FS Küper, S. 62, 82.
[243] Näher zur Herleitung dieser Definition *Freund,* AT², § 7 Rn. 115 ff., 146a.
[244] Im Allgemeinen wird die insofern nötige Erfassung umschrieben als sogenannte „Parallelwertung in der Laiensphäre"; näher zur Bedeutung und Kritik dieser Formel *Frisch,* in: Rechtfertigung und Entschuldigung III, S. 217, 256 ff., 278 ff.

seines Verhaltens für die sub specie § 267 relevanten Rechtsgüterschutzinteressen (im Beispielsfall verletzt durch die **Verfälschung der Erklärung der Kellnerin**[245]).

211 Freilich taucht an dieser Stelle noch ein **gewichtiges Problem** auf: Die für eine **Vorsatztatbestrafung** erforderliche **Erfassung** dessen, was das Verhalten für die sub specie § 267 relevanten Rechtsgüterschutzinteressen bedeutet, lässt sich beim Gebrauchen, aber auch beim Fälschen und Verfälschen nicht allein darauf reduzieren, dass dem Betreffenden klar ist, dass er **fälscht, verfälscht** oder ein **Fälschungsfabrikat gebraucht**. Wenn jemand beispielsweise Bilder bekannter Maler fälscht, um sie bei sich in der Wohnung aufzuhängen, oder solche gefälschten Bilder *als Falsifikate* an entsprechende Liebhaber verkauft, verwirklicht er in keiner Weise das spezifische Unrecht der Urkundenfälschung. Wer das tut und **darum weiß**, handelt deshalb auch **nicht vorsätzlich** in Bezug auf die Verwirklichung eines **Unrechtstatbestands**. Seine Unrechtsrelevanz erhält ein solches Verhalten vielmehr erst, wenn es nach dem konkreten Kontext eine objektiv bestimmbare spezifische Funktion besitzt. Denn für das **spezifische Missbilligungsurteil** der Urkundenfälschung reicht allein die Produktion oder der Gebrauch einer unechten Urkunde nicht aus. Vielmehr muss dafür ein tatsächliches **Gefahrenmoment** – im Sinne einer ganz bestimmten Schädigungsmöglichkeit – hinzukommen: **Produktion** oder **Gebrauch** einer **unechten Urkunde** müssen der **(rechtlich missbilligten) Täuschung des Rechtsverkehrs dienen** – und diese Funktion muss der Täter der Urkundenfälschung hinreichend **erfasst haben**, um das ganz „normale" Vorsatzerfordernis zu erfüllen.

211a Damit sind wir der Sache nach aber wieder bei dem **allgemeinen Straftaterfordernis** der (grundsätzlichen) **tatbestandlichen Verhaltensmissbilligung**[246] angelangt, das bei den Tatbestandsverwirklichungsformen des Fälschens, des Verfälschens und des Gebrauchens oft vernachlässigt wird. Das gleiche **Defizit** findet sich übrigens auch noch in anderen Deliktsbereichen. So wird beispielsweise beim **Betrug** als **tatbestandsmäßige Täuschung** nicht selten noch immer „jede (!) irreführende Einwirkung auf die Vorstellung eines anderen" aufgefasst. Mit Recht rügt *Jakobs* insofern die „**krasse Fehlentwicklung**", nach der man meinte, „die **Täuschung** beim Betrug duch die **Kundgabe unwahrer Tatsachen** definieren zu können",

---

[245] Soweit eine eigene Erklärung des Gastes in Frage steht, greift nach richtiger Auffassung „nur" § 274 Abs. 1 Nr. 1; vgl. ergänzend oben 2. Teil I 2 (Rn. 29 – 40), Rn. 126 m. Fn. 133, Rn. 187 – 190 sowie unten Rn. 281 ff., 293.

[246] Zu diesem Erfordernis jeder Straftat vgl. nur *Freund*, in: MünchKommStGB, vor § 13 Rn. 118 ff., 134 ff. m. w. N.

und dann vor dem Problem stand, „den **Verkäufer**, der sein **vorletztes Angebot** bereits als sein **letztes** bezeichnet, auf unklaren Wegen vor der offenbar **unverdienten Betrugsstrafe** bewahren zu müssen."[247]

Ohne eine selbständige Bewertung bestimmten Verhaltens als (grundsätzlich) **tatbestandlich-missbilligtes Verhalten** ist bei keiner Straftat auszukommen. Unter diesem Blickwinkel wirkt der geschäftstüchtige Verkäufer zwar irreführend auf die Vorstellung des potentiellen Vertragspartners ein, er verhält sich aber schon nicht tatbestandlich-missbilligt i. S. des Betrugstatbestandes. Das zeigt sich, wenn man die jeweiligen **Verantwortungsbereiche** angemessen bestimmt. Die entsprechende **Verhaltensbewertung** darf selbstverständlich auch **bei § 267 nicht fehlen**. Tatbestandsmäßig ist nicht jedes Herstellen, Verfälschen oder Gebrauchen, sondern nur ein solches Herstellungs-, Verfälschungs- oder Gebrauchsverhalten, das gegen eine spezifische rechtliche **Verhaltensnorm verstößt**.[248] 211b

Diese **Verhaltensbewertung** wird bisher meist noch bei dem Merkmal des **Handelns „zur Täuschung im Rechtsverkehr"** vorgenommen, das man üblicherweise dem sog. „subjektiven Tatbestand" zurechnet. Indessen taugt eine solche Vorgehensweise nur als **vorübergehende Notlösung**, über deren Charakter man sich jedenfalls im Klaren sein sollte. Andernfalls bekommt man Fälle wie den folgenden nicht angemessen in den Griff: 211c

FALL 39a: Der **Verteidiger V** des A legte dem Gericht zur Entlastung seines Mandanten kommentarlos eine (gefälschte) **Urkunde** vor, obwohl er deren **Unechtheit als möglich erkannt** und **in Kauf genommen** hat, dass sein **Mandant das Gericht täuschen** möchte.[249] 211d

Im FALL 39a des Verteidigers stellt sich nicht etwa – wie man meinen könnte – ein Vorsatzproblem. Vielmehr ist das **Verhalten des Verteidigers** bei einem angemessenen Zuschnitt der **Verantwortungsbereiche** nicht als Gebrauch einer unechten Urkunde rechtlich missbilligt, sondern **rechtlich erlaubt**. Ein rechtliches Verbot seines Verhaltens kommt nicht ernsthaft in Betracht. Denn der Verteidiger würde seiner **spezifischen Aufgabe** nicht 211e

---

[247] *Jakobs*, Urkundenfälschung, S. 17 f. (Hervorhebungen nicht im Original!).
[248] Zu diesem allgemeinen Straftatkriterium s. die Nachw. oben Fn. 240. – An diesem Kriterium ist auch die Lösung des von *Stein* (JR 2003, 39 ff.) diskutierten Falles festzumachen, in dem das Geburtsdatum in der Zeitkarte eines Beförderungsunternehmens für einen Diskothekenbesuch verändert wurde.
[249] S. auch den vergleichbaren Fall des Verteidigers, der ihm vom Mandanten überlassene gefälschte Urkunden unter Zweifeln an deren Echtheit dem Gericht vorlegt; vgl. dazu BGH NJW 1993, 273 ff. = NStZ 1993, 79 ff. (wo das Problem – verfehlt – bloß unter Vorsatzaspekten thematisiert wird) sowie die Anm. von *Scheffler*, StV 1993, 470 ff.

gerecht, wenn er die in der konkreten Situation als möglicherweise echt anzusehende Urkunde dem Gericht nicht vorlegte, obwohl diese seinen Mandanten entlasten könnte. Im Übrigen ist es allein **Sache des Gerichts**, den Stellenwert des vorgelegten Beweismittels zu **prüfen** und auf dieser Basis zu **entscheiden**. Der **Verteidiger** ist dafür **nicht zuständig**.

211f Die **Beurteilung** des Verteidigerverhaltens **ändert sich** erst, wenn er – um eine **Variante des FALLES 39a** zu bilden – **als sicher davon ausgehen musste**, dass es sich um eine **Fälschung** handelt. Erst unter diesen Umständen ist die mit der Weitergabe an das Gericht verbundene **Irreführungsgefahr** geeignet, ein entsprechendes **Verbot** gegenüber dem Verteidiger zu legitimieren, weil für ihn dann überhaupt **keine rechtlich zu akzeptierende Möglichkeit** mehr in Frage steht, seinen **Mandanten zu entlasten**.

211g Nur in dieser **Variante des FALLES 39a** – wenn also ein tatbestandlich **missbilligtes Gebrauchen** der unechten Urkunde **bejaht** werden kann – stellt sich die **Vorsatzfrage**: Vorsätzlich hat der Verteidiger dann nur gehandelt, wenn er die für die (nicht gerechtfertigte) **Tatbestandsverwirklichung maßgeblichen Umstände** kannte. Er muss also **erkannt haben**, dass die **Urkunde nicht echt sein kann**. Ist er dagegen z. B. aufgrund einer **Fehleinschätzung** der relevanten Sachlage davon ausgegangen, dass die Urkunde **möglicherweise** doch echt ist, liegt ein **vorsatzausschließender Tatumstandsirrtum** vor.[250]

V. Erfordernis des Handelns „zur Täuschung im Rechtsverkehr"

212 Das Erfordernis des Handelns „zur Täuschung im Rechtsverkehr"[251] wird üblicherweise verstanden als **Wille**, einen anderen **über die Echtheit** (oder Unverfälschtheit) der Urkunde **zu täuschen** und ihn dadurch zu einem **rechtserheblichen Verhalten zu veranlassen**.[252] Teilweise findet sich allerdings der Hinweis darauf, dass für die Tatbestandserfüllung der Hersteller

---

[250] Zu Fällen des vorsatzausschließenden Tatumstandsirrtums näher etwa *Freund*, AT², § 7 Rn. 73 ff.
[251] Wenn § 270 der Täuschung im Rechtsverkehr die fälschliche Beeinflussung einer Datenverarbeitung im Rechtsverkehr gleichstellt, so hat dies nur deklaratorische Bedeutung; vgl. dazu *Lackner/Kühl*⁶, § 270 Rn. 1; allerdings auch *Erb*, in: MünchKommStGB, § 270 Rn. 1.
[252] Vgl. etwa *Wessels/Hettinger*, BT 1³², Rn. 836 (§ 18 III 2); ferner BGHSt 5, 149, 151; *Heghmanns*, BT, Rn. 1384; *Puppe*, in: NK², § 267 Rn. 99 ff.

nicht unbedingt vorhaben müsse, **selbst** zu **täuschen**, sondern auch ein anderer täuschen könne.²⁵³

Dabei wird nicht selten das gesetzliche Erfordernis des Handelns „zur Täuschung im Rechtsverkehr" mit dem Kriterium der **Täuschungs*absicht*** identifiziert,²⁵⁴ obwohl der **Gesetzgeber** eine **neutrale Formulierung** gewählt hat und auf diese Weise – die weiteren Überlegungen werden zeigen: durchaus sachgerecht – viele **Probleme** vermeidet, die aus anderen Zusammenhängen mit dem **Absichtsbegriff** verbunden sind.²⁵⁵ Zugegebenermaßen *kann* die gesetzliche Formulierung rein subjektiv gedeutet werden. Sie eröffnet aber ganz sicher einen Verständnisrahmen, der zumindest auch noch eine äußerlich-objektive Dimension hat. Tatsächlich erweist die genauere Betrachtung in vielfacher Hinsicht die Überlegenheit einer solchen „**gemischten**" **Konzeption** des genannten Erfordernisses. 213

Nach dem Zuschnitt des Gesetzes und aufgrund allgemeiner Regeln der tatbestandlichen Verhaltensmissbilligung²⁵⁶ reicht die aus der **Produktion von Fälschungen** resultierende **Gefährlichkeit** für ein Verbot und eine Pönalisierung noch nicht aus. Und **bloße böse Hintergedanken** können ein erlaubtes Verhalten noch nicht zu einem missbilligten machen.²⁵⁷ Deshalb muss das Erfordernis des **Handelns „zur Täuschung im Rechtsverkehr"** zumindest auch dazu dienen, eine **objektivierbare Gefahrendimension** (im Sinne einer ganz bestimmten **Möglichkeit des – weiteren – Geschehensverlaufs**) von einer Qualität zu erfassen, die es rechtfertigt, das Verhalten als grundsätzlich **tatbestandlich missbilligt** anzusehen.²⁵⁸ Hätten wir es nicht 214

---

²⁵³ Vgl. etwa das Beispiel des gewerbsmäßigen Passfälschers bei *Zieschang*, in: LK¹², § 267 Rn. 252; s. auch *Cramer/Heine*, in: Schönke/Schröder²⁷, § 267 Rn. 92; *Maurach/Schroeder/Maiwald*, BT 2⁹, § 65 Rn. 73, 76.
²⁵⁴ Unter Einschluss der Fälle des sicheren Wissens so z.B. bei *Cramer/Heine*, in: Schönke/Schröder²⁷, § 267 Rn. 91 ff.; vgl. auch *Steinmetz*, Echtheitsbegriff, S. 119; *Wessels/Hettinger*, BT 1³², Rn. 837 (§ 18 III 2); *Zieschang*, in: LK¹², § 267 Rn. 270 f. m.w.N. – Enger dagegen etwa *Hoyer*, in: SK StGB, 45. Lfg. Juli 1998, § 267 Rn. 90 ff. (Täuschungsabsicht i. e. S. erforderlich).
²⁵⁵ Vgl. dazu etwa *Gehrig*, Absichtsbegriff, 1986; *Jescheck/Weigend*, AT⁵, § 29 III 1 b.
²⁵⁶ Zum auch für die Urkundenfälschung zu beachtenden allgemeinen Straftaterfordernis der (grundsätzlichen) tatbestandlichen Verhaltensmissbilligung vgl. bereits oben Rn. 183b, 195i, 205b, 211a ff.
²⁵⁷ Näher zur Irrelevanz böser Hintergedanken bei der Schaffung sonst tolerierter Risiken *Frisch*, Verhalten, S. 46, 122 f., 216 (Fn. 238), 256 f., 283 ff., 298, 341 ff.; s. ergänzend *Freund*, Erfolgsdelikt und Unterlassen, S. 174 f.; *dens.*, AT², § 2 Rn. 13 ff., § 3 Rn. 20, § 8 Rn. 35.
²⁵⁸ Zur grundlegenden Bedeutung der aufweisbaren Möglichkeiten des schadensträchtigen Verlaufs für die Legitimation von Verhaltensnormen (im Interesse des durch sie zu erzielenden Nutzens der Normeinhaltung) *Freund*, Erfolgsdelikt und

mit einem Deliktstyp zu tun, bei dem – unter dem hier maßgeblichen Aspekt der Legitimation der Einschränkung von Handlungsfreiheit zufällig – bereits materiale Vorbereitungshandlungen als vollendete Straftat konstruiert sind, könnte überhaupt kein Zweifel aufkommen: Die **Frage nach dem** (durch richtiges Verhalten) **zu vermeidenden schadensträchtigen Verlauf** betrifft die Würdigung einer objektivierbaren Dimension des Verhaltens und Geschehens und muss deshalb einem rechtverstandenen „äußeren" Unrechtstatbestand angehören, soll dieser **Unrechtstatbestand** seinen Namen wirklich verdienen und nicht zu einem bewertungsmäßig „farblosen" Gebilde verkommen.

215 Dass mit der vorstehend skizzierten Sicht des **strafrechtlichen Unrechts** die üblicherweise gezogene Trennungslinie zwischen einem **objektiven** und einem **subjektiven Tatbestand** schwerlich in Einklang zu bringen sein dürfte (man denke nur an das parallele Beispiel des Diebstahls, bei dem die Zueignungsabsicht die spezifische Gefährlichkeit der Wegnahmehandlung indiziert), kann nicht als Gegenargument anerkannt werden. Dieser Befund sollte vielmehr Anlass sein, die herkömmliche – die richtigen Sachgedanken einer **personalen Unrechtslehre** noch immer nicht angemessen „verarbeitende" – Konzeption strafrechtlichen Unrechts zu überdenken.[259]

216 Indessen ist der hier hervorgehobene Gedanke letztlich unabhängig von der „formalen" Einordnung des Problems zu beachten: **Tatbestandsmäßiges Unrecht der Urkundenfälschung** lässt sich nur begründen, wenn gezeigt werden kann, dass das Fälschen, Verfälschen oder Gebrauchen „**zur Täuschung im Rechtsverkehr**" erfolgt. Eine entsprechende **Absicht** ist insoweit lediglich *ein* wenn auch wichtiger **Unterfall** der Konstellationen, in denen der für das **Unrecht der Urkundenfälschung** erforderliche **funktionale Bezug des Verhaltens** (in einer vom Vorsatz umfassten Weise) vorliegt. Jedoch gibt es auch Fälle, in denen weder von Absicht im engeren Sinne noch von sicherem Wissen um den entsprechenden Bezug gesprochen werden kann, in denen aber dennoch das Unrecht der Urkundenfälschung zu bejahen ist.

Unterlassen, S. 51 ff., 60 ff. et passim.; vgl. auch *dens.*, AT², § 2 Rn. 8 ff., 23 ff., § 5 Rn. 64 ff. et passim.
[259] Mit Recht kritisch zur üblichen Unterscheidung des objektiven und des subjektiven Tatbestands *Langer*, GA 1990, 435, 465 f.; *Schmidhäuser*, Festgabe Schultz (SchwZStr 94 [1977]), S. 61 ff.; s. auch *Freund*, AT², § 2 Rn. 62, 77a. – Näher zur Bedeutung der Betroffenenperspektive für die rechtliche Verhaltensmissbilligung *Freund*, GA 1991, 387 ff., 390 ff.; *ders.*, JuS 2000, 754 ff. (zu einem „äußerlich verkehrsgerechten Verhalten" als Straftat).

V. Erfordernis des Handelns „zur Täuschung im Rechtsverkehr" 87

Man denke beispielsweise an den **berufsmäßigen Fälscher**, dem es überhaupt nicht darauf ankommt, dass mit seinen „Produkten" im Rechtsverkehr getäuscht wird, und bei dem noch nicht einmal von einem diesbezüglich sicheren Wissen ausgegangen werden kann, weil seine Kunden (auch) harmlose Verwendungszwecke angeben und er lediglich die *Möglichkeit der Täuschung sieht* und *in Kauf nimmt*. Ist in einem solchen Fall die entsprechende Möglichkeit so gewichtig einzuschätzen, dass um ihrer Vermeidung willen ein Verbot legitimiert werden kann, wäre es nicht richtig, im „Subjektiven" sicheres Wissen[260] oder gar Absicht im engeren Sinne zu verlangen.[261] 217

Entscheidendes Eingrenzungskriterium ist nach dem vorstehend Gesagten die objektiv bestimmbare **Funktion des Verhaltens**[262] – genauer: Eingrenzungskriterien sind die jeweils eröffneten **Möglichkeiten des weiteren Verlaufs**, die mit Blick auf die zu schützenden spezifischen Interessen **vermieden werden sollen**. Insoweit gilt es zur Konkretisierung dieser Möglichkeiten, die oben 2. Teil I (Rn. 18 – 62) angestellten Überlegungen zum Rechtsgut „weiterzudenken" und zu prüfen, ob – **hinreichend gewichtige** – **spezifische Vermeideinteressen** gegeben sind. Dass dabei eine Wertung – über deren Angemessenheit sich mitunter streiten lässt – unvermeidlich ist, versteht sich von selbst.[263] 218

Sowohl im **FALL 39a** des **Verteidigers V** als auch in dem soeben erwähnten **Fall des berufsmäßigen Fälschers** kommt es für die tatbestandliche 218a

---

[260] So aber die wohl h. M.; vgl. etwa *Cramer/Heine,* in: Schönke/Schröder[27], § 267 Rn. 91; *Wessels/Hettinger,* BT 1[32], Rn. 837 (§ 18 III 2); *Zieschang,* in: LK[12], § 267 Rn. 270, jew. m. w. N.

[261] Dass Absicht im engeren Sinne für das Unrecht der Urkundenfälschung sinnvollerweise nicht gefordert werden kann, wird mit Recht betont von *Erb,* in: MünchKommStGB, § 267 Rn. 209 (s. auch *dens.,* GA 1999, 344, 345 f.); *Zieschang,* in: LK[12], § 267 Rn. 270; lesenswert dazu auch *Cramer,* JZ 1968, 30 ff.; *Lenckner,* NJW 1967, 1890 ff.

[262] Zu dem entsprechenden Problem (mit umgekehrtem Vorzeichen) im Kontext sogenannter zweiaktiger Rechtfertigungskonstellationen, in denen auch nicht unmittelbar subjektive Zwecksetzungen, sondern objektivierbare Funktionen maßgeblich sind, vgl. *Frisch,* FS Lackner, S. 113 ff., 145 ff. – Interessant erscheint insofern auch der durch das OrgKG vom 15. Juli 1992 eingeführte § 110a Abs. 3 StPO, nach dem die für den Aufbau oder die Aufrechterhaltung der „Legende" eines verdeckten Ermittlers unerlässlichen (unechten!) Urkunden angefertigt und im Rechtsverkehr gebraucht werden dürfen.

[263] Vgl. zu solchen Wertungsproblemen bereits oben Rn. 183b, 195i, 205b, 211a ff.; in Rn. 211d ff. auch zum Fall des Verteidigers V des A, der dem Gericht zur Entlastung seines Mandanten kommentarlos eine Urkunde vorlegt, obwohl er deren Unechtheit als möglich erkannt und in Kauf genommen hat, dass sein Mandant das Gericht täuschen möchte.

Verhaltensmissbilligung auf die auch sonst geltenden Kriterien der Legitimation von Verhaltensnormen an. In der Sache geht es dabei darum, ob die mit der entsprechenden **Verhaltensnorm** verbundene **Einschränkung** der allgemeinen **Handlungsfreiheit** durch berechtigte Belange **spezifischen Rechtsgüterschutzes** und kraft **Sonderverantwortlichkeit** des (potentiellen) Normadressaten legitimiert werden kann.[264] Insofern ist ohne eine **Güter- und Interessenabwägung** nicht auszukommen. Bei dieser Abwägung ist einerseits von besonderer Bedeutung die spezifische Gefährlichkeit – genauer: die Qualität der mit dem Verhalten verknüpften **Schädigungsmöglichkeit** (hier: der Gefahr, dass andere durch die unechte Urkunde in die Irre geführt werden können). Auf der anderen Seite muss aber auch die mit dem „gefährlichen" Verhalten verbundene **Entfaltung der Freiheit** bewertet und veranschlagt werden. Nur wenn sich die Schädigungsmöglichkeit so weit verdichtet hat, dass diese nach Sachlage bei **angemessener Bewertung** der kollidierenden Güter und Interessen nicht mehr hingenommen werden kann, lässt sich das Verhalten in der entsprechenden Hinsicht rechtlich missbilligen.

219 Durch eine derartige Interessenbewertung ausgefiltert wird im Kontext des § 267 üblicherweise der Fall der **Täuschung** im **gesellschaftlichen** oder **mitmenschlichen Bereich**. Obwohl man diesen Bereich dem des Rechtsverkehrs „gegenüberzustellen" pflegt, kann er im Grunde nur im Wege der hier angesprochenen Bewertung näher bestimmt werden – ist also gerade nicht vorgegeben. Unter diesem Blickwinkel taucht etwa das **Beispiel** desjenigen auf, dessen Handeln die Funktion hat, **Angehörige** zu **beruhigen** oder die **Gunst eines Mädchens** zu gewinnen.[265]

220 **FALL 40:** Der 18jährige **Gymnasiast G** fertigte **fälschlich** ein **Schulzeugnis**, um seinen **Eltern** die **Enttäuschung** über die in Wahrheit erzielten schlechten Noten zu **ersparen**.

---

[264] Näher dazu *Freund,* AT², § 1 Rn. 12 ff., § 2; *ders.,* in: MünchKommStGB, vor § 13 Rn. 118 ff., 133 ff.; speziell zur – meist nur beim Unterlassungsdelikt thematisierten – Problematik der Sonderverantwortlichkeit s. ergänzend etwa *Freund,* FS Herzberg, S. 225, 230 ff. m. w. N.

[265] Weitere Beispiele bei *Zieschang,* in: LK¹², § 267 Rn. 264. – Zweifelhaft erscheint etwa die Ablehnung einer für § 267 ausreichenden Funktion des Verhaltens, der Täuschung im Rechtsverkehr zu dienen, wenn jemand ein gefälschtes Scheidungsurteil seiner Freundin vorzeigt, damit sie bei ihm die Nacht verbringe (ablehnend für diesen Fall aber z. B. *Samson,* JuS 1970, 369, 373).

Das Beispiel des das **Zeugnis fälschenden G**, in dem man üblicherweise **221** eine Urkundenfälschung ablehnt,[266] zeigt deutlich, dass es nicht schon als hinreichend gewichtig eingestuft wird, wenn die Funktion des Verhaltens darin besteht, über die Echtheit der Urkunde zu täuschen. Für das Unrecht des § 267 muss vielmehr über die Funktion der Täuschung in Bezug auf die Echtheit hinaus ein spezifisches und vor allem: **hinreichend gewichtiges (!) konkretes Vermeideinteresse** hinzukommen.

Anders lässt sich die Herausnahme des erwähnten **Zeugnisfalles** **222** **(FALL 40)** schwerlich erklären. Denn in diesem Fall ist klare **Funktion** des Verhaltens die **Täuschung über die Echtheit** des Zeugnisses. Wenn dieser Fall dennoch ausgefiltert wird, dann kann dies allein damit zusammenhängen, dass man das durchaus vorhandene **Vermeideinteresse der Angehörigen** in concreto als **zu geringwertig** einstuft.[267] Dass das Unrecht der Urkundenfälschung nicht schon dadurch erfüllt wird, dass jemand von einer unechten Urkunde Gebrauch macht, um über ihre Echtheit zu täuschen, ist deutlich ausgesprochen etwa in RGSt 64, 95, 96; in der Sache ist dies aber auch dann anerkannt, wenn **kumulativ eine Echtheitstäuschung und eine Veranlassung zu einem rechtserheblichen Verhalten** verlangt wird,[268] allerdings trifft man – anders als die hier gewählte Formulierung – mit dem Abstellen auf die Rechtserheblichkeit des Verhaltens, das veranlasst werden soll, nicht genau das Richtige:

Entscheidend ist das – hinreichend gewichtige – rechtlich anzuerkennende **222a** Interesse, die Täuschung über den Aussteller zu vermeiden; es geht – m. a. W. – um die **Vermeidung der entsprechenden Rechtsverletzung**. Nur wenn ein solches **hinreichend gewichtiges Vermeideinteresse** vorliegt, lassen sich das **Fälschen**, das **Verfälschen** oder das **Gebrauchen** eines Falsifikats überhaupt **tatbestandlich** i. S. des § 267 **missbilligen**. Andernfalls fehlt es am Verstoß gegen eine **rechtlich legitimierte Verhaltensnorm** als der Grundvoraussetzung des Strafeinsatzes.[269]

Ein **hinreichend gewichtiges Vermeideinteresse** wird etwa dann aner- **223** kannt, wenn die Funktion des Verhaltens in der **Aufrechterhaltung** eines

---

[266] Vgl. etwa *Maurach/Schroeder/Maiwald*, BT 2⁹, § 65 Rn. 75; *Zieschang*, in: LK¹², § 267 Rn. 264.
[267] Dass sich die Beurteilung ändert, wenn daneben gewichtigere Vermeideinteressen tangiert sind, zeigt deutlich *Cramer*, JZ 1968, 30, 33.
[268] Vgl. dazu etwa BGHSt 5, 149, 152; *Wessels/Hettinger*, BT 1³², Rn. 836 (§ 18 III 2); *Zieschang*, in: LK¹², § 267 Rn. 260, jew. m. w. N.
[269] Zum Verstoß gegen eine rechtlich legitimierte Verhaltensnorm als Kriterium jeder Straftat näher *Freund*, Erfolgsdelikt und Unterlassen, S. 51 ff.; *ders.*, AT², § 1 Rn. 12 ff., § 2.

Verlöbnisses oder der **Ermöglichung** eines **Spielbankbesuchs** besteht,[270] aber auch im Falle des **Schuldners**, der zur Abwendung einer **unberechtigten Klage** (des Gläubigers selbst oder seiner Erben) eine **Quittung** des Gläubigers über die bereits bezahlte Schuld **fälscht** (vgl. dazu oben **FALL 1**) und vorlegt.[271]

224 Gerade die zuletzt genannte Einschätzung dürfte allerdings nicht ohne Weiteres einsichtig sein. Denn das **Vermeideinteresse** des **Gläubigers** der bereits **bezahlten Schuld** erscheint prima facie kaum schutzwürdig. Indessen gilt es, Folgendes zu bedenken: Die wirkliche Rechtslage ist im Streitfall ja gerade offen und **soll** durch einen **ordnungsgemäßen** – vor allem unmanipulierten – **Prozess geklärt** werden. Dabei sind auch die **zivilrechtlichen Risiko- und Beweislastverteilungen** zu beachten. Diese Vorentscheidungen würden konterkariert, verzichtete man auf eine rechtliche Missbilligung solcher Manipulationen. Konsequenterweise muss man dann aber auch dem Gläubiger, der sein Geld schon erhalten hat, (bzw. erst recht dessen gutgläubigem Erben) einen **Anspruch** darauf zugestehen, dass seine **Klage nur aufgrund** eines **manipulationsfrei ermittelten Sachverhalts abgewiesen** wird.[272] Dieses spezifische Interesse kann und muss unabhängig von der Frage der sachlichen Berechtigung oder Nichtberechtigung der Klage anerkannt werden.[273] Ob mit dieser Anerkennung des Interesses des Gläubigers

---

[270] Vgl. zu diesen und weiteren Beispielen *Zieschang*, in: LK[12], § 267 Rn. 260 ff. – Mit Blick auf die hinreichend gewichtigen Vermeideinteressen i. E. richtig entschieden ist wohl auch der „Heiratsinserat-Fall" BGH LM Nr. 18 zu § 267 (behandelt auch bei *Arzt/Weber*, LH 4[2], Rn. 503 – in der Begründung des BGH erscheint es freilich problematisch, wenn auf die Intention abgestellt wird, eine Strafanzeige zu vermeiden, denn damit ist das urkundenspezifische Schutzinteresse des § 267 nicht zutreffend erfasst).

[271] Vgl. dazu *Otto*, JuS 1987, 761, 770; *Samson*, JuS 1970, 369, 376; *Tröndle*, in: LK[10], § 267 Rn. 193, der (wie *Samson*, a. a. O.) – etwas vage – annimmt, in einem derartigen Fall könne es am „Bewußtsein der Rechtswidrigkeit" fehlen.

[272] Ganz entsprechend hat auch im Strafverfahren der wirklich Schuldige Anspruch darauf, nur auf prozessordnungsgemäße Weise überführt zu werden. Kann dies nicht geschehen, so ist er richtigerweise freizusprechen. Näher zu den Legitimationsbedingungen einer Verurteilung *Freund*, Normative Probleme, 1987; *ders.*, FS Meyer-Goßner, S. 409 ff.; speziell zur Frage von Verwertungsverboten, die bei einer prozessordnungsgemäßen Überführung zu beachten sind, *ders.*, GA 1993, 49 ff.

[273] Dementsprechend liegt tatbestandlich ein Aussagedelikt auch dann vor, wenn dieses dazu dient, dem materiellen Recht „zum Siege zu verhelfen" (auf die Frage einer Rechtfertigung kann hier nicht eingegangen werden). Relevant ist die sachliche Berechtigung allerdings unter dem Aspekt des Betruges: Das dort erforderliche Unrecht wird im Allgemeinen verknüpft mit der materiellrechtlich bestimmten Rechtswidrigkeit der beabsichtigten Bereicherung.

an einem manipulationsfreien Prozess automatisch und unter allen Umständen das Verhalten des Schuldners als tatbestandsmäßig-rechtswidrig i. S. der Urkundenfälschung zu qualifizieren ist, kann an dieser Stelle indessen nicht näher behandelt werden.

Nach dem bisher zur Täuschungsfunktion und zur tatbestandlichen Verhaltensmissbilligung Gesagten kann auch der oben Rn. 169 unter dem Echtheitsaspekt behandelte Fall des **Inkognito-Reisenden**, der zwar unter falschem Namen in einem Hotel unterzeichnet, aber gewillt ist, sich an seinen Erklärungen festhalten zu lassen **(FALL 2)**, einer (endgültigen) Lösung zugeführt werden: Denn nunmehr ist klar, dass die dort angenommene Fabrikation einer unechten Urkunde noch nicht bedeutet, dass der Inkognito-Reisende automatisch „objektiv" das Unrecht der Urkundenfälschung verwirklicht. Da für dieses Unrecht die – in casu durchaus aufweisbare – Funktion der **Täuschung über den Aussteller** nur ein weiteres notwendiges, aber nicht hinreichendes Moment bildet, kann der Fall deshalb aus dem Tatbestand ausgefiltert werden, weil das **Vermeideinteresse in Bezug auf eine solche Täuschung** nach Sachlage als (im Verhältnis zum ja nicht generell rechtlich zu missbilligenden Inkognito-Reisen) **zu geringwertig** erscheint.[274] So dürfte die Sachlage in den von *Wessels/Hettinger* genannten **Beispielsfällen**[275] des **inkognito im Schwarzwald** seinen Urlaub verbringenden **Bundesministers** und des **verheirateten Fabrikanten** liegen, der an einem Wochenende mit seiner **Sekretärin** in einem Hotel absteigt, in dem sich beide als Ehepaar ausgeben und unter Angabe eines **falschen Namens** in das **Gästebuch** eintragen. **225**

An dem erforderlichen – hinreichend gewichtigen – Vermeideinteresse fehlt es dagegen nicht im Kontrastfall desjenigen, der **im Hotel unter** **226**

---

[274] Das dürfte von *Puppe,* JuS 1987, 275, 278 verkannt sein, wenn sie im Fall der Vorlage einer unechten Urkunde mit der Funktion der Täuschung über den Aussteller keinen Raum mehr für eine Ausfilterung unter dem Aspekt des Handelns „zur Täuschung im Rechtsverkehr" erblickt. – Zu einer vergleichbaren Problemkonstellation unter dem Blickwinkel der tatbestandlichen Verhaltensmissbilligung s. *Stein,* JR 2003, 39 ff. (Veränderung des Geburtsdatums in der Zeitkarte eines Beförderungsunternehmens um damit Zugang zu einer Diskothek zu erlangen).

[275] *Wessels/Hettinger,* BT 1³², Rn. 828 (§ 18 III 1 a) (mit allerdings unklarem Ergebnis). Vgl. dazu auch den Fall OLG Celle NJW 1986, 2772 f. m. krit. Bespr. *Puppe,* JuS 1987, 275 ff.; *Kienapfel,* NStZ 1987, 28; dem OLG Celle i. E. zustimmend aber etwa *Otto,* JuS 1987, 761, 768 (keine „Absicht der Täuschung im Rechtsverkehr"); s. auch *Schmidhäuser,* BT², 14/13; *Steinmetz,* Echtheitsbegriff, S. 118 ff.

falschem Namen absteigt, um sich die **Möglichkeit offenzuhalten**, seinen übernommenen vertraglichen **Verpflichtungen** zu **entgehen**.[276] Dessen **Verhalten** ist (grundsätzlich) **tatbestandlich missbilligt** i. S. des § 267.

227 Selbst wenn man im Fall des **Inkognito-Reisenden**, der **guten Willens** ist, seinen schriftlich gegebenen Ausstellerverbindlichkeiten zu entsprechen, anders werten sollte und die – relativ fernliegende – **Möglichkeit des Fehlgreifens nach Abreise ausreichen ließe**, um das Verhalten des Reisenden sub specie § 267 (bei objektiver Beurteilung) zu missbilligen, so hätten wir es regelmäßig dennoch **nicht** mit dem von § 267 allein erfassten **Vorsatzunrecht** zu tun. Denn wenn – was nahe liegt – der Inkognito-Reisende für sich davon ausgeht, dass es sich nicht als notwendig erweisen werde, auf ihn als Aussteller nach seiner Abreise noch Zugriff zu nehmen, fehlt es jedenfalls an der für die Erfüllung des Erfordernisses der **Täuschungsfunktion** notwendigen **Erfassung der spezifischen Möglichkeit** des **schadensträchtigen Verlaufs**, die allein tauglicher Legitimationsgrund des Verbots sein könnte. Anders wäre es nur, wenn der Betreffende diese Möglichkeit sähe (in Kauf nähme) und dennoch handelte.

227a
> **Definition des Handelns „zur Täuschung im Rechtsverkehr":**
> Eine **Täuschung im Rechtsverkehr** liegt vor, wenn durch die Vorspiegelung der Echtheit einer Urkunde das Recht des Getäuschten auf eine korrekte Zuschreibungsgrundlage verletzt wird.
> **Zur** Täuschung handelt, wer erkennt, dass sein Vorhaben die beschriebene Rechtsverletzung mit sich bringen kann – sei es unmittelbar durch eigenes oder durch einen Dritten vermitteltes Verhalten.

VI. Verhältnis der Verwirklichungsformen zueinander

228 **FALL 41: A** hat eine **Falschurkunde angefertigt**, die er von vornherein in einem **bestimmten Fall verwenden** wollte. Später verwendete er die Urkunde in anderen Zusammenhängen noch **weitere Male**.

229 Das Verhältnis der Verwirklichungsformen des Herstellens einer unechten Urkunde und des Verfälschens einer echten haben wir bereits oben (Rn. 191) folgendermaßen geklärt: Das **Verfälschen** ist ein **Spezialfall des Fälschens**,

---

[276] Vgl. dazu BGH MDR 1973, 556 (dort auch zur Frage des Verhältnisses des § 267 zum Verstoß gegen melderechtliche Bestimmungen).

bei dem nicht selten zusätzlich zur **Herstellung einer unechten Urkunde** das Unrecht des § 274 Abs. 1 Nr. 1 aufgewiesen werden kann.[277]

Im Verhältnis zu den beiden vorgenannten Formen der Tatbestandsverwirklichung ist das **Gebrauchen**, was die Nähe zu den zu vermeidenden schadensträchtigen Verläufen anlangt, die „verletzungsnähere" Verwirklichungsform.[278] Umstritten ist die Behandlung von Fällen, bei denen sowohl die Voraussetzungen des Fälschens oder Verfälschens als auch die des Gebrauchens in Bezug auf dasselbe Fälschungs- oder Verfälschungsfabrikat gegeben sind.[279] Anerkannt ist, dass **im Ergebnis** nur wegen *einer* Urkundenfälschung bestraft wird, wer eine unechte Urkunde **herstellt** und sie – wie (hinreichend konkret) **von Anfang an vorgehabt** – selbst **gebraucht**. Insoweit differieren lediglich die Begründungen (deliktische Einheit, mitbestrafte Nach- oder Vortat, Subsidiarität[280]).

230

Ist die spätere Verwendung dagegen anderer Art oder weitergehend als ursprünglich geplant – oder genauer: kann man **nicht mehr** von einer bloßen **Nutzung der ursprünglichen Täuschungsfunktion** sprechen, so hat man es mit **mehreren selbständigen Straftaten** zu tun. Im **FALL 41** liegt deshalb bis zum ersten Gebrauch nur *eine* Urkundenfälschung vor. Bei den späteren Gebrauchshandlungen handelt es sich dagegen um neue, zur vorhergehenden Urkundenfälschung in Tatmehrheit (§ 53) stehende Straftaten.[281]

231

Dass **Herstellen** und **Gebrauchen** nicht immer in zeitlicher Hinsicht auseinander liegen müssen, sondern praktisch auch **zusammenfallen** können, zeigt folgender

232

---

[277] Und zwar mit Blick auf die Unterdrückung (oder Vernichtung) der als Ausgangsmaterial dienenden echten Urkunde. – Anders verhält es sich, wenn dem Täter die als Ausgangsmaterial dienende echte Urkunde „ausschließlich gehört" (was im FALL 34 bei dem Fahrschein zutrifft); vgl. dazu unten 3. Teil III (Rn. 275 – 298).

[278] I. d. S. wohl auch *Miehe,* GA 1967, 270, 275, 279.

[279] Näher dazu *Miehe,* GA 1967, 270 ff.; *Zieschang,* in: LK[12], § 267 Rn. 287 ff., jew. m. w. N.

[280] Vgl. dazu etwa BGHSt 5, 291, 293; 17, 97, 99; *Cramer/Heine,* in: Schönke/Schröder[27], § 267 Rn. 79 ff.; *Miehe,* GA 1967, 270, 271 ff., jew. m. w. N. – Der früher angeführte Gedanke des Fortsetzungszusammenhangs ist spätestens seit der Aufgabe dieses Instituts durch BGHSt(GS) 40, 138 äußerst problematisch geworden; vgl. dazu noch die folgende Fn.

[281] Zur Frage eines früher möglichen Fortsetzungszusammenhangs vgl. BGHSt 17, 97, 99. – Die höchstrichterliche Rechtsprechung möchte inzwischen grundsätzlich auf das Rechtsinstitut der fortgesetzten Tat verzichten und Ausnahmen nur noch in sehr eingeschränktem, im Einzelnen noch ungeklärtem Umfang zulassen (BGHSt[GS] 40, 138); näher zu dieser Problematik *Geppert,* NStZ 1996, 57 ff., 118 ff.; *Lackner/Kühl*[26], vor § 52 Rn. 12 ff., jew. m. w. N.

233 **FALL 42:** Da **A** weiß, dass S noch eine Rechnung der Firma F zu begleichen hat, gibt er sich bei S als Geschäftsführer der Firma F aus und kassiert gegen die Bestätigung „**Betrag dankend erhalten; Firma F**" den Rechnungsbetrag.

234 Hier lassen sich Fälschungsverhalten und Gebrauchmachen von dem Falsifikat kaum mehr voneinander trennen. Vielmehr geht das **Quittieren** (als das Herstellen) in Gegenwart des S nahtlos in das **Zugänglichmachen** für S (als das Gebrauchen) über.[282] Das begründet auf alle Fälle nur den Vorwurf *einer* **Urkundenfälschung**.

VII. Besonders schwere Fälle (Abs. 3) und Qualifikationstatbestand (Abs. 4)

234a Durch das 6. StRG haben sich auch Änderungen für die Fassung des § 267 Abs. 3 ergeben; neu eingefügt wurde Abs. 4. Anstatt der bisher nur unbenannten besonders schweren Fälle hat der Gesetzgeber nunmehr in **Abs. 3** eine Konkretisierung durch bestimmte **Regelbeispiele** vorgenommen. Ein **besonders schwerer Fall** soll danach in der Regel vorliegen, wenn der Täter **gewerbsmäßig** oder als **Mitglied einer Bande** handelt, die sich zur fortgesetzten Begehung von Betrug oder Urkundenfälschung verbunden hat (Nr. 1), einen **Vermögensverlust großen Ausmaßes** bewirkt (Nr. 2), die **Sicherheit des Rechtsverkehrs** durch eine **große Zahl gefälschter Urkunden erheblich gefährdet** (Nr. 3) oder seine **Befugnisse** bzw. seine **Stellung als Amtsträger missbraucht** (Nr. 4). Es handelt sich jedenfalls nach üblichem Verständnis bei Abs. 3 weiterhin um eine „bloße" **Strafzumessungsvorschrift**, die in nicht abschließender Form besonders schwere Fälle benennt.[283] Demgegenüber ist mit **Abs. 4** ein „echter" **Qualifikationstatbestand** der Urkundenfälschung ins Gesetz aufgenommen worden, der wegen des Mindeststrafrahmens von einem Jahr als Verbrechen normiert ist (§ 12 I, III). Hiernach wird bestraft, wer die Urkundenfälschung in **Kumulation der Begehungsweisen des Abs. 3 S. 2 Nr. 1** verwirklicht; allerdings ist das bandenmäßige Handeln gegenüber Abs. 3 S. 2 Nr. 1 insofern abweichend geregelt, als der **Zusammenschluss** sich hier **auch** auf **Taten** nach **§§ 263a, 264, 268** und **269** beziehen kann. An dieser Stelle soll nicht näher auf die

---

[282] Vgl. auch schon oben Rn. 182 f. den entsprechenden FALL 35 der aus dem Tresor entwendeten (schon unterschriebenen) Quittung.
[283] Näher zur hier nicht weiter zu diskutierenden Problematik der Regelbeispielstechnik etwa *Freund,* ZStW 109 (1997), 455, 470 f.; *ders.,* GA 1999, 509, 512; *ders.,* in: MünchKommStGB, § 95 AMG Rn. 24 ff., jew. m. w. N.

Schwierigkeiten eingegangen werden, die im Einzelnen mit den in den beiden neuen Absätzen normierten Begehungsformen verbunden sind.[284]

Vertiefungs- und Problemhinweise zur Urkundenfälschung

Böse, Rechtsprechungsübersicht zu den Urkundendelikten, in: NStZ 2005, 370 ff.; **234b**
Dedy, Anm. zu OLG Köln v. 15.09.1998 – Ss 395/98, in: NZV 1999, 136 (zur Urkundseigenschaft von Verkehrszeichen); *Dörfler*, Urkundenfälschung und Zeichnen mit fremdem Namen, 2000; *Emde*, Die Rezeptfälschung im Fotokopierverfahren, in: wistra 1995, 328 ff.; *Ennuschat*, Der Einfluß des Zivilrechts auf die strafrechtliche Begriffsbestimmung am Beispiel der Urkundenfälschung gemäß § 267 StGB, 1998; *Freund*, Buchbesprechung: Günther Jakobs, Urkundenfälschung – Revision eines Täuschungsdelikts, 2000, in: GA 2001, 243 ff.; *Gustafsson*, Die scheinbare Urkunde, zum Begriff der unechten Urkunde im Strafrecht, 1993; *Heinrich*, Mißbrauch gescannter Unterschriften als Urkundenfälschung, in: CR 1997, 622 ff.; *Jakobs*, Urkundenfälschung – Revision eines Täuschungsdelikts, 2000; *ders.*, Bemerkungen zur Urkundenfälschung, in: FS Küper, S. 225 ff.; *Kaufmann*, Die Urkunden- und Beweismittelfälschung im Entwurf 1959, in: ZStW 71 (1959), 409 ff.; *Kienapfel*, Urkunden im Strafrecht, 1967; *ders.*, „Absichtsurkunden" und „Zufallsurkunden", in: GA 1970, 193 ff.; *ders.*, Urkunden und technische Aufzeichnungen, in: JZ 1971, 163 ff.; *ders.*, Urkunden und andere Gewährschaftsträger – Dogmatik, Kriminalpolitik und Reform, 1979; *Kucera*, Zur Urkundsqualität von Verkehrszeichen, in: JuS 2000, 208; *Lampe*, Zusammengesetzte und abhängige Urkunden, in: NJW 1965, 1746 ff.; *Lenckner*, Zum Begriff der Täuschungsabsicht in § 267 StGB, in: NJW 1967, 1890 ff.; *Lindemann*, Zur systematischen Interpretation des § 274 I Nr. 1 StGB im Verhältnis zum § 267 I Var. 2 StGB, in: NStZ 1998, 23 ff.; *Meurer*, Urkundenfälschung durch Verwendung des eigenen Namens, in: NJW 1995, 1655 ff.; *Mewes*, Urkundenfälschung bei Personalienmanipulationen im Versandhandel – BGH, NStZ 1994, 486, in: NStZ 1996, 14 ff.; *Miehe*, Zum Verhältnis des Fälschens zum Gebrauchmachen im Tatbestand der Urkundenfälschung, in: GA 1967, 270 ff.; *Obermair*, Die Abgrenzung der Beweiszeichen von den Kennzeichen beim Urkundenbegriff des § 267 StGB, 2000; *Ohr*, Das formungültige eigenhändige Testament als unechte Urkunde – OLG Düsseldorf, NJW 1966, 749, in: JuS 1967, 255 ff.; *Otto*, Die Probleme der Urkundenfälschung (§ 267 StGB) in der neueren Rechtsprechung und Lehre, in: JuS 1987, 761 ff.; *Puppe*, Urkundenfälschung, in: Jura 1979, 630 ff.; *dies.*, Erscheinungsformen der Urkunde, in: Jura 1980, 18 ff.; *dies.*, Unzulässiges Handeln unter fremdem Namen als Urkundenfälschung, in: JR 1981, 441 ff.; *dies.*, Anm. zu OLG Düsseldorf v. 14.03.1983 – 5 Ss 543/82, in: JR 1983, 429 ff.; *dies.*, Die neue Rechtsprechung zu den Fälschungsdelikten, in: JZ 1986, 938 ff., 992 ff.; *dies.*, Namenstäuschung und Identitätstäuschung – OLG Celle, NJW 1986, 2772, in: JuS 1987, 275 ff.; *dies.*, Urkunden-

---

[284] Zu denken ist etwa an die grundsätzliche Problematik der notwendigen Anzahl an Personen zur Bildung einer „Bande" bzw. die kaum durchführbare eindeutige Bezifferung des Betrags eines Vermögensverlustes „großen Ausmaßes" und die allenfalls mühsam bestimmbare „große Zahl" von Falsifikaten; näher dazu z. B. *Cramer/Heine*, in: Schönke/Schröder[27], § 267 Rn. 104 ff.; *Erb*, in: MünchKommStGB, § 267 Rn. 224 ff.; *Puppe*, in: NK[2], § 267 Rn. 114 ff.

echtheit bei Handeln unter fremden Namen und Betrug in mittelbarer Täterschaft – BayObLG, NJW 1988, 1401, in: JuS 1989, 361 ff.; *dies.,* Anm. zu BGH v. 21.12.1988 – 2 StR 613/88, in: JZ 1989, 596 ff.; *dies.,* Die neue Rechtsprechung zu den Fälschungsdelikten, Teile 1 bis 3, in: JZ 1991, 447 ff., 550 ff., 609 ff.; *dies.,* Die neue Rechtsprechung zu den Fälschungsdelikten, in: JZ 1997, 490 ff.; *dies.,* Urkundenschutz im Computerzeitalter, in: FG BGH IV, S. 569 ff.; *Rheineck,* Fälschungsbegriff und Geistigkeitstheorie, 1979; *Samson,* Urkunde und Beweiszeichen – Die verkörperte Gedankenerklärung als Merkmal des strafrechtlichen Urkundenbegriffs, 1968; *Sandmann,* Die Strafbarkeit der Kunstfälschung, 2004, S. 26 ff.; *Sättele,* Anm. zu OLG Düsseldorf v. 14.09.2000 – 2 b Ss 222/00 – 64/00 I, in: StV 2001, 238 ff. (Urkundenfälschung durch Herstellen einer Collage bzw. einer Fotokopie?); *Sax,* Probleme des Urkundenstrafrechts, in: FS Peters, S. 137 ff.; *Scheffler,* Anm. zu BGH v. 01.09.1992 – 1 StR 281/92, in: StV 1993, 470 ff.; *Schilling,* Der strafrechtliche Schutz des Augenscheinsbeweises – Ein Beitrag zur Lehre von der Beweismittelfälschung, 1965; *ders.,* Reform der Urkundenverbrechen, 1971; *Schöning,* Telegramm und Fernschreiben im Urkundenstrafrecht, Entwicklung und Mißbrauch einer technischen Errungenschaft und der Versuch seiner Bewältigung durch das Strafrecht, 1985; *Schroeder,* Die Herbeiführung einer Unterschrift durch Täuschung oder Zwang, in: GA 1974, 225 ff.; *ders.,* Urkundenfälschung durch Examenstäuschung? Anm. zu BayObLG, NJW 1981, 772, in: JuS 1981, 417 ff.; *ders.,* Urkundenfälschung mit Auslandsberührung, in: NJW 1990, 1406 ff.; *Stein,* Anm. zu BayObLG v. 27.03.2002 – 5 St RR 71/02, in: JR 2003, 39 ff. (Veränderung des Geburtsdatums in der Zeitkarte eines Beförderungsunternehmens); *Steinmetz,* Der Echtheitsbegriff im Tatbestand der Urkundenfälschung (§ 267 StGB), 1991; *Weber,* Fälschungsdelikte in Beziehung auf den Führerschein, zugleich Besprechung von OLG Hamm NJW 1976, 2222 und OLG Köln NJW 1981, 64, in: Jura 1982, 66 ff.

Aussteller bei Stellvertretung: Erb, in: MünchKommStGB, § 267 Rn. 128 ff.; *Gerhold,* Zur Person des Ausstellers einer Urkunde in Fällen offener Stellvertretung – Ein Beitrag zum Urkundenstrafrecht, in: Jura 2009, 498 ff.; *Jakobs,* Urkundenfälschung, S. 73 ff.; *Paeffgen,* Anm. zu BGH v. 21.03.1985 – 1 StR 520/84, in: JR 1986, 114 ff.; *Zielinski,* Urkundenfälschung durch den vollmachtlosen Stellvertreter? in: wistra 1994, 1 ff.

Blankettfälschungsproblematik: BGHSt 5, 295 ff.; *Ennuschat,* Der Einfluß des Zivilrechts auf die strafrechtliche Begriffsbestimmung am Beispiel der Urkundenfälschung gemäß § 267 StGB, 1998, S. 120 ff.; *Erb,* in: MünchKommStGB, § 267 Rn. 121; *Koch,* in: NomosHK-GS, § 267 Rn. 20; *Paeffgen,* Anm. zu BGH v. 21.03.1985 – 1 StR 520/84, in: JR 1986, 114, 117 m. Fn. 19; *Puppe,* in: NK[2], § 267 Rn. 81; *Weiß,* Das abredewidrig ausgefüllte Blankett – echte oder unechte Urkunde?, in: Jura 1993, 288 ff.

Fahrscheinmanipulationen: OLG Düsseldorf v. 14.03.1983 – 5 Ss 543/82, in: JR 1983, 428 m. Anm. *Puppe; Martin,* Der praktische Fall – Strafrecht: Die „Mehrweg"-Fahrkarte, in: JuS 2001, 364 ff.; *Ranft,* Strafrechtliche Probleme der Beförderungserschleichung, in: Jura 1993, 84 ff.; *Schroeder,* Urkundenstraftaten an entwerteten Fahrkarten, in: JuS 1991, 301 ff.

Fax und E-Mail-Ausdrucke: Arzt/Weber/Heinrich/Hilgendorf, BT[2], § 31 Rn. 13; *Beck,* Kopien und Telefaxe im Urkundenstrafrecht, in: JA 2007, 423 ff.; *Beckemper,* Die Urkundenqualität von Telefaxen – OLG Zweibrücken, NJW 1998, 2918, in:

JuS 2000, 123 ff.; *Cramer/Heine,* in: Schönke/Schröder[27], § 267 Rn. 43; *Gribbohm,* in: LK[11], § 267 Rn. 122 ff.; *Grimm,* Die Problematik der Urkundenqualität von Fotokopien, S. 42 ff.; *Hardtung,* Per Fax in die Freiheit – Ein Bericht über eine strafrechtliche Hausarbeit, in: JuS 1998, 719, 722 f.; *Küper,* BT[7], S. 323 f. (Sichwort: Vervielfältigungsstücke); *Laghzaoui/Wirges,* Der Einsatz von Telefaxgeräten als zivilprozessuales Problem, in: MDR 1996, 230 ff.; *Pape/Notthoff,* Prozeßrechtliche Probleme bei der Verwendung von Telefax, in: NJW 1996, 417 ff.; *Zielinski,* Urkundenfälschung durch Telefax, in: CR 1995, 286 ff.

Fotokopie als Urkunde: BGHSt 5, 291 ff.; 24, 140 ff.; OLG Stuttgart NJW 2006, 2869 f.; *Beck,* Kopien und Telefaxe im Urkundenstrafrecht, in: JA 2007, 423 ff.; *Engert/Franzmann/Herschlein,* Fotokopien als Urkunden, § 267 StGB, in: JA 1997, 31 ff.; *Erb,* Urkunde und Fotokopie – kritische Bemerkungen zum Versuch einer funktionalistischen Ausweitung des Urkundenstrafrechts, in: GA 1998, 577 ff.; *ders.,* Buchbesprechung: Georg Freund, Urkundenstraftaten, 1996, in: GA 1999, 344, 345; *ders.,* Anm. zu OLG Düsseldorf v. 14.09.2000 – 2 b Ss 222/00 – 64/00 I (= NJW 2001, 167 f.), in: NStZ 2001, 317 ff.; *Freund,* Zur Frage der Urkundeneigenschaft von Fotokopien – BayObLG, NJW 1990, 3221, in: JuS 1991, 723 ff.; *Freund,* Anm. zu OLG Düsseldorf v. 29.07.1999 – 2 b Ss 60/99 – 32/99 I, in: StV 2001, 234 ff.; *Geppert,* Zur Urkundenqualität von Durchschriften, Abschriften und insbesondere Fotokopien, in: Jura 1990, 271 ff.; *Grimm,* Die Problematik der Urkundenqualität von Fotokopien, 1994; *Heinrich,* Mißbrauch gescannter Unterschriften als Urkundenfälschung, in: CR 1997, 622 ff.; *Honig,* Der gefälschte Meisterbrief, in: GewArch 1995, 144, 145 f.; *Kindhäuser,* BT 1[4], § 55 Rn. 39 ff.; *Koch,* in: NomosHK-GS, § 267 Rn. 18; *Küper,* BT[7], S. 320 ff. (Stichwort: Fotokopie); *Meyer,* Fotokopien als Urkunden im Sinne des § 267 StGB, Gedanken zum Urteil des BGH, MDR 1971, 772, in: MDR 1973, 9 ff.; *Mitsch,* Anm. zu BayObLG v. 11.05.1992 – 5 St RR 16/92, in: NStZ 1994, 88 f.; *Puppe,* Anm. zu OLG Düsseldorf v. 14.09.2000 – 2 b Ss 222/00 – 64/00, in: NStZ 2001, 482 ff. (zur Frage der Eigenschaft einer zusammengesetzten Fotokopie von Teilen mehrerer Schriftstücke); *dies.,* in: NK[2], § 267 Rn. 21 ff., 49 f., 82; *Sättele,* Anm. zu OLG Düsseldorf v. 14.09.2000 – 2 b Ss 222/00 – 64/00 I, in: StV 2001, 238 (Urkundenfälschung durch Herstellen einer Collage bzw. einer Fotokopie?); *Schröder,* Anm. zu BGH v. 12.01.1965 – 1 StR 480/64, in: JR 1965, 232 f.; *ders.,* Anm. zu BGH v. 11.05.1971 – 1 StR 387/70, in: JR 1971, 469 f.; *Welp,* Die Urkunde und ihr Duplikat, in: FS Stree/Wessels, S. 511 ff.; *Welzel,* Das Deutsche Strafrecht, § 59 II 5 b; *Wohlers,* Anm. zu OLG Düsseldorf v. 29.07.1999 – 2b Ss 60/99 – 32/99 I, in: JR 2001, 83 f.; *Zaczyk,* „Kopie" und „Original" bei der Urkundenfälschung, in: NJW 1989, 2515 ff.; *Zoller,* Die Mikro-, Foto- und Telekopie im Zivilprozeßrecht, in: NJW 1993, 429 ff. – Zum schweizerischen Recht vgl. *Boog,* in: Basler Kommentar zum StGB, Bd. I, 2003, Art. 110 Ziff. 5 Rn. 46.

Zur Problematik der Gesamturkunde: BGHSt, 4, 60, 61; *Erb,* in: MünchKommStGB, § 267 Rn. 58; *Herbe,* Die Gesamturkunde – Eine Untersuchung zum österreichischen und deutschen Strafrecht, 2005; *Küper,* BT[7], S. 322 f. (Stichwort: Gesamturkunde); *Lampe,* Die sogenannte Gesamturkunde und das Problem der Urkundenfälschung durch den Aussteller, in: GA 1964, 321 ff.; *Rengier,* BT 2[8], § 32 Rn. 19 f.

Verfälschen durch den Aussteller?: Erb, in: MünchKommStGB, § 267 Rn. 189 ff.; *Helle,* Die nachträgliche Veränderung einer Urkunde durch ihren Aussteller – Eine Untersuchung der Straftaten der Urkundenfälschung (§ 267 StGB) und der Urkundenunterdrückung (§ 274 I Nr. 1 StGB), 2001; *Kargl,* Urkundenfälschung durch den Aussteller (§ 267 StGB), in: JA 2003, 604 ff.; *Kindhäuser,* BT 1⁴, § 55 Rn. 62; *Koch,* in: NomosHK-GS, § 267 Rn. 22; *Küper,* BT⁷, S. 336, 338 ff. (Stichwort: Urkunde, Verfälschen); *Lampe,* Die sogenannte Gesamturkunde und das Problem der Urkundenfälschung durch den Aussteller, in: GA 1964, 321 ff.; *Puppe,* in: NK², § 267 Rn. 89 ff.; *Schmitz,* Der Schutz des Beweisführungsinteresses im Urkundenstrafrecht, 2001.

Verwendung von „Anti-Blitz-Folien" und vergleichbare Maßnahmen: BGHSt 45, 197 ff. (bloße Beeinträchtigung der Lesbarkeit ohne Änderung des Erklärungsinhalts); *Böse,* NStZ 2005, 370, 373 f. (Rechtsprechungsübersicht); *Fahl,* Anm. zu OLG Düsseldorf v. 03.02.1997 – 2 Ss 276/96 – 73/96 III, in: JA 1997, 925 ff.; *Kindhäuser,* LPK³, § 267 Rn. 51; *Krack,* Anm. zu OLG Düsseldorf v. 03.02.1997, 2 Ss 267/96 – 73/96, in: NStZ 1997, 602 f.; *Kudlich,* Anm. zu BGH v. 21.09.1999 – 4 StR 71/99 (BayObLG), in: JZ 2000, 426 f.; *Lampe,* Anm. zu OLG Düsseldorf v. 03.02.1997, 2 Ss 267/96, in: JR 1998, 304 f.; *Mann,* Anm. zu OLG München, v. 15.05.2006 – 4 St RR 053/06, NStZ 2006, 576 = NJW 2006, 2132 („Blenden" einer Verkehrsüberwachungs-Blitzanlage), in: NStZ 2007, 271 f. (zur Frage der Sachbeschädigung); *Heinrich,* Urkundenfälschung und artverwandte Delikte im Straßenverkehr, in: Kriminalistik 2006, 758 ff.

Vorsatz und Irrtum: Bettendorf, Der Irrtum bei den Urkundendelikten, 1997; *Erb,* in: MünchKommStGB, § 267 Rn. 201; *Puppe,* in: NK², § 267 Rn. 97 f.

3. Teil: Sonstige Urkundenstraftaten

I. Fälschung technischer Aufzeichnungen (§ 268)

235 Die Regelung des § 268 zur Fälschung technischer Aufzeichnungen entspricht konstruktiv der Vorschrift über die Urkundenfälschung. Auch § 268 kennt die Begehungsformen des **Fälschens**, des **Verfälschens** und des **Gebrauchens** – jedoch mit der Besonderheit, dass sich diese Formen der Tatbestandsverwirklichung nicht – wie bei § 267 – auf *Urkunden,* sondern auf **technische Aufzeichnungen** beziehen. Der Strafrahmen bei der Fälschung technischer Aufzeichnungen ist mit dem der Urkundenfälschung identisch; auch § 268 kennt eine **Versuchsstrafbarkeit** (Abs. 4). § 268 Abs. 5 erklärt § 267 Abs. 3 (**besonders schwere Fälle** mit **Regelbeispielen**) und Abs. 4 (**Qualifikationstatbestand** bei gewerbsmäßiger Begehung als Mitglied einer bestimmten Bande) für entsprechend anwendbar.

236 Anders als bei der Vorschrift über die Urkundenfälschung findet sich in § 268 Abs. 2 eine nähere Bestimmung des **Gegenstands**, dessen Fälschung usw. strafrechtlich missbilligt sein soll, sofern dies „zur Täuschung im Rechtsverkehr" geschieht. Nach dieser **Legaldefinition** ist eine technische Aufzeichnung „eine Darstellung von Daten, Mess- oder Rechenwerten, Zuständen oder Geschehensabläufen, die durch ein technisches Gerät ganz oder zum Teil selbsttätig bewirkt wird, den Gegenstand der Aufzeichnung allgemein oder für Eingeweihte erkennen läßt und zum Beweis einer rechtlich erheblichen Tatsache bestimmt ist, gleichviel ob ihr die Bestimmung schon bei der Herstellung oder erst später gegeben wird".

237 Eine im Grunde nur der **Klarstellung** dienende **Fälschungsform** nennt Abs. 3[1]: Die Beeinflussung des Aufzeichnungsergebnisses durch **störende Einwirkung auf den Aufzeichnungsvorgang**.

238 Der Tatbestand ist **gesetzestechnisch missglückt**, und seine Handhabung so umstritten, dass weder die Grundlagen noch zahlreiche Einzelfragen

---

[1] I.d.S. z.B. auch *Lackner/Kühl*[26], § 268 Rn. 8; *Wessels/Hettinger,* BT 1[32], Rn. 871 (§ 18 VII 3). – Für die Eigenständigkeit der Verwirklichungsform des Abs. 3 aber etwa *Kienapfel,* JR 1980, 347.

als auch nur einigermaßen geklärt angesehen werden können.² Obwohl die **praktische Bedeutung** der Vorschrift **nicht ganz unerheblich** ist,³ erscheint ihre Berechtigung in hohem Maße problematisch.⁴

239 **FALL 43:** A führte einen Lastzug, dessen **Fahrtenschreiber** infolge eines **(nicht von ihm vorgenommenen) Eingriffs** in den die Geschwindigkeitsanzeige übertragenden Tachometer eine **zu niedrige Geschwindigkeit** aufzeichnete. A wusste, dass und warum der Fahrtenschreiber fehlerhaft arbeitete. Er wollte im Falle einer Kontrolle mit Hilfe der unrichtigen Aufzeichnungen des Geräts über die von ihm tatsächlich gefahrene Geschwindigkeit **täuschen**.

240 **FALL 44:** Wie im Fall zuvor mit der Maßgabe, dass der frühere **Eingriff seitens eines Dritten A unbekannt** war. A nahm vielmehr an, das Gerät zeichne infolge irgendeines technischen Defekts nicht richtig auf.

1. Durch das Verbot der Fälschung technischer Aufzeichnungen intendierter Rechtsgüterschutz

241 Nach den Intentionen des Gesetzgebers sollte die Vorschrift auf der Linie der Regelungen liegen, die die „**Sicherheit** und **Zuverlässigkeit** des **Beweisverkehrs**"⁵ schützen, und insoweit die Lücke schließen, die sich aus der zunehmenden Ersetzung von Urkunden durch von technischen Geräten automatisch bewirkte **Aufzeichnungen ohne Urkundenqualität** (im herkömmlichen Sinne) ergab.⁶ Man dachte dabei an **Waagen mit selbsttätigem Druckwerk, Thermographen, Elektrokardiogramme** etc. Auch die in den **FÄLLEN 43** und **44** genannten **Fahrtenschreiber** gehören in diesen Zusammenhang.

---

² Zur Kritik vgl. die Nachw. bei *Lackner/Kühl*⁶, § 268 Rn. 1; ferner *Puppe,* in: NK², § 268 Rn. 5.
³ Im Jahre 2007 immerhin ca. 2 000 bekannt gewordene Fälle (1990: ca. 1 900; 1994: ca. 2 700); vgl. dazu oben Rn. 11.
⁴ Vgl. etwa *Tröndle,* in: LK¹⁰, § 268 Rn. 7 ff., 51 m. w. N.
⁵ Zu dieser – für die Einzelauslegung konkretisierungs- und spezifizierungsbedürftigen – Schutzintention aller Urkundendelikte im weiteren Sinne vgl. schon oben 1. Teil I (Rn. 1 – 6).
⁶ Vgl. BT-Drucks. V/4094, S. 37. – Ob sich diese Lücke nicht auch durch eine – vorsichtige – Ausdehnung des traditionellen Urkundenbegriffs schließen ließe, kann hier nicht behandelt werden (zu denken wäre insbes. an eine Lückenschließung durch ein weitgefasstes Ausstellerverständnis; mit Recht krit. gegenüber gewissen sachwidrigen Restriktionen des § 267 *Sieber,* Computerkriminalität und Strafrecht², S. 276 ff., 298 f.).

Das **faktische Interesse** der durch entsprechende Beweismittel potentiell **242** nachteilig betroffenen Personen dürfte wohl dahin gehen, dass technische Aufzeichnungen *in jeder Hinsicht* einwandfrei sind. Ob und inwieweit diesem Interesse (durch – strafbewehrte – Ver- und Gebote) Rechnung getragen werden kann und – speziell sub specie § 268 – soll, ist die Grundfrage, deren Beantwortung für die **Konkretisierung des Tatbestands** weichenstellende Bedeutung zukommt.

Dabei erscheint es **zweifelhaft**, ob eine sachgerechte Begrenzung des **243** (strafrechtlichen) Interessenschutzes **speziell mit Blick auf technische Aufzeichnungen** überhaupt möglich ist. Denn technische Aufzeichnungen sind im Grunde nichts anderes als auf bestimmte Art und Weise entstandene **Augenscheinsobjekte**[7], die sich in Bezug auf ihre Orientierungsfunktion im Rechtsverkehr von anderen Augenscheinsobjekten nicht im Geringsten unterscheiden und auch **keinerlei** *qualitativ abschichtbares* **Vertrauen** in eine – auch nur in bestimmter Hinsicht – zutreffende „Information" rechtfertigen. Anders als beim durch § 267 abgesicherten **Interesse an richtiger Zuordnung** einer bestimmten verkörperten Erklärung zu ihrem Aussteller[8] kann man die – sonstige – inhaltliche Unrichtigkeit nicht gleichsam der **Maschine** als einem eben **unzuverlässigen Aussteller** anlasten, wenn etwa das irreführende (aber technisch gesehen durchaus korrekte) Wiegeergebnis auf einer heimlichen Gewichtszugabe beruht und deshalb der gewogene Gegenstand entsprechend schwerer erscheint.[9]

Nach geläufiger – freilich nicht unbestrittener – Auffassung soll das **spezi- 244 fische Schutzinteresse** des § 268 das an einem „**normalen automatischen Herstellungsvorgang**" sein.[10] Für *dieses* Interesse an Manipulationsfreiheit kann es konsequenterweise nicht darauf ankommen, ob das Aufgezeichnete (ansonsten) inhaltlich zutrifft. Allerdings wird in der Regel eine Ausnahme für den Fall der lediglich **fehlerkorrigierenden Einflussnahme** gemacht, den man mittels des Erfordernisses der *störenden* **Einwirkung** auszufiltern

---

[7] Vgl. zur Problematik des strafrechtlichen Schutzes des Augenscheinsbeweises *Schilling,* Der strafrechtliche Schutz des Augenscheinsbeweises, S. 29 ff., 143 ff.
[8] Vgl. zu diesem spezifischen Schutzinteresse oben 2. Teil I (Rn. 18 – 62).
[9] Der Fall wird üblicherweise nicht als von § 268 erfasst angesehen; vgl. etwa *Lackner/Kühl*[6], § 268 Rn. 8 a. E. – Praktisch relevant kann auch der umgekehrte Fall der „gewichtserleichternden" Manipulation (etwa beim inzwischen weit verbreiteten Selbstwiegen der Ware im Supermarkt) werden.
[10] So z. B. *Lackner/Kühl*[6], § 268 Rn. 2; in der Sache ähnlich BGHSt 28, 300, 304; *Cramer/Heine,* in: Schönke/Schröder[27], § 268 Rn. 4; krit. aber z. B. *Puppe,* Die Fälschung technischer Aufzeichnungen, S. 149 ff.; vgl. auch *Sieber,* Computerkriminalität und Strafrecht[2], S. 319 ff.; *Zieschang,* in: LK[12], § 268 Rn. 1 ff. m. w. N.

pflegt.[11] Vor dem Hintergrund eines regelmäßig fehlenden Interesses daran, die fehlerkorrigierende Einflussnahme zu verhindern, ist die Herausnahme derartiger Konstellationen selbstverständlich – allerdings mit der Einschränkung, dass u. U. ein **Interesse** an richtiger (manipulationsfreier) **Dokumentation** des **fehlerhaften Funktionierens** bestehen und deshalb die fehlerkorrigierende Einflussnahme durchaus „störend" sein kann.

244a

Definition der *echten* technischen Aufzeichnung:
„Technische Aufzeichnung ist eine Darstellung von Daten, Mess- oder Rechenwerten, Zuständen oder Geschehensabläufen, die durch ein technisches Gerät ganz oder zum Teil selbsttätig bewirkt wird, den Gegenstand der Aufzeichnung allgemein oder für Eingeweihte erkennen läßt und zum Beweis einer rechtlich erheblichen Tatsache bestimmt ist, gleichviel ob ihr die Bestimmung schon bei der Herstellung oder erst später gegeben wird" (**Legaldefinition** in **§ 268 Abs. 2**).[12]

Einfachere und präzisere Definition:
Eine **echte technische Aufzeichnung** ist eine Darstellung von Daten, Werten, Zuständen oder Geschehensabläufen, die durch ein technisches Gerät ganz oder zum Teil selbsttätig mit einem erkennbaren neuen Informationsgehalt bewirkt wird und eine entsprechende Beweisfunktion erfüllt.

244b Zur Klarstellung: Sowohl bei **echten** als auch bei **unechten technischen Aufzeichnungen** handelt es sich um bloße **Augenscheinsobjekte**. Die unechte technische Aufzeichnung erfüllt nur dem Anschein nach die Anforderungen an eine echte.[13]

2. Tatbestandserfordernisse im Einzelnen

a) Erfordernis „selbständiger Verkörperung"?

245 Dieses – äußerst umstrittene – Erfordernis wird relevant in folgenden Fällen:

246 **FALL 45:** N handelte mit gebrauchten Kraftfahrzeugen. Um einen höheren Kaufpreis zu erzielen, drehte er bei einem Kraftfahrzeug, das 80 000 km gelaufen war, den **Kilometerzähler** auf 40 000 km zurück.

---

[11] Vgl. etwa *Cramer/Heine,* in: Schönke/Schröder[27], § 268 Rn. 51 m. w. N.
[12] Zur Definition der technischen Aufzeichnung vgl. auch *Küper,* BT[7], S. 27 f. (Stichwort: Aufzeichnung, technische) m. w. N.
[13] Zur Definition der unechten technischen Aufzeichnung s. noch unten Rn. 257a.

I. Fälschung technischer Aufzeichnungen (§ 268) 103

FALL 46: H mietete bei B einen Lkw. Um zu vermeiden, dass er Kilometergeld für die gesamte Strecke würde bezahlen müssen, **löste** er alsbald nach der Abfahrt die **Tachometerwelle** von dem **Tachometer** und erreichte auf diese Weise, dass der Kilometerzähler bei der Rückgabe des Wagens eine **kürzere Fahrtstrecke anzeigte**. 247

Früher sah der **BGH** das gesetzliche Erfordernis der „**Darstellung von Daten etc."** auch bei Anzeigegeräten, die den Stand eines fortlaufenden Messvorgangs angeben, dabei aber den jeweiligen Messwert nicht gleich wieder löschen, sondern ihn in die **nachfolgenden Werte miteinfließen** lassen (wie etwa bei **Stromzählern, Gas- und Wasseruhren**), als erfüllt an.[14] **Nunmehr** verlangt er unter Zustimmung eines Teils des Schrifttums eine Aufzeichnung, bei der die Information in einem **vom Gerät selbst abtrennbaren Gegenstand** enthalten ist (eine „**selbständige Verkörperung**" erfährt).[15] 248

Folgt man dem, kommt § 268 zwar in den **FÄLLEN 43** und **44** in Betracht, da in diesen Fällen eine selbständige Verkörperung in Gestalt der **Fahrtenschreiberaufzeichnung** auf dem **Schaublatt** vorliegt.[16] Dagegen scheidet Fälschung technischer Aufzeichnungen in den **FÄLLEN 45** und **46** von vornherein aus.[17] Vielmehr bleibt nur eine mögliche Betrugsstrafbarkeit. 249

Dass die **Gegenauffassung**[18] **gute Gründe** für sich ins Feld führen kann und die Argumente des BGH auf recht schwachen Füßen stehen, räumen indessen selbst Autoren ein, die letztlich dem BGH zustimmen.[19] Tatsächlich ermöglichen weder der **Wortlaut** der Strafvorschrift noch der **Wille des Gesetzgebers** eindeutige Schlüsse in die eine oder andere Richtung – und auch systematische Erwägungen sind von begrenztem Ertrag. Daran hat auch 250

---

[14] Vgl. den Hinweis auf BGH, Beschl. v. 21.12.1972 – 4 StR 566/72 in BGHSt 29, 204, 205. – Zu der entsprechenden Frage der Addition und Subtraktion bestimmter Werte bei Telefonkarten vgl. *Hecker,* JA 20004, 762, 763.
[15] BGHSt 29, 204 ff.; zustimmend etwa *Kienapfel,* JR 1980, 429; vgl. auch *dens.*, Gewährschaftsträger, S. 178 f.; *Kitz,* JA 2001, 303, 305; *Wessels/Hettinger,* BT 1³², Rn. 862, 864 (§ 18 VII 2); ferner *Otto,* BT⁷, § 74 Rn. 5; *Puppe,* in: NK², § 268 Rn. 24.
[16] Vgl. zu den *FÄLLEN 43* und *44* noch unten Rn. 260.
[17] Konsequenterweise auch eine Unterdrückung nach § 274 Abs. 1 Nr. 1.
[18] Vgl. insbes. LG Marburg MDR 1973, 65; OLG Frankfurt NJW 1979, 118 m. Anm. *Sonnen,* JA 1979, 168; *Erb,* in: MünchKommStGB, § 268 Rn. 12 ff.; *Hoyer,* in: SK StGB 45. Lfg. Juli 1998, § 268 Rn. 9; *Koch,* in: NomosHK-GS, § 268 Rn. 3; *Samson,* WuV Strafrecht II⁵, Fälle 6, 13; ferner *Arzt/Weber/Heinrich/Hilgendorf,* BT², § 32 Rn. 1; *Cramer/Heine,* in: Schönke/Schröder²⁷, § 268 Rn. 9, jew. m. w. N.
[19] Vgl. *Wessels/Hettinger,* BT 1³², Rn. 864 (§ 18 VII 2).

die Einführung des § 22b StVG im Jahre 2005 **nichts geändert**. Denn es bleibt durchaus offen, ob der Gesetzgeber hier tatsächlich eine Lücke des § 268 geschlossen[20] oder aber nur auf ein von der Rechtsprechung unnötigerweise künstlich erzeugtes **Defizit bei der** konkreten **Strafrechtsanwendung** reagiert hat. Außerdem kann § 22b StVG durchaus neben § 268 einen guten Sinn in Fällen ergeben, in denen ein Handeln zur Täuschung im Rechtsverkehr nicht (eindeutig) vorliegt. Deshalb bleibt im Grunde nur der Rekurs auf die *ratio* – und unter diesem Aspekt lässt sich ein **Unterschied** etwa zwischen einem „klassischen" **Fahrtenschreiber** (der das Erfordernis erfüllt)[21] und einem **Kilometerzähler** schwerlich ausfindig machen. Dann ist aber auch der Hinweis auf den in der Regel schon unter anderem Aspekt eingreifenden Strafrechtsschutz und das Bemühen, den Anwendungsbereich des § 268 nicht ausufern zu lassen, sondern kriminalpolitisch sinnvoll einzuschränken,[22] nicht mehr geeignet, die notwendige Differenzierung zu leisten – die Entscheidung ist dann im Grunde **willkürlich**. Begreiflich erscheint sie allenfalls vor dem Hintergrund des Bestrebens, den Anwendungsbereich einer schon **von der Anlage her verfehlten** – an irgendeiner Stelle ohnehin zu **willkürlichen Differenzierungen** zwingenden – **Sanktionsnorm** auf ein Minimum zu **beschränken**.

b) Erfordernis „selbsttätiger Bewirkung"

251 Mit Hilfe des in der Legaldefinition des § 268 Abs. 2 angesprochenen Erfordernisses des (ganz oder teilweise) selbsttätigen Bewirkens der Darstellung von Daten usw. werden üblicherweise **Tonbandaufzeichnungen, Filme, Fotografien** und **Fotokopien**,[23] aber etwa auch **maschinengeschriebene Briefe** aus dem Anwendungsbereich des Tatbestands herausgenommen. Dieses Erfordernis sei vielmehr erst dann erfüllt, wenn das Gerät durch einen in Konstruktion oder Programmierung festgelegten automatischen Vorgang

---

[20] So das Verständnis etwa von *Kindhäuser,* LPK³, § 268 Rn. 8 (unter Bezugnahme auf BT-Dr. 15/5315, 8 – die allerdings in der hier entscheidenden Hinsicht unergiebig ist.).
[21] „Moderne" Fahrtenschreiber, bei denen die Daten nicht mehr auf Schaublättern, sondern in internen Gerätespeichern erfasst werden, erfüllen das Erfordernis dagegen nicht. Zutreffend zur insofern ebenfalls willkürlichen Differenzierung etwa *Erb,* in: MünchKommStGB, § 268 Rn. 12 ff.; *Koch,* in: NomosHK-GS, § 268 Rn. 3.
[22] So die entscheidenden Überlegungen bei *Wessels/Hettinger,* BT 1³², Rn. 864 (§ 18 VII 2).
[23] BGHSt 24, 140, 142. – S. jedoch auch *Kitz,* JA 2001, 303, 305, der den selbständigen Informationsgehalt einer Fotokopie in der erklärten Übereinstimmung mit dem Original sieht.

einen Aufzeichnungsinhalt mit **neuem Informationsgehalt** hervorbringe. Seine Leistung dürfe **nicht** nur in der **bloßen Perpetuierung** eines von einem Menschen **unmittelbar verstehbaren Vorgangs** oder **Zustands** liegen.[24] Eine solche weitergehende Leistung sei aber etwa bei einer **automatischen Kamera mit** gekoppelter **Messvorrichtung** im Rahmen der Verkehrsüberwachung[25] oder bei **Aufzeichnungen** durch **Röntgengeräte** oder **Elektrokardiographen** zu bejahen.[26] Da *teilweise* Selbsttätigkeit genüge, dürfe die menschliche Mitwirkung dabei nur nicht so weit gehen, dass der Aufzeichnungsinhalt wie beim Schreiben auf einer Schreibmaschine entscheidend vom Menschen (und nicht von der Maschine) bestimmt werde.[27]

252 Die vorstehend bezeichnete Problematik der (ganz oder teilweise) selbsttätigen Bewirkung zeigt erneut, zu welchen im Grunde **zufällig-willkürlichen Differenzierungen** ein **missratener Tatbestand** wenn nicht zwingt, so doch zumindest verleitet. Die immer mehr oder weniger große **Komplexität des Verarbeitungs*vorgangs*** und die entsprechend zu bewertende Leistung eines technischen Geräts lassen sich nur schlecht in ein stimmiges Konzept des Rechtsgüterschutzes integrieren, dem es – grob gesprochen – um die Sicherheit und **Zuverlässigkeit** des Beweisverkehrs mit entsprechenden „**Produkten**" geht.

253 Allenfalls in Bezug auf die faktischen Manipulationsmöglichkeiten könnte man vielleicht annehmen, dass die Gefahr bei relativ komplexen Verarbeitungsvorgängen regelmäßig größer ist als bei einfachen. Indessen wäre dies wohl eher für die **konkreten Erscheinungsformen** des entsprechenden „Fälschungsdelikts" bedeutsam als für ein normativ angemessenes (und das heißt: **ratio-orientiertes**) **Tatbestandsverständnis**. Denn inwiefern es unter dem Aspekt des schutzwürdigen Interesses des Beweisverkehrs mit entsprechenden Produkten einen Unterschied machen soll, ob jemand durch einen **Eingriff in** den **Wiegevorgang** einer ihr **Ergebnis ausdruckenden Waage** ein irreführendes Produkt erzeugt (ein Fall, der nach der Intention des Gesetzgebers wohl erfasst werden sollte) oder ob jemand ein **Fotokopiergerät**, das bei ordnungsgemäßem Funktionieren identische Vervielfältigungsstücke einer Planskizze zu liefern vermag, heimlich so verstellt, dass die Plan-

---

[24] Vgl. etwa *Lackner/Kühl*[26], § 268 Rn. 4; *Zieschang*, in: LK[12], § 268 Rn. 17, jew. m. w. N. – Weiter dagegen das Verständnis der technischen Aufzeichnung bei *Schilling*, Fälschung technischer Aufzeichnungen (§ 268 StGB), S. 16 ff.; *Schröder*, JR 1971, 470. – Vgl. dazu auch *Cramer/Heine*, in: Schönke/Schröder[27], § 268 Rn. 17; *Joecks*, StGB[8], § 268 Rn. 17.
[25] *Lackner/Kühl*[26], § 268 Rn. 4 m. w. N.
[26] *Wessels/Hettinger*, BT 1[32], Rn. 868 (§ 18 VII 2 a. E.) m. w. N.
[27] Vgl. *Lackner/Kühl*[26], § 268 Rn. 4 f.

skizzen auf den **Kopien um 2 % kleiner** ausfallen (was infolge einer dadurch bedingten Fehlorientierung anderer verheerende Folgen haben kann), ist schlechterdings nicht einsichtig zu machen und damit **willkürlich**.[28] Begreiflich ist das verbreitete Bestreben, den Tatbestand bei **Kopien, Fotos, Tonbändern** usw. **nicht eingreifen zu lassen** – obwohl der Wortlaut der Strafnorm auch unter dem Aspekt der (teilweise) selbsttätigen Bewirkung eine Erfassung durchaus zuließe – wiederum nur vor dem Hintergrund dessen, dass der **Tatbestand ohnehin**, eben nur an anderer Stelle, **zur Willkür zwänge**.

c) Erkennbarkeit des Gegenstands und Beweisbestimmung

254 Die Gesetzesbegriffe der Erkennbarkeit des Gegenstands und der Beweisbestimmung werden im Allgemeinen – wegen ihrer Unbestimmtheit und der **Unklarheiten im Grundlagenbereich** des Tatbestands nicht verwunderlich – mit relativ vagen, teilweise höchst unterschiedlichen Bestimmungsfaktoren inhaltlich ausgefüllt.[29] Danach kann sich die notwendige **Erkennbarkeit** des **Bezugsobjekts** unmittelbar **aus der Aufzeichnung**, aus einer **räumlich-festen Verbindung** zu ihr oder aus einem **erläuternden Beziehungsvermerk** ergeben (z. B. **Namenseintrag** auf einem **EKG**; Vermerke auf dem **Schaublatt** eines Fahrtenschreibers). Mit Blick auf die ratio gilt es, insoweit die ebenfalls nicht überhöht anzusetzenden **Erfordernisse** des **Urkundenbegriffs**[30] **sinngemäß (!)** zu berücksichtigen.

255 Als **neben** einer **rechtverstandenen Beweisfunktion überflüssig** und nicht sachgerecht erweist sich vor dem Hintergrund des eigentlich intendierten Rechtsgüterschutzes das „Erfordernis" der (ursprünglichen oder nachträglichen) **Beweis*bestimmung*.**[31] Auch die umständliche Formulierung dieses „Erfordernisses" im Gesetzestext des § 268 belegt erneut, wie wenig durchdacht das Konzept dieses Tatbestands ist, und gibt ein **gutes Beispiel** dafür ab, wie **Gesetzgebung *nicht* aussehen** sollte!

d) Unechte technische Aufzeichnung – Tathandlungsformen

256 Formal sind die verschiedenen Tathandlungen des § 268 wie bei § 267 konstruiert: Es gibt Fälle des **Fälschens**, des **Verfälschens** und des **Gebrau-**

---

[28] Vgl. auch den i. d. R. nicht als erfasst angesehenen Fall der heimlichen Gewichtszugabe beim Wiegen; s. zu diesem Fall schon oben Rn. 243 m. Fn. 9.
[29] Vgl. den instruktiven Überblick bei *Zieschang*, in: LK[12], § 268 Rn. 19 ff. m. w. N.
[30] Vgl. zu diesen Erfordernissen oben 2. Teil II (Rn. 63 – 133).
[31] Vgl. dazu schon oben Rn. 109 f. (im Kontext der Urkundenfälschung). Gegen ein solches „Merkmal" auch *Puppe*, Die Fälschung technischer Aufzeichnungen, S. 144 ff., 242 f.

chens. Allerdings beziehen sich diese Formen der Tatbestandsverwirklichung nicht auf eine (echte oder unechte) Urkunde, sondern auf eine technische Aufzeichnung. Deshalb kann sich der Echtheitsbegriff auch nicht ohne Weiteres an den im Rahmen der Urkundenfälschung entworfenen Kriterien der **Echtheit** oder der **Unechtheit** orientieren, sondern muss **kontextspezifisch modifiziert** werden.

Üblicherweise wird eine technische Aufzeichnung als **unecht** angesehen, wenn sie **entgegen dem Anschein** überhaupt nicht oder **nicht** in ihrer konkreten Gestalt das **Ergebnis eines in seinem automatischen Ablauf unberührten Herstellungsvorgangs** ist.[32] Das wird **verneint bei** einer sogenannten **Input-Manipulation**.[33]

257

> **Definition der *unechten* technischen Aufzeichnung:**[34]
> Eine **technische Aufzeichnung** ist **unecht**, wenn sie entgegen dem Anschein nicht das Ergebnis eines in seinem automatischen Ablauf unberührten Herstellungsvorgangs ist.

257a

FALL 47: Zwischen dem **Bauern B** und dem Metzger M war vereinbart, dass das für den Kaufpreis maßgebliche **Schlachtgewicht** von Kälbern durch die **Differenz** zweier von der gemeindlichen Waage **ausgedruckter Wiegeergebnisse** festgestellt werden sollte: Gewogen wurde zunächst der leere – anschließend der beladene Viehanhänger. B packte mit dem Vieh heimlich **Bleigewichte** in den Anhänger, um ein größeres Differenzgewicht zu erzielen.

258

Die **Wiegeergebnisse** sind jeweils **nicht unecht** i. S. des § 268, sondern geben völlig korrekt das auf der Waage lastende Gewicht wieder. Das Verhalten des B ist allerdings unter dem Aspekt des Betrugstatbestands von Bedeutung. Ebenfalls nicht zu einer unechten technischen Aufzeichnung führt die Verwendung einer **„Gegenblitzanlage"** (z. B. einer auf dem Kennzeichen eines Kraftfahrzeugs angebrachten „Antiblitzfolie"), die in ihrer Wirkung auf das polizeiliche Radarfoto nichts anderes als eine **besondere Form** der

259

---

[32] Vgl. etwa *Jäger,* Examens-Repetitorium BT³, Rn. 453a; *Kitz,* JA 2001, 303, 305; *Küper,* BT⁷, S. 28 f. (Aufzeichnung, Unechtheit); *Lackner/Kühl*²⁶, § 268 Rn. 7; *Wessels/Hettinger,* BT 1³², Rn. 871 (§ 18 VII 3).

[33] Vgl. dazu *Heghmanns,* BT, Rn. 1412; *Kienapfel,* JR 1980, 347; *Kitz,* JA 2001, 303, 305; *Wessels/Hettinger,* BT 1³², Rn. 874 (§ 18 VII 3); ferner *Fischer*⁵⁶, § 268 Rn. 13a m. w. N.

[34] Zur Definition der unechten technischen Aufzeichnung vgl. auch *Küper,* BT⁷, S. 28 ff. (Stichwort: Aufzeichnung, Unechtheit) m. w. N.

Input-Manipulation darstellt.[35] Das entstandene Foto ist als technische Aufzeichnung echt i. S. des § 268. An einer unechten technischen Aufzeichnung fehlt es nach üblichem Verständnis auch im Falle der bloßen Ausnutzung einer **fehlerhaften**, nicht auf einem bewussten oder unbewussten Eingriff beruhenden **Arbeitsweise** eines Aufzeichnungsgeräts („**Eigendefekt**").[36] Jedoch sind viele Einzelheiten umstritten.[37]

260 Mit der vorstehend angesprochenen Konstellation der Inbetriebnahme eines mit einem „Eigendefekt" behafteten Gerätes wird in der Regel der Fall nicht gleichgesetzt, dass ein **technisches Gerät** – etwa ein Fahrtenschreiber wie den **FÄLLEN 43** und **44** – aufgrund eines (bewussten oder unbewussten) **menschlichen Eingriffs gestört** ist.[38] Hier sollen nach verbreiteter Auffassung **unechte technische Aufzeichnungen „produziert"** werden. Bei entsprechendem Vorsatz – auch in Bezug auf den Grund des Defekts (daran fehlt es in **FALL 44**) – und bei gegebener Täuschungsfunktion soll das entsprechende (aktive) **Herstellen** nach § 268 Abs. 1 Nr. 1 Fall 1 strafbar sein.[39]

261 Ein **begehungsgleiches** (manche würden sagen: „unechtes"[40]) **Unterlassungsdelikt** wird dementsprechend angenommen, wenn jemand einer **besonderen** (Garanten-)**Rechtspflicht** zuwider den störenden **Eingriff Dritter nicht verhindert** oder einer solchen Pflicht zuwider die **Inbetriebnahme** eines Geräts **zulässt**, das bekanntermaßen mit einem auf einem **menschlichen Eingriff beruhenden Defekt** behaftet ist.[41] Mit Blick auf die ratio dürfte indessen eher als eine derartige Orientierung am menschlichen

---

[35] S. dazu etwa OLG München NJW 2006, 2132 f. m. Anm. *Mann,* NStZ 2007, 271 f. (zur Frage der Sachbeschädigung); *Fischer*[56]*,* § 268 Rn. 13a; *Küper,* BT[7], S. 30 (Stichwort: Aufzeichnung, Unechtheit), jew. m. w. N.

[36] Vgl. BGHSt 28, 300, 306 f., 308 (unter Hinweis auf BT-Drucks. V/4094, S. 37); vgl. aber auch *Cramer/Heine,* in: Schönke/Schröder[27], § 268 Rn. 55, 58 zur – umstrittenen – Problematik begehungsgleichen Unterlassens (dazu sogleich noch im Text).

[37] Vgl. *Cramer/Heine,* in: Schönke/Schröder[27], § 268 Rn. 29 ff.; *Zieschang,* in: LK[12], § 268 Rn. 25 ff.

[38] So auch im Fall BGHSt 28, 300.

[39] Vgl. BGHSt 28, 300, 304; *Erb,* in: MünchKommStGB, § 268 Rn. 44; *Wessels/Hettinger,* BT 1[32], Rn. 878 (§ 18 VII 3).

[40] Zur Problematik des Terminus der „unechten Unterlassungsdelikte" und der Vorzugswürdigkeit des Begriffs der begehungsgleichen Unterlassungsdelikte vgl. *Freund,* AT[2], § 6 Rn. 12; s. auch *dens.,* Erfolgsdelikt und Unterlassen, S. 141 Fn. 29 et passim.

[41] So insbes. BGHSt 28, 300, 307; *Erb,* in: MünchKommStGB, § 268 Rn. 44; *Fischer*[56]*,* § 268 Rn. 13g; *Lackner/Kühl*[26]*,* § 268 Rn. 9; vgl. auch die Nachw. bei *Küper,* BT[7], S. 30 (Aufzeichnung, Unechtheit).

Eingriff als dem *Grund* des Defekts eine Orientierung an den auch ansonsten geltenden **allgemeinen Grundsätzen begehungsgleichen Unterlassens** überzeugen.[42]

Lediglich ein **Unterfall** der **Herstellung** einer unechten technischen Aufzeichnung ist in der von § 268 Abs. 3 erwähnten Beeinflussung des Aufzeichnungsergebnisses durch **störende Einwirkung auf** den **Aufzeichnungsvorgang** zu erblicken.[43] 262

Nach der auf einen Vorlagebeschluss des OLG Stuttgart ergangenen Entscheidung des BGH[44] liegt ein Fall der störenden Einwirkung auf den Aufzeichnungsvorgang auch vor, wenn jemand eine **Tachographenscheibe** verwendet, die **für Geräte** mit **anderen Geschwindigkeitsbereichen** bestimmt ist. 263

Für das **Verfälschen** einer technischen Aufzeichnung gilt das oben 2. Teil III 2 (Rn. 184 – 195) zur Urkundenfälschung Gesagte entsprechend. Auch beim Verfälschen einer technischen Aufzeichnung muss das **Ergebnis** eine **unechte technische Aufzeichnung** sein und unterscheidet sich diese Begehungsform vom Herstellen einer unechten technischen Aufzeichnung nur durch das „Ausgangsmaterial".[45] Für das **Gebrauchen** einer unechten oder verfälschten technischen Aufzeichnung gelten die Ausführungen oben 2. Teil III 3 (Rn. 196 – 205) zur **Urkundenfälschung** gleichfalls **sinngemäß**. 264

Zu den **Definitionen** des Herstellens, des Verfälschens und des Gebrauchens vgl. oben bei der Urkundenfälschung Rn. 183a, 195h, 205a. Für die **Tatbestandsmäßigkeit** des Verhaltens i. S. des § 268 bedarf es selbstverständlich ebenfalls der entsprechenden **rechtlichen Verhaltensmissbilligung**.[46] 264a

---

[42] So etwa *Cramer/Heine*, in: Schönke/Schröder[27], § 268 Rn. 54, 56 ff. – wobei allerdings klärungsbedürftig erscheint, wann genau einem Unterlassen die Qualität begehungsgleich-tatbestandsmäßigen Verhaltens zukommt; allgemein dazu *Freund*, Erfolgsdelikt und Unterlassen, 1992; s. auch *dens.*, AT[2], § 6 Rn. 1 ff.; *dens.*, in: MünchKommStGB, § 13 Rn. 1 ff., 60 ff.
[43] S. dazu die Nachw. oben Rn. 237 Fn. 1.
[44] BGH NJW 1994, 743.
[45] Zum insoweit nicht selten mitverwirklichten Unrecht der Unterdrückung einer technischen Aufzeichnung (§ 274 Abs. 1 Nr. 1) vgl. noch unten 3. Teil III (Rn. 275 – 298).
[46] Zu diesem selbstverständlich zu beachtenden allgemeinen Straftaterfordernis des Verstoßes gegen eine rechtlich legitimierte Verhaltensnorm näher *Freund*, AT[2], § 1 Rn. 12 ff., § 2; *ders.*, in: MünchKommStGB, vor § 13 Rn. 118 ff., 133 ff.

e) Tatbestandsvorsatz, Handeln „zur Täuschung im Rechtsverkehr", Verhältnis der Verwirklichungsformen zueinander

265 Für den Tatbestandsvorsatz, das Handeln zur Täuschung im Rechtsverkehr und das Verhältnis der einzelnen Formen der Tatbestandsverwirklichung zueinander gelten die **Überlegungen** oben 2. Teil IV – VI (Rn. 206 – 234) zur **Urkundenfälschung entsprechend.**

Vertiefungs- und Problemhinweise zur Fälschung technischer Aufzeichnungen

265a *Grimm,* Die Problematik der Urkundenqualität von Fotokopien, 1994, S. 113 ff.; *Kienapfel,* Urkunden und technische Aufzeichnungen, in: JZ 1971, 163 ff.; *Puppe,* Die Fälschung technischer Aufzeichnungen, 1972; *dies.,* Die neue Rechtsprechung zu den Fälschungsdelikten, in: JZ 1997, 490, 494 f; *dies.,* in: NK², § 268 Rn. 6 ff.; *Schilling,* Fälschung technischer Aufzeichnungen (§ 268 StGB), 1970; *ders.,* Reform der Urkundenverbrechen, 1971; *Zielinski,* Urkundenfälschung durch Computer, in: GS Armin Kaufmann, S. 605 ff.

Erfordernis einer „selbständigen Verkörperung"?: Erb, in: MünchKommStGB, § 268 Rn. 12 ff.; *Koch,* Angriff und Verteidigung in Computernetzen, S. 87 f.; *ders.,* in: NomosHK-GS, § 268 Rn. 3.

Fälschung der MAC-Adresse: Koch, Angriff und Verteidigung in Computernetzen, S. 73 ff.

Manipulierte Telefonkarten: Hecker, Herstellung, Verkauf, Erwerb und Verwendung manipulierter Telefonkarten, in: JA 2004, 762 ff.; *Hefendehl,* Strafrechtliche Probleme beim Herstellen, beim Vertrieb und bei der Verwendung von wiederaufladbaren Telefonkartensimulatoren – Zugleich eine Besprechung von LG Würzburg, NStZ 2000, 374, in: NStZ 2000, 348 ff.

II. Fälschung beweiserheblicher Daten (§§ 269, 270)

266 Auch die Vorschrift des § 269 weist **enge Verbindungslinien** zur **Urkundenfälschung** auf. Danach macht sich strafbar, wer zur Täuschung im Rechtsverkehr **beweiserhebliche Daten** so **speichert** oder **verändert**, dass bei ihrer **Wahrnehmung** eine **unechte** oder **verfälschte Urkunde vorliegen würde**, oder derart gespeicherte oder veränderte Daten **gebraucht**. Der Strafrahmen bei der Fälschung beweiserheblicher Daten entspricht dem der Urkundenfälschung; auch § 269 kennt eine **Versuchsstrafbarkeit** (Abs. 2). § 269 Abs. 3 erklärt § 267 Abs. 3 (**besonders schwere Fälle** mit **Regelbeispielen**) und Abs. 4 (**Qualifikationstatbestand** bei gewerbsmäßiger Begehung als Mitglied einer bestimmten Bande) für entsprechend anwendbar.

267 **FALL 48: A** hatte mit Hilfe der von ihm entwickelten Geräte an einem Geldausgabeautomaten zahlreiche **Kontendaten** und **Geheimnummern** für codierte Automatenscheckkarten gesammelt und gespeichert. Die Da-

ten übertrug er mit Hilfe eines **Codiergerätes** auf **Scheckkartenblankette**. Mit Hilfe dieser Kopien hob er an Geldautomaten von fremden Konten erhebliche Geldbeträge ab.

FALL 48a: Der **Account des A** bei einem **Internetauktionshaus** wurde aufgrund von Unregelmäßigkeiten (begangenen Betrügereien) vom Betreiber **gesperrt**. Dieser richtete sich daraufhin mit **fiktiven Angaben zu** seiner **Person** erneut einen Account ein. Unter Verwendung eines Pseudonyms verkaufte er von dort weiterhin Waren, ohne die vertragliche Gegenleistung erbringen zu wollen.

267a

1. Durch das Verbot der Fälschung beweiserheblicher Daten intendierter Rechtsgüterschutz

§ 269 soll – ebenso wie §§ 267, 268 – die „Sicherheit und Zuverlässigkeit des Beweisverkehrs" schützen,[47] soweit er sich beweiserheblicher Daten bedient.[48] Ob es der Vorschrift überhaupt bedurft hätte, kann bezweifelt werden. Tatsächlich hätte die legitime Funktion des § 269 bei angemessener Konzeption des Urkundenbegriffs ohne Weiteres auch von § 267 erfüllt werden können.[49] Die genaue Bestimmung des **Verhältnisses** von § 269 zur **Urkundenfälschung** und zur **Fälschung technischer Aufzeichnungen** bereitet einige Schwierigkeiten,[50] die aber auf der Basis der im Folgenden angestellten Überlegungen zum spezifischen Schutzbereich durchaus lösbar sind.

268

Infolge der ausdrücklichen und direkten Anknüpfung an das Unrecht der Urkundenfälschung kann als **spezifisches Schutzinteresse** des § 269 ebenfalls das Interesse an **korrekter Wiedergabe** des **wirklichen Willens des ausgewiesenen Ausstellers**[51] bezeichnet werden. Durch das Erfordernis des „hypothetischen Vergleichs"[52] wird lediglich das – im Kontext der Urkundenfälschung üblicherweise als notwendig angesehene – Kriterium der

269

---

[47] Zu dieser – für die Einzelauslegung konkretisierungs- und spezifizierungsbedürftigen – Schutzintention aller Urkundendelikte im weiteren Sinne vgl. schon oben 1. Teil I (Rn. 1 – 6).
[48] Vgl. *Lackner/Kühl*[6], § 269 Rn. 1 m. w. N.
[49] Vgl. dazu schon oben Rn. 88 f.
[50] Vgl. *Lackner/Kühl*[6], § 269 Rn. 1.
[51] S. zu diesem spezifischen Interesse als dem gemeinsamen Nenner durchaus verschiedener Schutzrichtungen näher oben 2. Teil I 4 (Rn. 51 – 62).
[52] Krit. dazu *Maurach/Schroeder/Maiwald*, BT 2[9], § 65 Rn. 88.

(visuellen) **Wahrnehmbarkeit** für überflüssig erklärt.[53] Ansonsten gilt aber für § 269 das zur **Urkundenfälschung nach § 267** Ausgeführte **sinngemäß**. In beiden Bereichen geht es um die Fälschung von Urkunden. Während bei § 267 (visuell) wahrnehmbare Urkunden betroffen sind, handelt es sich bei § 269 um Urkunden, die nicht unmittelbar (visuell) wahrgenommen werden können. Die für § 269 spezifische Perpetuierung der Erklärung eines bestimmten Ausstellers in einem **unsichtbaren Datensatz** ändert indessen nichts an der Erfüllung der auch für § 267 entscheidenden **Erfordernisse** der **unechten** bzw. **verfälschten Urkunde**.[54]

2. Tatbestandserfordernisse

270 § 269 unterfallende „Gegenstände" sind **beweiserhebliche Daten**, die elektronisch, magnetisch oder in einer sonstigen für die maschinelle Verarbeitung geeigneten Form gespeichert oder übermittelt werden. Darunter können etwa Angaben über Kontostände, über Eigentumsverhältnisse oder Daten in bestimmten Registern fallen. Abgesehen von dem Erfordernis der visuellen Wahrnehmbarkeit gilt das zur **Urkundenfälschung** Gesagte ohne Weiteres auch für den Bereich der **„Datenurkunden" des § 269**. Danach werden beispielsweise **Manipulationen** am **Magnetstreifen von Codekarten** im Bankomatverkehr regelmäßig tatbestandlich erfasst.

270a **Daten** i. S. des § 269 sind also – allgemein formuliert – grundsätzlich alle Informationen, die in einer für die maschinelle Verarbeitung geeigneten Form codiert sind.[55] Diesem Kriterium genügt auch eine **„normale" Urkunde** i. S. des § 267, wenn diese z. B. **eingescannt** oder (digital) **fotografiert** und dann entsprechend weiterverarbeitet werden kann. Jedoch ist in solchen Fällen zu beachten, dass das für den Bereich des § 267 postulierte Kriterium der **unmittelbaren visuellen Wahrnehmbarkeit** der verkörperten Erklärung eines bestimmten Ausstellers erfüllt ist. Dann macht der **insoweit speziellere § 267** den Rückgriff auf § 269 überflüssig. Das stellt letztlich auch die Formulierung des § 269 klar, die einen *hypothetischen* Vergleich mit der

---

[53] Letztlich liegt bei unmittelbarer Wahrnehmbarkeit der Daten (§ 202 a Abs. 2) wohl sogar ein Ausschlussgrund in Bezug auf den speziellen Tatbestand des § 269 vor. Dann greift allerdings § 267 ein!

[54] Instruktiv zu den sich daraus ergebenden Konsequenzen für den Prüfungsaufbau (der praktisch dem bei § 267 sinnvollen entspricht) *Erb*, in: MünchKommStGB, § 269 Rn. 4 ff. – Zur Parallelität der Schutzrichtungen von § 267 und § 269 vgl. auch *Puppe*, in: NK², § 269 Rn. 7.

[55] Näher zum – im Detail umstrittenen – Datenbegriff des § 269 *Dornseif/Schumann*, JR 2002, 52 ff.; *Erb*, in: MünchKommStGB, § 269 Rn. 13 ff.

„normalen" Urkunde des § 267 verlangt („..., daß bei ihrer Wahrnehmung eine unechte oder verfälschte Urkunde vorliegen würde").

Im **FALL 48** sind dementsprechend die Voraussetzungen des § 269 in den Formen des **Herstellens** und des **Gebrauchens** gegeben.[56] Die gespeicherten – nicht unmittelbar visuell wahrnehmbaren – Daten erfüllen sämtliche Merkmale des Urkundenbegriffs. Sie **verkörpern** die **Erklärung** der als **Aussteller** erkennbaren Bank, der Karteninhaber sei zur Geldautomatenbenutzung berechtigt, und erfüllen eine entsprechende **Beweisfunktion**. Durch die Übertragung (das Kopieren) des Datensatzes auf die Blankette (als neue Bezugsobjekte) wird – wie sonst beim **Austausch von Bezugsobjekten** bei zusammengesetzten Urkunden auch – der **Inhalt der Erklärung verändert** und auf diese Weise über den tatsächlichen **Aussteller getäuscht**. **271**

Hier verhält es sich gerade anders als im **Normalfall** der Anfertigung einer **Fotokopie** von einer **echten Urkunde**, in dem der Inhalt der Originalerklärung unangetastet bleibt und selbstverständlich eine **echte Urkunde produziert** wird. Die Annahme von *Lampe*,[57] bei Anerkennung der Urkundenqualität von (mit dem Original verwechslungsfähigen) Fotokopien wäre das Fotokopieren „eine kriminelle Tätigkeit par excellence, deren Bestrafung nur daran scheiterte, dass dem Täter die Absicht der Täuschung (und das Unrechtsbewusstsein!)" fehle, ist deshalb unzutreffend. Freilich gibt es auch beim Fotokopieren **Ausnahmefälle**, bei denen selbst ohne weitere Manipulationen (wie Überdecken etc.)[58] in den **Inhalt der Erklärung eingegriffen** wird: Die täuschend echte **Kopie** einer **Monatskarte** ist ebenso eine **unechte Urkunde i. S. des § 267** wie etwa die (hinreichend gute) **Farbkopie** eines **Geldscheins**![59] Dementsprechend wird – wie bereits gesagt – auch in **FALL 48** durch das Kopieren des Datensatzes auf die Blankette selbstverständlich eine **unechte „Datenurkunde" i. S. des § 269** hergestellt. **272**

Aus dem Zusammenspiel von § 267 und § 269 ergibt sich auch fast wie von selbst die angemessene Lösung der äußerst umstrittenen – bereits oben **272a**

---

[56] So auch BGHSt 38, 120, 122; vgl. ferner *Meier*, JuS 1992, 1017 f. – Zweifelhaft erscheint ein vollendetes Delikt in dem entsprechenden Fall von *Mürbe*, Jura 1992, 324, 325 f. (zum Zwecke des kostenlosen Tankens nachgeahmte Kundenkarte); denn da die nachgeahmte Karte von dem in Gang gesetzten Tankautomaten einbehalten wurde, könnte es sein, dass die Fälschung zu plump war, um ein für § 269 ausreichendes „Erfolgsunrecht" zu begründen; dann läge nur ein – allerdings strafbarer – untauglicher Versuch vor.
[57] *Lampe*, StV 1989, 209 (vgl. auch *Geppert*, Jura 1990, 271, 274).
[58] Vgl. dazu oben Rn. 100 – 102, 127 – 130 zu FALL 20.
[59] Zu weit insofern *Gustafsson*, Die scheinbare Urkunde, S. 160, die *jede* mit dem Original verwechselbare Fotokopie als unechte Urkunde ansieht.

(Rn. 127 ff.) näher behandelten – Problematik der **Fotokopie (einer Urkunde)**: Im Kontext des § 267 möchten viele noch immer zwischen „Original"-Urkunde und „Kopie" als einem bloßen Abbild des Originals differenzieren und der bloßen Kopie die Urkundseigenschaft (mit nicht überzeugenden Argumenten) absprechen. Dagegen wird im Kontext des § 269 vollkommen richtig erkannt, dass der Versuch einer **Differenzierung** zwischen **Original** und **Kopie sinnlos** ist, weil er von vornherein nicht gelingen kann.[60] Für das **urkundenspezifische Schutzinteresse** des § 269 ist sinnvollerweise nicht die Autorisierung einer **ganz bestimmten** konkreten **Erklärungs*verkörperung*** von Belang, sondern allein, ob der **Datensatz als solcher** die perpetuierte (verkörperte) **Erklärung** eines bestimmten Ausstellers darstellt und deshalb über alle technisch ablaufenden Vervielfältigungen und Wiedergaben hinweg als **autorisiert** gelten kann.[61]

272b Gelangt man bei § 269 zu dieser zutreffenden Einsicht, ist es aber wertungswidersprüchlich, den Schutzbereich des § 267 enger zu fassen und Kopien aus dem Urkundenbegriff des § 267 auszuschließen, indem Wert darauf gelegt wird, dass **jede einzelne Verkörperung** einer bestimmten Erklärung autorisiert ist. In solcher Sicht muss „das Ding an sich" (in dem die Erklärung perpetuiert wird) eine entsprechende **Widmung** aufweisen. Diese spezielle Widmung, die auch konkludent erfolgen kann, ist zwar bei vielen, aber sicher nicht bei allen Kopien anzunehmen. Indessen ist sogar bei einer den Ausstellerinteressen offensichtlich zuwiderlaufenden Anfertigung einer Kopie von einer Urkunde auch die in der **Kopie** konkret **verkörperte Erklärung** durchaus **authentisch**, solange nur nicht in den Inhalt der Erklärung eingegriffen wird. Auch wenn die Anfertigung der Kopie vom Aussteller des Originals nicht autorisiert ist, wird in der Kopie keine neue, sondern nur **dieselbe Erklärung** verkörpert, von der sich der Aussteller des Originals ohne Selbstwiderspruch nicht distanzieren kann – es ist vielmehr die seine. Für den Bereich des § 269 ist das eine schiere Selbstverständlichkeit!

---

[60] Dass die bei § 267 von vielen vorgenommene Differenzierung zwischen Original und Kopie bei § 269 keinen Sinn ergibt, erkennt etwa auch *Erb*, NStZ 2001, 317, 318; vgl. dazu ferner *Eßer*, Elektronische Signatur, S. 48 f.; *Lackner/Kühl*[26], § 269 Rn. 4; *Puppe*, in: NK[2], § 269 Rn. 27 f.; *dies.*, FG BGH IV, S. 569, 578 ff.; *Radtke*, ZStW 115 (2003), 26, 31 ff.; *Stuckenberg*, ZStW 118 (2006), 878, 887 f.

[61] Insofern zutreffend etwa *Erb*, NStZ 2001, 317, 318: Es geht um die codierte Zeichenfolge als solche. „Deshalb kann § 269 sinnvollerweise nicht die Authentizität einer (für sich genommen flüchtigen) Verkörperung schützen, sondern nur den Datensatz als solchen, und zwar *über technische Vervielfältigungen und Wiedergaben hinweg.*"

Der **Wortlaut** des § 267 erzwingt keineswegs ein verengtes Urkundenver- **272c** ständnis in dem Sinne, dass nur solche authentischen Erklärungsverkörperungen darunter fielen, für die (dem Anschein nach) eine spezielle Autorisierung des (Ansscheins-)Ausstellers angenommen werden kann.[62] Immerhin spricht auch § 269 vom Erfordernis einer „Urkunde", das ohne eine solche spezielle Autorisierung erfüllt ist. Und wenn man die **Systematik** der Urkundenstraftaten unter Berücksichtigung sinnvoller **rationes** in Rechnung stellt, spricht gerade das Verhältnis zu § 269 wohl zwingend dafür, keine unterschiedlichen sachlichen **Schutzbereiche** zu konstruieren, sondern strafrechtlichen Schutz bei allen Urkunden **unabhängig von** ihrer **konkreten Verkörperungsform** einheitlich zu gewährleisten. Es ergibt kein stimmiges Gesamtkonzept, den Strafschutz davon abhängig zu machen, ob bei einer **Datenurkunde** oder bei einer „**normalen" Urkunde** – etwa in **Papierform** – bei einem **Reproduktionsvorgang** in den **Inhalt der Erklärung eingegriffen** und auf diese Weise über die **Identität des Erklärenden** getäuscht wird.[63]

Wenn z. B. ein **E-Mail-Anhang**, der einen **Zahlungseingang bestätigt**, **272d** beim **Weiterleiten** so **manipuliert** wird, dass er einen höheren Betrag bestätigt, fällt dies unbestreitbar unter § 269. Dann muss es aber konsequenterweise von § 267 erfasst werden, wenn der Anhang ausgedruckt, beim Kopieren durch Überdecken manipuliert und sodann die **manipulierte Kopie** einem Brief **als Kopie in Papierform** beigefügt wird. Hier zu argumentieren, die manipulierte Kopie sei keine vom Aussteller des Originals autorisierte Erklärungsverkörperung, liegt neben der Sache und vernachlässigt nicht zuletzt **berechtigte Schutzinteressen** desjenigen, dem mit der manipulierten Kopie eine **fremde Erklärung untergeschoben** wird. Auch bei § 267 kann es nur um die korrekte Zuordnung der Zeichenfolge als Erklärung einer bestimmten Person gehen. Es wäre willkürlich, den Schutz zwar zu gewähren, wenn dem besagten Brief eine **manipulierte Kopie** auf einem **Datenträger** in Gestalt einer **CD** beigefügt wird, ihn aber zu versagen, wenn der Träger der manipulierten Daten nur in **Papierform** vorliegt.

Im Hinblick auf computerspezifische Besonderheiten sollen in puncto **273** **Ausstellererkennbarkeit** geringere Anforderungen gelten als bei der Urkundenfälschung. Da der Aussteller in aller Regel nicht mitabgespeichert werde, müsse seine Erkennbarkeit **aus den Umständen** genügen – etwa, dass der

---

[62] Das wird durchaus eingeräumt etwa von *Erb,* NStZ 2001, 317.
[63] Exemplarisch zur Austauschbarkeit der Erklärungsformen bzw. der entsprechenden Informationsträger und zur (zunehmenden) Bedeutung des elektronischen Verwaltungsverfahrens *Roßnagel,* NJW 2003, 469 ff.

Aussteller durch **Aufdrucke** auf das **im Drucker enthaltene Papier**, durch **Programmanweisungen** oder durch **Zugangsbeschränkungen** für die Teilnehmer am Datenverkehr ersichtlich wird.[64] Die Anforderungen an die Erkennbarkeit des Ausstellers müssen indessen nicht vermindert werden, wenn man sich auch im Bereich des § 267 zutreffend mit der Erkennbarkeit des Ausstellers aus den Umständen begnügt.[65]

273a Mit einer unter dem Gesichtspunkt des § 269 relevanten **Identitätstäuschung** hat man es auch im **FALL 48a** zu tun. Zwar treten die Akteure bei Internetauktionshäusern in der Regel unter einem **Pseudonym** auf, dieses muss jedoch die Identität des Marktteilnehmers hinreichend konkretisieren – es schafft dann (vergleichbar mit einem Künstlernamen) einen **zutreffenden Zuordnungstatbestand**. Denn die Pseudonymisierung muss im Rahmen fehlgeschlagener Transaktionen die **Rückführbarkeit** auf den **„wahren" Account-Inhaber** gewährleisten und tritt (wohl aus Datenschutz- und Praktikabilitätsgründen) lediglich an die Stelle von dessen Personalien.[66] An dieser Rückführbarkeit besteht jedenfalls ein **schutzwürdiges Interesse** anderer **Bieter** und **Anbieter**, welche sich darauf verlassen, dass hinter dem Pseudonym ein zutreffend individualisierbarer Akteur steht.[67] Bedenkenswert erscheint es in diesem Zusammenhang, bereits in der **Anmeldung** bei der **Auktionsplattform** ein **Fälschen beweiserheblicher Daten** zu sehen. Insoweit handelt es sich nicht lediglich um ein rechtlich irrelevantes Internum, denn auch der **Plattformbetreiber** hat durchaus ein (etwa in § 2 Abs. 3 der AGB von Ebay fixiertes) rechtlich **schützenswertes Interesse** daran, durch den Erhalt zutreffender Angaben bei der Anmeldung, die Durchsetz-

---

[64] Vgl. z. B. *Heghmanns,* BT, Rn. 1396; *Kitz,* JA 2001, 303, 304; *Lackner/Kühl*[26], § 269 Rn. 6; *Otto,* BT[7], § 70 Rn. 61; krit. gegenüber einer derartigen Auflockerung der Anforderungen im Verhältnis zu § 267 *Hoyer,* in: SK StGB, 45. Lfg. Juli 1998, § 269 Rn. 22 f.; s. dazu auch *Radtke,* ZStW 115 (2003), 26, 56 ff. (Erkennbarkeit des Ausstellers aus der Datenurkunde selbst nötig); ferner *Zielinski,* GS Armin Kaufmann, S. 605, 620 ff.

[65] Vgl. dazu bereits oben Rn. 124, 126.

[66] Dies verkennt OLG Hamm (referiert von *Jahn,* JuS 2009, 662, 663), welches den Käufer bei Abgabe seines Gebotes gegenüber dem unter fiktiven Personalien angemeldeten Verkäufer nicht getäuscht sieht, da Anbieter und Bieter jeweils um das Auftreten unter „Decknamen" wüssten.

[67] Trotz zutreffenden Ausgangspunktes anders insofern *Jahn* (in seinem Bericht zu OLG Hamm v. 18.11.2008 – 5 Ss 347/08), JuS 2009, 662, 664, der das Bewusstsein der Nutzer im Hinblick auf die schwache Verifikation der Daten betont und Ebay die Aufgabe zuweist, durch technische Vorkehrungen zutreffende Angaben der Nutzer zu ihrer Identität zu gewährleisten. – Zur Ablehnung unangemessener viktimodogmatischer Ansätze vgl. *Freund,* in: MünchKommStGB, vor § 13 Rn. 390 ff. und § 274 Rn. 15; *dens.,* JuS 1991, 723, 726.

barkeit eigener oder fremder Ansprüche gegen den Einrichter eines Accounts zu gewährleisten. Deshalb werden in **FALL 48a** bereits durch die Anmeldung die Voraussetzungen des § 269 Abs. 1 (**"Herstellen einer unechten Datenurkunde"**) erfüllt.

An die Erfüllung des Kriteriums der **Beweiseignung** der gefälschten Daten dürfen nach dem oben (Rn. 100 ff.) zur Urkundenfälschung Gesagten keine überzogenen Anforderungen gestellt werden. Notwendig ist lediglich eine Bedeutung der Daten im Sinne einer **"brauchbaren Indikation"** für die **Erklärung** des **(Anscheins-)Ausstellers** durch einen entsprechenden Informationsträger.[68] Hiernach weisen **"Phishing"-E-Mails** – also das Erschleichen von codierten Zugangsberechtigungen, insbesondere Pass- und Kennwörtern zur Bereicherung mit Hilfe dieser Daten – durchaus eine **hinreichende Beweiseignung** auf.[69] Hiergegen bestehen auch mit Blick auf die mangelnde Fälschungssicherheit keine durchgreifenden Bedenken. Denn ein bestimmtes Maß an **Fälschungssicherheit** ist gerade **kein konstituierendes Merkmal** der (Daten-)**Urkundseigenschaft**. 273b

Die lediglich der **Klarstellung** dienende Vorschrift des § 270 stellt die fälschliche Beeinflussung einer **Datenverarbeitung** im Rechtsverkehr der **Täuschung im Rechtsverkehr** gleich.[70] 274

Für die **Definition** der **Tathandlungen** des **Speicherns, Veränderns** und **Gebrauchens** gilt das im Kontext der **Urkundenfälschung** zum Herstellen, Verfälschen und Gebrauchen Gesagte **sinngemäß**. Tatbestandsmäßig i. S. des § 269 ist das Speichern, Verändern oder Gebrauchen ebenfalls nur unter der Voraussetzung, dass es gegen eine legitimierbare **tatbestandsspezifische Verhaltensnorm** verstößt.[71] 274a

---

[68] Vgl. dazu oben Rn. 98 ff.
[69] Insofern sachlich übereinstimmend etwa *Stuckenberg*, ZStW 118 (2006), 878, 887 f.; für das schweizerische Strafrecht vgl. *Gisin*, Kriminalistik 2008, 197, 199. – Nach der Gegenauffassung handelt es sich bei E-Mails in der Regel nicht um Datenurkunden i. S. des § 269, da sie wegen der leichten Manipulierbarkeit keine hinreichende Authentizität verbürgten; vgl. dazu *Frank,* Zur strafrechtlichen Bewältigung des Spamming, S. 161; *Hilgendorf/Frank/Valerius,* Computer- und Internetstrafrecht, Rn. 177.
[70] So etwa auch *Fischer*[56]*,* zu § 270; *Lackner/Kühl*[26]*,* § 270 Rn. 1; *Lenckner/Winkelbauer,* CR 1986, 824, 828. – Wegen eines zu engen Verständnisses der „Täuschung" konsequenterweise für eine mehr als nur klarstellende Funktion der Klausel z. B. *Kitz,* JA 2001, 303, 304; ferner *Erb,* in: MünchKommStGB, § 270 Rn. 1 m. w. N.
[71] Zu diesem selbstverständlich zu beachtenden allgemeinen Straftaterfordernis des Verstoßes gegen eine rechtlich legitimierte Verhaltensnorm vgl. nur *Freund,* AT[2], § 1 Rn. 12 ff. m. w. N.

Vertiefungs- und Problemhinweise zur Fälschung beweiserheblicher Daten

274b   *Buggisch,* Fälschung beweiserheblicher Daten durch Verwendung einer falschen E-Mail-Adresse, in: NJW 2004, 3519 ff.; *Dornseif/Schumann,* Probleme des Datenbegriffs im Rahmen des § 269 StGB, in: JR 2002, 52 ff.; *Eßer,* Der strafrechtliche Schutz des qualifizierten elektronischen Signaturverfahrens, 2006, S. 19 ff., 24 ff.; *Frank,* Zur strafrechtlichen Bewältigung des Spamming, 2003, S. 159 ff.; *Hartmann,* Neue Herausforderungen für das Urkundenstrafrecht im Zeitalter der Informationsgesellschaft, 2004; *Jahn,* Anm. zu OLG Hamm v. 18.11.2008 – 5 Ss 347/08, in: JuS 2009, 662 ff.; *Meier,* Strafbarkeit des Bankautomatenmißbrauchs, in: JuS 1992, 1017 ff.; *Puppe,* Urkundenschutz im Computerzeitalter, in: FG BGH IV, S. 569 ff.; *Radtke,* Neue Formen der Datenspeicherung und das Urkundenstrafrecht, in: ZStW 115 (2003), 26 ff.; *Rossa,* Missbrauch beim electronic cash – Eine strafrechtliche Bewertung, in: CR 1997, 219, 225 ff.; *Zielinski,* Urkundenfälschung durch Computer, in: GS Armin Kaufmann, S. 605 ff.

Zur Fälschung der IP-Adresse: Koch, Angriff und Verteidigung in Computernetzen, S. 89 ff.

Zum sog. „Phishing": Buggisch/Kerling, „Phishing", „Pharming" und ähnliche Delikte – Erscheinungsformen und strafrechtliche Bewertung in: Kriminalistik 2006, 531 ff.; *Gisin,* Phishing, in: Kriminalistik 2008, 197 ff. (zum schweizerischen Strafrecht); *Goeckenjan,* Phishing von Zugangsdaten für Online-Bankdienste und deren Verwendung, in: wistra 2008, 128 ff.; *dies.,* Auswirkungen des 41. Strafrechtsänderungsgesetzes auf die Strafbarkeit des „Phishing", in: wistra 2009, 47 ff.; *Graf,* „Phishing" derzeit nicht generell strafbar!, in: NStZ 2007, 129 ff.; *Heghmanns,* Strafbarkeit des „Phishing" von Bankkontendaten und ihrer Verwertung, in: wistra 2007, 167 ff.; *Joecks,* StGB[8], § 269 Rn. 19 ff.; *Koch,* in: NomosHK-GS, § 269 Rn. 10; *Stuckenberg,* Zur Strafbarkeit von „Phishing", in: ZStW 118 (2006), 878 ff.

Zu manipulierten Telefonkarten: Hecker, Herstellung, Verkauf, Erwerb und Verwendung manipulierter Telefonkarten, in: JA 2004, 762 ff.; *Hefendehl,* Strafrechtliche Probleme beim Herstellen, beim Vertrieb und bei der Verwendung von wiederaufladbaren Telefonkartensimulatoren – Zugleich eine Besprechung von LG Würzburg, NStZ 2000, 374, in: NStZ 2000, 348 ff.

III. Urkundenunterdrückung; Veränderung einer Grenzbezeichnung (§ 274)

275   Der Tatbestand des § 274 umfasst (mindestens) drei verschiedene Konstellationen: § 274 Abs. 1 Nr. 1 betrifft Fälle, in denen jemand eine **Urkunde** oder eine **technische Aufzeichnung**, welche ihm entweder überhaupt **nicht** oder nicht **ausschließlich gehört**, in der **Absicht**, einem anderen **Nachteil** zuzufügen, **vernichtet, beschädigt** oder **unterdrückt**; Abs. 1 Nr. 2 erfasst den Fall, dass jemand **beweiserhebliche Daten** (§ 202a Abs. 2), über die er **nicht** oder nicht **ausschließlich verfügen** darf, in der **Absicht**, einem anderen **Nachteil** zuzufügen, **löscht, unterdrückt, unbrauchbar macht**

oder **verändert**; und Abs. 1 Nr. 3 stellt schließlich den Fall unter Strafe, dass jemand einen **Grenzstein** oder ein **anderes** zur Bezeichnung einer Grenze oder eines Wasserstandes bestimmtes **Merkmal** in der **Absicht**, einem anderen **Nachteil** zuzufügen, **wegnimmt, vernichtet, unkenntlich macht, verrückt** oder **fälschlich setzt**. Der **Strafrahmen** entspricht dem der Urkundenfälschung; der **Versuch** ist strafbar (Abs. 2).

1. Durch das Verbot der Urkundenunterdrückung intendierter Rechtsgüterschutz

FALL 49: Wie **FALL 34** oben Rn. 173, in dem A das Entwerterfeld eines 276 **Einzelfahrausweises** mit einer **wachsähnlichen Schicht** versehen und bei Fahrtantritt abgestempelt hatte, mit der Ergänzung, dass er den **Entwerteraufdruck** nach Beendigung der Fahrt wieder **abwischte**.

Spezifisches Schutzinteresse der durch § 274 Abs. 1 Nr. 1 strafbewehrten 277 Verhaltensnorm ist das berechtigte **Interesse** des **Beweisführungsbefugten** an der Verfügbarkeit von Urkunden und technischen Aufzeichnungen (Interesse am **„Bestandsschutz"**).[72] Dabei ist nach h. M. ein solches Interesse nur in Bezug auf *echte* Urkunden und technische Aufzeichnungen geschützt.[73] Dem muss man für den Fall der Unterdrückung einer unechten Urkunde ungeachtet eines durchaus aufweisbaren Bestandserhaltungsinteresses – etwa im Prozess gegen den Fälscher – zustimmen: Hier fehlt gerade das *urkundenspezifische* **Interesse** (an der Verfügbarkeit eines in Bezug auf den wirklichen Ausstellerwillen korrekten Informationsträgers[74]) und lässt

---

[72] Der Topos der „äußeren Unversehrtheit" (verwendet etwa bei *Wessels/Hettinger*, BT 1³², Rn. 789 [§ 18 I 1]; *Otto*, JuS 1987, 761) ist dagegen im Kontext des Unrechts der Urkundenunterdrückung unspezifisch und nachgerade irreführend; vgl. dazu nur den Fall der Unterdrückung einer Gesamturkunde durch Hinzufügen einer (weiteren) Einzelurkunde unten Rn. 292 f.

[73] Vgl. etwa *Arzt/Weber/Heinrich/Hilgendorf*, BT², § 33 Rn. 28; *Lackner/Kühl*²⁶, § 274 Rn. 1; *Maurach/Schroeder/Maiwald*, BT 2⁹, § 65 Rn. 100; *Schilling*, Reform der Urkundenverbrechen, S. 23 ff.; *Wessels/Hettinger*, BT 1³², Rn. 888 (§ 19 I 2); *Zieschang*, in: LK¹², § 274 Rn. 3; anders *Lampe*, JR 1964, 14; *Welzel*, Das Deutsche Strafrecht¹¹, § 61 II 1 a.

[74] Zur vielfach allein aufweisbaren Individualschutzfunktion vgl. schon Rn. 3; insoweit zutr. gegen eine Leugnung des individualschützenden Charakters des § 274 I Nr. 1 *Cramer/Heine*, in: Schönke/Schröder²⁷, § 274 Rn. 2; *Hoyer*, in: SK StGB, 45. Lfg. Juli 1998, § 274 Rn. 1; *Wessels/Hettinger*, BT 1³², Rn. 886 f. (§ 19 I 1). – A. A. aber etwa *Kienapfel*, Jura 1983, 185, 187 f.

sich bloß das Interesse am **Erhalt** eines **Augenscheinsobjekts** aufweisen.[75] Die Möglichkeit, mit dem Falsifikat die Fälschung nachzuweisen, bedeutet keine Nutzung der urkundenspezifischen Beweisrichtung und liegt dementsprechend nicht im von § 274 erfassten Bereich. Unechte Urkunden sind keine tauglichen Tatobjekte.

277a **Keine Ausnahme** bilden in dieser Hinsicht die Fälle der **abredewidrigen Ausfüllung** eines **Blanketts** oder der sonstigen Bindung des Anscheinsausstellers im Außenverhältnis.[76] Zwar wird in solchen Fällen im Verhältnis zum abredewidrig Ausfüllenden mit Blick auf die **Verfälschung** des **wirklichen Willens** des ausgewiesenen Ausstellers eine **unechte Urkunde** hergestellt; diese ist kein taugliches Tatobjekt des § 274. Indessen **entsteht bei Begebung** dieser unechten Urkunde im Verhältnis zum **gutgläubigen Empfänger** wegen der erzeugten Bindungswirkung im Außenverhältnis eine „auchechte" Urkunde. Im Verhältnis zu diesem Empfänger, der ein **urkundenspezifisches Beweisführungsrecht** erwirbt, kann deshalb auch das Unrecht der Urkundenunterdrückung verwirklicht werden.

278 Geht man im **FALL 49** davon aus, dass im Anbringen des ungültigen, aber dem Anschein nach gültigen Entwertervermerks auf der Wachsschicht die **Herstellung** einer **unechten Urkunde** zu sehen ist,[77] liegt im **Abwischen** des Vermerks gerade **keine Urkundenunterdrückung**. Denn beseitigt wird nur eine unechte Urkunde. Es liegt darin dann **auch keine Urkundenfälschung**, weil die nicht entwertete Fahrkarte (als das Ergebnis des Abwischens) nicht als unechte Urkunde aufgefasst werden kann; dieses Ergebnis entspricht vielmehr der zutreffenden Erklärungssituation.

278a Nach zutreffender – wenngleich noch immer äußerst umstrittener – Auffassung ist die unmanipulierte **Fotokopie** einer (echten) Urkunde ihrerseits gleichfalls eine **echte Urkunde**[78] und damit taugliches Tatobjekt i. S. des § 274: Wenn eine Urkunde kopiert wird, enthält die Kopie grundsätzlich[79]

---

[75] Vgl. zur Unterdrückung von Augenscheinsobjekten *Schilling,* Der strafrechtliche Schutz des Augenscheinsbeweises, S. 184 ff. – Dass eine unechte Urkunde die spezifische Leistung der Urkunde bloß dem äußeren Anschein nach erbringt, betont mit Recht *Gustafsson,* Die scheinbare Urkunde, S. 100 et passim; s. auch *Erb,* in: MünchKommStGB, § 267 Rn. 27; *dens.,* GA 1999, 344.

[76] Näher zu solchen Fällen oben Rn. 41 ff. m. w. N.

[77] Vgl. dazu oben Rn. 174 – 176 m. Nachw. abweichender Auffassungen.

[78] Zur näheren Begründung dieser Position s. *Freund,* JuS 1991, 723 ff.; *dens.,* StV 2001, 234, 235 f.; ergänzend oben Rn. 99, 102, 127 – 130, 195d, 197, 202 – 204; ferner Rn. 272a ff.

[79] Eine Ausnahme gilt nur für zusammengesetzte Urkunden – etwa für Geldscheine, bei denen die jeweilige Erklärung auf die stoffliche Grundlage bezogen ist (s. dazu bereits oben Rn. 271 f.; ferner *Puppe,* in: NK², § 267 Rn. 82 f.). Im Normalfall ist

dieselbe **Erklärung wie** die **Vorlage.** Ebenso bleibt der **Aussteller** der Erklärung beim Kopiervorgang unverändert **derselbe.** Die Annahme, der Kopierende sei Aussteller der kopierten Erklärung bedeutet einen partiellen Rückfall in die eigentlich längst überwundene **Körperlichkeitstheorie.**

Eine **Fotokopie** wahrt auch die **Beweisfunktion** in dem erforderlichen Ausmaß. Je nach den Begleitumständen ist noch nicht einmal eine abgeschwächte Beweiskraft der Fotokopie anzunehmen. Selbst wenn aber von einer im Verhältnis zur Vorlage abgeschwächten Beweiskraft gesprochen werden kann, ist die Fotokopie jedenfalls **nicht ohne jeden Beweiswert.** Zusammen mit anderen Beweismitteln vermag sie sogar eine Indizfunktion zu übernehmen, die in ihrer Qualität vielen sogenannten „Originalurkunden" in nichts nachsteht. Man vergleiche insofern etwa den bei einem stark alkoholisierten Gast vom Kellner sogar ganz leicht zu fälschenden **Bierfilz**, der den Bierkonsum als **„Originalurkunde"** dokumentiert, mit der **Fotokopie** eines **handschriftlichen Zeugnistextes**, dessen **Authentizität** durch ein **Schriftsachverständigengutachten** nachdrücklich belegt wird. Die gängige Praxis des Rechtsverkehrs würdigt diese Gesichtspunkte schon seit langem durchaus angemessen. **278b**

Zur Klarstellung: Wenn bereits die einfache Kopie einer Urkunde die Urkundenerfordernisse erfüllt, wird eine **Beglaubigung** keineswegs überflüssig. Vielmehr dient die Beglaubigung der Übereinstimmung von Kopie und Originalvorlage der **Verstärkung** des urkundenspezifischen **Beweiswertes**, der bereits der unbeglaubigten Kopie zukommt. **278c**

Im hier interessierenden Zusammenhang bemerkenswert erscheint die bei der Urkunden*fälschung* bisweilen anzutreffende „viktimodogmatische" **Argumentation**: Dem Adressaten der durch die Austellermanipulation irreführenden Kopie sei es doch wohl zuzumuten, sich das Original oder aber eine beglaubigte Kopie vorlegen zu lassen. Wer auf die einfache **Kopie** „hereinfalle", sei sozusagen **selbst schuld.**[80] Dem ist schon für den Bereich der Urkundenfälschung Folgendes entgegenzuhalten: Das **Opfer** hat auch dann, wenn es sich auf eine Kopie verlässt, durchaus **berechtigte Schutzinteressen**. Der Irreführende kann jedoch seinerseits kein berechtigtes Interesse an seinem Handeln geltend machen. **278d**

---

aber der Inhalt der Erklärung von der stofflichen Grundlage, auf der sie steht, unabhängig.

[80] S. etwa *Krey/Heinrich*, BT 1¹⁴, Rn. 717; ferner *Grimm*, Die Problematik der Urkundenqualität von Fotokopien, S. 142 f. – Vgl. zur Problematik „viktimodogmatisch" begründeter Einschränkungen der Strafbarkeit *Freund*, in: MünchKommStGB, vor § 13 Rn. 390 ff.

278e Speziell bei der Urkunden*unterdrückung* ist die Argumentation mit den angeblich fehlenden berechtigten Schutzinteressen des Opfers indessen schon im Ansatz verfehlt. Denn wer – aus welchen Gründen auch immer – **nur** (noch) eine echte **Kopie** (einer echten Urkunde) **in seinen Händen** hat, kann nicht darauf verwiesen werden, sich das Original oder eine beglaubigte Kopie geben zu lassen. Schließlich geht es darum, sein berechtigtes Interesse an der **Verfügbarkeit** der **Kopie** als spezifisches Beweismittel zu schützen. Sein **urkundenspezifisches Beweisführungsrecht** an dieser Kopie darf ihm nicht genommen werden.

278f FALL 49a: A kaufte sich ein neues Notebook. Wegen der langen Garantie benötigte er eine Quittung, die auch noch nach mehreren Jahren aussagekräftig blieb. Da die **Quittung** mit einem **Thermodrucker** erstellt wurde, fertigte A sicherheitshalber eine **Kopie** von der Quittung an, um **Vorsorge** für den Fall des **Verblassens** der Quittung **zu treffen**. Im nach längerer Zeit eingetretenen Garantiefall war das Original bis zur Unkenntlichkeit verblasst. Die schadenfrohe Haushälterin **(H)** vernichtete die **Kopie** der Quittung, um A die Möglichkeit zu nehmen, seine Gewährleistungsrechte erfolgreich geltend zu machen.

278g FALL 49b: Wie in FALL 49a, nur dass der **Verkäufer (V)** – wegen der langen Garantie auf die verkaufte Ware – ausdrücklich **dazu geraten** hatte, die Kopie anzufertigen.

278h In FALL 49a würde wohl noch überwiegend eine **Strafbarkeit** der **H** wegen **Urkundenunterdrückung** nach § 274 Abs. 1 Nr. 1 wegen angeblich fehlender Urkundseigenschaft der Kopie abgelehnt und A damit urkundenstrafrechtlich[81] schutzlos gestellt werden.[82] Indessen ist die von der Quittung

---

[81] Die Sachbeschädigung als Eigentumsdelikt ist in der entscheidenden Hinsicht unspezifisch: Sie greift nur deshalb ein, weil das urkundenspezifische Beweisführungsrecht in Bezug auf die verkörperte Erklärung des Verkäufers *zufällig* mit dem Eigentum am Papier zusammentrifft. Indessen wird der eigentliche Unwertgehalt der Tat der H bei einem Schuldspruch bloß wegen eines Eigentumsdelikts aufgrund der unterschiedlichen Schutzrichtung nicht angemessen erfasst.

[82] Ganz sicher ist die Ablehnung der Urkundseigenschaft seitens derjenigen, die die Urkundseigenschaft einer Kopie grundsätzlich verneinen, allerdings nicht. Auf der Basis eines solchen Konzepts stellt sich nämlich die nicht leicht zu beantwortende Frage, ob der Verkäufer vielleicht stillschweigend (konkludent) mit der Anfertigung der Kopie einverstanden war und ob darin dann eine ausreichende Autorisation für die Anfertigung der Kopie als einer weiteren konkreten Erklärungsverkörperung erblickt werden kann. Die Anwort auf diese Frage fällt u. a. deshalb nicht leicht, weil zumindest nicht ganz ausgeschlossen werden kann, dass der Verkäufer in solchen Fällen sogar auf das Verblassen der Quittung spekuliert, weil er ganz froh darüber wäre, wenn der Käufer seine Gewährleistungsrechte ggf.

angefertigte **Kopie** nach allem Bisherigen eine **echte Urkunde**. Sie **verkörpert** keine andere **Erklärung** als die des **Verkäufers**, die auch in der verblassenden Quittung selbst enthalten ist – nämlich die für die Geltendmachung der Garantie relevante. Diese Kopie kann **nicht** als **bloßer Bericht des A** über das Vorhandensein eines entsprechenden „Originals" aufgefasst werden. Anders als eine derartige **Notiz des A**, die nur seine **eigene Erklärung** verkörperte, **ist** die **unmanipulierte Kopie** per se (als selbstredender Informationsträger) eine **originalgetreue Verkörperung** der **Erklärung des V**. Beim Kauf hat A zunächst nur ein **Beweisführungsrecht** an der in der Quittung verkörperten Erklärung erworben. Mit der – eigeninitiativen – Anfertigung der **Kopie**, welche die **nämliche Erklärung des Verkäufers** (und keine andere!) **perpetuiert**, erstreckt sich bei angemessener Würdigung der Interessenlage das Beweisführungsrecht des A auch auf die in der **Kopie** zu erblickende **weitere Erklärungsverkörperung**.

Der **rechtliche Schutz** des A kann **nicht** von der **Qualität** des verwendeten **Quittungsdruckers abhängen**. Vielmehr hat A ein **berechtigtes Interesse** an der **Verfügbarkeit** der in der **Kopie** enthaltenen **Erklärung des Verkäufers**. Es wäre nicht überzeugend, die Rechtsposition des A dadurch zu schmälern, dass man sein urkundenspezifisches Beweisführungsrecht auf die (verblassende) Quittung reduziert und ihn darauf verweist, sich davon rechtzeitig eine beglaubigte Kopie zu verschaffen. Solange es ihm durch technische Maßnahmen gelingt, die **verkörperte Erklärung** zu „retten", an der ihm ein **spezifisches Nutzungsrecht** zusteht, kann in Bezug auf diese Erklärung der Unwertgehalt der Urkundenunterdrückung verwirklicht werden. 278i

Die **Gegenauffassung**, welche die Rechte des A an der verkörperten Erklärung von einer speziellen Autorisierung jeder konkreten Erklärungsverkörperung durch den Erklärenden abhängig machen möchte, muss jedenfalls in **FALL 49b** die Urkundseigenschaft der ausdrücklich autorisierten Kopie bejahen. Der (strafrechtliche) **Schutz** des Käufers wird also **davon abhängig** gemacht, ob der **Verkäufer** daran gedacht und den **Käufer** auch darauf **hingewiesen** hat, dass eine **Sicherungskopie** angefertigt werden sollte. Von diesem mehr oder weniger **zufälligen** – mitunter sogar vom guten oder 278j

---

nicht beweisen könnte. Die unkommentierte Aushändigung der Quittung wäre unter diesen Umständen zwar illegal, änderte aber in concreto nichts an der faktisch fehlenden Autorisation durch den Erklärenden. – Bei Zugrundelegung eines zutreffenden Konzepts zur Urkundenqualität von Fotokopien wird allerdings deutlich, dass auch unter diesen Umständen die Kopie der Quittung selbstverständlich dieselbe (Garantie-)Erklärung des Verkäufers verkörpert wie die Vorlage. S. dazu ergänzend im Text!

bösen Willen des Verkäufers beeinflussten – **Unterschied** darf die **Rechtsposition** des **Käufers** an der **verkörperten Erklärung** aber nicht abhängen. Die Anfertigung der Kopie schafft auch im **Ausgangs-FALL 49a kein neues Beweisführungsrecht**, sondern wahrt und sichert lediglich in angemessener Form das durch den Erhalt der Quittung bereits erworbene. Damit handelt es sich in den **FÄLLEN 49a** und **49b** bei den angefertigten Kopien gleichermaßen um echte Urkunden, deren Unterdrückung von § 274 Abs. 1 Nr. 1 erfasst wird.

279   Die unter dem Blickwinkel des urkundenspezifischen Beweisführungsrechts dargestellte **Differenzierung** zwischen echten und unechten Urkunden ist auf technische Aufzeichnungen **nicht übertragbar**. Denn im Fall der Unterdrückung einer **unechten technischen Aufzeichnung** ist nicht ohne Weiteres einsichtig, weshalb das Interesse an der beweismäßigen Verfügbarkeit einer **echten technischen Aufzeichnung** (die inhaltlich durchaus falsch sein kann) anders zu beurteilen sein soll als ein entsprechendes Interesse in Bezug auf eine unechte technische Aufzeichnung (die inhaltlich zutreffen kann[83]). Denn **beides** sind im Grunde bloße **Augenscheinsobjekte**. Es zeigt sich insoweit wohl nur erneut die **Fehlkonzeption des § 268**.[84]

280   In den **Nrn. 2** und **3** des **§ 274 Abs. 1** ist zunächst ein der Nr. 1 entsprechendes **Schutzinteresse** eines **Beweisführungsbefugten** an der **Verfügbarkeit** bestimmter **Daten, Grenz-** oder **Wasserstandsmarkierungen**[85] erfasst. Daneben ist in den **Nrn. 2** und **3** (insbesondere in den Verwirklichungsformen des „**Veränderns**", des „**Verrückens**" und des „**fälschlichen Setzens**") auch ein Interesse am Schutz vor Schaffung eines für den Rechtsverkehr **irreführenden Orientierungsdatums** angesprochen, wie es **vergleichbar** (wenn auch ausschnitthaft in Bezug auf die korrekte Wiedergabe des wirklichen Ausstellerwillens) in **§ 267** erfasst ist. Soweit das „**fälschliche Setzen**" auch Verhaltensweisen eines an sich Berechtigten erfassen soll,[86] besteht sogar eine **Parallele zur** – urkundenstrafrechtlich nur ausnahmsweise[87] erfassten – **schriftlichen Lüge** bei korrekter Ausstellerangabe.

---

[83]   Vgl. dazu oben Rn. 244.
[84]   Vgl. dazu schon oben Rn. 238, 243.
[85]   Darauf, ob das Grenz- oder Wasserstandsmerkmal tatsächlich an richtiger oder falscher Stelle steht, soll es nicht ankommen, sofern nur ein Berechtigter es gesetzt hat; vgl. *Lackner/Kühl*[6], § 274 Rn. 6; *Zieschang*, in: LK[12], § 274 Rn. 17 ff.
[86]   Vgl. *Tröndle*, in: LK[10], § 274 Rn. 36.
[87]   Vgl. § 348; dazu unten 3. Teil IV 1 (Rn. 299 – 326).

III. Urkundenunterdrückung; Veränderung einer Grenzbezeichnung (§ 274)   125

2. Tatbestandserfordernisse

Mit Blick auf die spezifische Schutzrichtung der Nr. 1 des § 274 muss die **281** *echte* Urkunde (oder die **technische Aufzeichnung**) einem **anderen** als dem Täter in dem Sinne **„gehören"**, dass ihm daran ein **spezifisches Beweisführungsrecht** zusteht. Dafür sind die zivilrechtlichen **Eigentumsverhältnisse irrelevant**, so dass auch der Eigentümer Täter sein kann.[88]

FALL 50: Wie oben FALL 6 (**Kaufmann K änderte nachträglich** seine **282 Handelsbücher**, nachdem in einem Zivilprozess deren **Vorlage gerichtlich angeordnet** wurde).

FALL 51: Wie oben FALL 8 (**Bierkutscher**, der in dem von der Wirtin **283** verwahrten **Bierbuch nachträglich** eine nicht geleistete **Lieferung eintrug**).

In den genannten Fällen scheitert deshalb die Anwendbarkeit des § 274 **284** Abs. 1 Nr. 1 nicht etwa daran, dass die **Handelsbücher** zivilrechtlich im Eigentum des K stehen oder das **Bierbuch** u. U. dem Bierkutscher selbst **(eigentumsrechtlich) „gehört"**. Vielmehr liegt in beiden Fällen dennoch das für die Urkundenunterdrückung maßgebliche **Beweisführungsrecht eines anderen** (des **Prozessgegners** bzw. der **Wirtin**) vor, weshalb die Urkunden K bzw. dem Bierkutscher i. d. S. „nicht ausschließlich gehören".[89] Allerdings werden sich zivilrechtliche Fremdheit und urkundliches Beweisführungsrecht eines anderen nicht selten – wenn auch normativ gesehen zufällig – „decken":

FALL 52: Wie oben FALL 22 (**Jurastudent**, der aus einem heimlich mitge- **285** nommenen **Buch** des **Juristischen Seminars** den **Stempel ausradierte**).

Im **Fall** des **Jurastudenten** steht das **Buch samt Stempel (!)** nicht nur in **286** fremdem Eigentum, sondern es spricht einiges dafür, dem berechtigten Eigentümer auch ein für § 274 Abs. 1 Nr. 1 ausreichendes **Beweisführungs-**

---

[88] BGHSt 29, 192, 194; *Heghmanns*, BT, Rn. 1417; *Küper*, BT[7], S. 330 ff. (Stichwort: Urkunde, Nicht-Gehören); *Lackner/Kühl*[26], § 274 Rn. 2; vgl. auch den Rechtsprechungsüberblick von *Puppe*, JZ 1991, 550, 553 f.; s. auch *dies.*, JZ 1986, 938, 948. – Zur Frage, wem die Schaublätter eines Fahrtenschreibers „gehören", vgl. *Schneider*, NStZ 1993, 16 ff. (a. a. O., 19 ff. auch zur Problematik einer „Sperrwirkung" des Ordnungswidrigkeitenrechts für die Urkundenunterdrückung sowie zur Bedeutung des Selbstbegünstigungsprinzips [„nemo tenetur"]). – Näher zur Problematik des „Gehörens" *Freund*, in: MünchKommStGB, § 274 Rn. 17 ff.

[89] Das nehmen in der Sache auch diejenigen an, die in den Beispielsfällen – m. E. zu Unrecht – Urkundenfälschung in der Form des Verfälschens einer echten Urkunde bejahen. Denn für das Verfälschen wird vorausgesetzt, dass ein Recht am unveränderten Fortbestand verletzt wird; vgl. dazu oben Rn. 32 f., 187.

recht in Bezug auf den **Eigentumsnachweis** zuzugestehen. Eine andere Einschätzung würde m. E. der erkennbaren **Funktion** eines derartigen **Stempels** nicht gerecht und entsprechend legitime Interessen ohne ersichtlichen Grund unberücksichtigt lassen.[90]

287 Bemerkenswert unter dem Aspekt des Beweisführungsrechts erscheint schließlich **FALL 49**, sofern man – entgegen der hier vertretenen Auffassung[91] – im Anbringen des Stempelaufdrucks auf dem präparierten Entwerterfeld *keine* Urkundenfälschung erblickt, also davon ausgeht, dass eine echte Urkunde entstanden sei. Dann kommt zwar grundsätzlich eine **Urkundenunterdrückung** durch das spätere Abwischen in Betracht. Indessen ist eine solche letztlich dennoch **abzulehnen**, weil **kein Beweisführungsrecht der Straßenbahn-AG** begründet werden kann.[92]

288 Das zeigt folgende einfache Kontrollüberlegung: Der Kunde eines Beförderungsunternehmens, der seinen Fahrschein ordnungsgemäß entwertet hat, verletzt sicher kein fremdes Beweisführungsrecht, wenn er – aus welchen Gründen auch immer – dies einem Kontrolleur gegenüber verheimlicht. **Beweisführungsberechtigt** ist vielmehr **ausschließlich** der **Kunde** – der auch allein die Nachteile bei vereitelter Beweisführung tragen muss, während das **Verkehrsunternehmen** auf alle Fälle dadurch abgesichert ist, dass es bei fehlendem Nachweis der Fahrtberechtigung das übliche sogenannte „**erhöhte Beförderungsentgelt**" verlangen kann. Fehlt es so gesehen schon während der Fahrt an einem anzuerkennenden Beweisführungs*recht* des Verkehrsunternehmens in Bezug auf einen ordnungsgemäß entwerteten Fahrschein, muss dasselbe erst recht für die Zeit nach der Benutzung des

---

[90] Zur problematischen Herabstufung sogenannter „bloßer" Eigentümerzeichen bzw. Kennzeichen vgl. oben Rn. 107 f. – Zur Frage des Konkurrenzverhältnisses zwischen einer Urkundenunterdrückung und einem Zueignungsdelikt in einem entsprechenden Fall vgl. BGH NJW 1955, 876 (Leitsatz): Zurücktreten der Urkundenunterdrückung.
[91] S. dazu oben Rn. 174 – 176.
[92] A. A. aber etwa *Puppe*, JR 1983, 429, 430, die annimmt, der ungültige (!) Stempelaufdruck habe die Funktion zu beweisen, dass die aufgrund des Blankofahrscheins geschuldete (!) Leistung erbracht worden sei. Das erscheint so nicht richtig. Denn die konkret erbrachte Leistung ist im Falle der ungültigen Entwertung doch gar nicht geschuldet (deren Inanspruchnahme ist vielmehr trotz erworbenen Blankofahrscheins unrechtmäßig; vgl. die Beurteilung der konkreten Fahrt in einem entsprechenden Fall als Leistungserschleichung nach § 265a bzw. gar als Betrug durch das OLG Düsseldorf VRS 82 [1992], 28 und JR 1983, 428). Und dass der Stempel die Funktion habe, eine „Schwarzfahrt" nachzuweisen bzw. dass in Bezug auf ihn ein entsprechendes Beweisführungsrecht bestehe, wird man schwerlich annehmen können.

Verkehrsmittels und auch für einen nicht ordnungsgemäß entwerteten Fahrschein gelten. Ein **Recht zur Führung des Nachweises** der Fahrtberechtigung hat durchweg *ausschließlich* der Kunde. Und eine ganz andere – für § 274 Abs. 1 Nr. 1 irrelevante – Frage ist es, inwieweit das Verkehrsunternehmen verlangen kann, dass der Kunde den entsprechenden Nachweis als den ihm obliegenden (!) führt (beispielsweise wohl kaum mehrere Stunden nach Beendigung der Fahrt, sondern höchstens noch unmittelbar nach dem Verlassen des Verkehrsmittels). Diese Frage des Rechts, von einem anderen verlangen zu können, dass er einen bestimmten Beweis führt (**Recht *auf* Beweisführung *durch* einen anderen**), darf aber nicht verwechselt werden mit dem für § 274 allein entscheidenden Recht, mit einer Urkunde *selbst* den entsprechenden Beweis zu führen![93]

Für die Tauglichkeit als Tatobjekt des § 274 Abs. 1 Nr. 1 kommt der **Beweisbestimmung** (als subjektiver Zwecksetzung) *neben* der Beweisfunktion bzw. dem (mit dem „Gehörens"-Begriff vorausgesetzten) Beweisführungs*recht* eines anderen ebenso wenig selbständige Bedeutung zu wie im Kontext der Urkundenfälschung.[94] Sie ist jedenfalls **als selbständiges Merkmal überflüssig**. Denn inwiefern einem Gegenstand, der die erforderliche Perpetuierungs-, Beweis- und Garantiefunktion erfüllt und in Bezug auf den ein fremdes Beweisführungsrecht besteht, eine für das Unrecht der Urkundenunterdrückung zusätzlich erforderliche Beweisbestimmung fehlen sollte, ist schwerlich vorstellbar. Nicht gemeint sein kann doch wohl der Fall, dass der **Beweisführungsberechtigte** tatsächlich **kein Interesse** hat (und dies auch bekundet). Denn dabei handelt es sich entweder um eine Konstellation der rechtfertigenden Einwilligung oder aber um einen Fall, in dem jedenfalls ein *tatbestandlich relevantes* **Beweisführungsrecht** eines anderen abzulehnen ist.[95]

Bei sämtlichen **Tathandlungen** (Vernichten, Beschädigen oder Unterdrücken)[96] kommt es entscheidend auf die **Vereitelung** des **Beweisführungsrechts**[97] an – nicht auf eine **Substanzbeeinträchtigung** (die – wie oben in der **VARIANTE DES FALLES 5**, in der der Gläubiger die Quittung

289

290

---

[93] Vgl. zu dieser wichtigen – aber oft vernachlässigten – Differenzierung *Freund*, in: MünchKommStGB, § 274 Rn. 21 ff.; *Koch*, in: NomosHK-GS, § 274 Rn. 5.
[94] Vgl. dazu oben Rn. 109 f. sowie ergänzend *Puppe*, Die Fälschung technischer Aufzeichnungen, S. 243.
[95] Zum Streit um die Rubrizierung eines derartigen Falles vgl. nur *Wessels/Hettinger*, BT 1[32], Rn. 886 f. (§ 19 I 1) m. w. N. pro et contra.
[96] Vgl. dazu die Definitionen bei *Küper*, BT[7], S. 327 f. (Stichwort: Urkunde, Beschädigen, Vernichten, Unterdrücken).

zerriss – **nur faktisch** oft mit einhergeht). So kann etwa die bloß **zeitweilige Vorenthaltung** ein **Unterdrücken** sein. Selbst das **Hinzufügen eines Gegenstands** ohne Beeinträchtigung der Substanz des Vorhandenen (z. B. durch **Überkleben**) kann das Vorhandene *als Urkunde* der Verfügung des Berechtigten entziehen und deshalb als Unterdrücken aufzufassen sein.

291 **FALL 53:** A klebte in einem **Selbstbedienungsladen** bei einem **Schirm** einen mitgebrachten **Aufkleber** („Sticker") auf das **Preisetikett**, um den Schirm beim Verlassen des Geschäfts als seinen eigenen ausgeben zu können.

292 Auch wenn das Preisetikett auf dem Schirm seiner Substanz nach trotz des Überklebens noch vorhanden ist, wird durch das Überkleben die Funktion der Beweisführung (in Bezug auf die Eigentumsverhältnisse) vereitelt und deshalb die „**Beweiseinheit**" als Urkunde unterdrückt. Ganz entsprechend verhält es sich im Falle einer Gesamturkunde, bei der eine weitere **Einzelurkunde hinzugefügt** wird und dadurch nicht nur eine inhaltlich anders lautende neue Gesamturkunde entsteht, sondern zugleich die ursprüngliche **Gesamturkunde** der Beweisführung des Berechtigten entzogen und mithin **unterdrückt** wird.[98]

293 Hierin liegt die zutreffende Lösung des **Bierkutscher-FALLES 51** (bzw. 8), in dem B nachträglich nicht erbrachte Bierlieferungen in das Bierbuch eintrug, soweit eine **Veränderung eigener Erklärungen** des B in Frage steht.[99] Auch ohne Substanzbeeinträchtigung wird in diesem Fall das Recht der Wirtin zur Beweisführung mit der ursprünglichen Gesamturkunde dadurch verletzt, dass diese ursprüngliche Gesamturkunde *als Urkunde* **unterdrückt** – wenn nicht sogar **vernichtet** – wird.[100]

---

[97] Zu eng insofern wohl OLG Düsseldorf NStZ 1981, 25, 26, wenn es als Tathandlung die Entnahme eines Protokolls *zur Verhinderung der Einsichtnahme* nicht ausreichen lassen möchte.

[98] Verkannt ist dieses Unrecht der Urkundenunterdrückung etwa bei *Wessels,* BT 1[21], Rn. 824 (§ 18 IV 2) (Lösung seines Falles 50) (*Wessels/Hettinger,* BT 1[32], Rn. 850 [§ 18 IV 2] lässt diese Frage bei der Lösung des Falles 49 offen und geht davon aus, dass die Urkundenunterdrückung jedenfalls verdrängt werde). S. dazu auch *Hillenkamp,* 40 Probleme aus dem BT[11], S. 57 ff. (zum Bierkutscher-Fall); *Hoyer,* in: SK StGB, 45. Lfg. Juli 1998, § 267 Rn. 79.

[99] Zur Relevanz einer etwaigen Erklärung der Wirtin vgl. oben Rn. 195 und *Freund,* JA 1995, 660, 661.

[100] Vgl. auch den FALL 36 des Lehrers oben Rn. 185 und *Freund,* JA 1995, 660, 663.

> **Definitionen der Vernichtung, Beschädigung oder Unterdrückung einer Urkunde:**[101]
> Eine Urkunde **vernichtet**, wer so auf sie einwirkt, dass sie keine Erklärung ihres Ausstellers mehr perpetuiert.
> **Beschädigt** wird eine Urkunde, wenn sie derart verändert wird, dass sie die Erklärung ihres Ausstellers nicht mehr uneingeschränkt perpetuiert und deshalb der entsprechende Beweiswert mehr als nur unerheblich beeinträchtigt ist.
> Eine Urkunde wird **unterdrückt**, wenn dem Beweisführungsberechtigten für einen mehr als nur unerheblichen Zeitraum ihre Benutzung als Beweismittel für die Erklärung des Ausstellers entzogen oder vorenthalten wird.

293a

Für die **Tatbestandsmäßigkeit** des **Verhaltens** i. S. des § 274 bedarf es selbstverständlich zusätzlich des **Verstoßes** gegen eine entsprechende rechtliche **Verhaltensnorm**.[102]

293b

Für den nach allgemeinen Regeln erforderlichen **Vorsatz** gilt das oben 2. Teil IV (Rn. 206 – 211) bei der **Urkundenfälschung** Gesagte **sinngemäß**. In Bezug auf die vorausgesetzte **Absicht**, einem anderen **Nachteil**[103] **zuzufügen**, muss man auf die **Funktion des Verhaltens**, ein (u. U. auch nur für möglich gehaltenes) fremdes Beweisführungsrecht (für den Fall seines Bestehens) zu beeinträchtigen, abstellen.[104]

294

Die erforderliche Nachteilsabsicht liegt danach beispielsweise vor, wenn jemand einen **Schuldschein** über eine Schuld **verbrennt**, von der er nicht genau weiß, ob sie nicht bereits beglichen ist, wenn er für den Fall ihrer Nichtbegleichung erreichen möchte, dass der Gläubiger ihr Bestehen nicht beweisen kann. Insoweit genügt es für die entsprechende Funktion der Nachteilszufügung, dass sie **Mittel zur Erreichung eines anderen Zieles** ist – hier: die Inanspruchnahme zur Zahlung zu vermeiden.

295

---

[101] Vgl. dazu die – allerdings z. T. abweichenden – Definitionen bei *Küper*, BT⁷, S. 327 f. (Stichwort: Urkunde, Beschädigen, Vernichten, Unterdrücken); ferner – mit Beispielen – *Freund*, in: MünchKommStGB, § 274 Rn. 39 ff.

[102] Zu diesem Grundkriterium, das bei jeder Straftat erfüllt sein muss, näher *Freund*, AT², § 1 Rn. 12 ff.; s. ergänzend *dens.*, in: MünchKommStGB, vor § 13 Rn. 118 ff., 133 ff.

[103] Zu den Anforderungen an den Nachteil vgl. *Maurach/Schroeder/Maiwald*, BT 2⁹, § 65 Rn. 106 m. w. N.

[104] S. dazu *Freund*, in: MünchKommStGB, § 274 Rn. 47 ff.; vgl. zu dieser umstrittenen Problematik auch *Küper*, BT⁷, S. 241 f. (Nachteilszufügung, Absicht).

296 Dagegen fehlt es an der erforderlichen Absicht, wenn die (u. U. auch als sicher erkannte) Beeinträchtigung bloße **Nebenfolge** des ganz anderen Zielen dienenden Handelns ist, wie beispielsweise im Falle desjenigen, der eine fremde Brieftasche entwendet, sich das darin enthaltene Geld zueignet und die Brieftasche mit den darin befindlichen Urkundspapieren kurzerhand in einen Fluss wirft. Jedenfalls an der erforderlichen **Absicht** fehlt es demzufolge auch im **FALL 16** mit Blick auf die Ablösung des **Preisetiketts** von der **Sektflasche**. Die verbreitete abweichende Auffassung, für die Absicht i. S. des § 274 genüge unbedingter Vorsatz,[105] erscheint zwar im Hinblick auf den Aspekt der Vermeidung des Nachteils (Rechtsgüterschutzaspekt) durchaus diskutabel, dürfte jedoch kaum mit **möglichem Wortsinn** und **berechtigter Funktion** des **Absichtsmerkmals** zu vereinbaren sein. Tatsächlich liegt insofern ein „moderner" Verstoß gegen den Gesetzlichkeitsgrundsatz des Art. 103 Abs. 2 GG vor.[106] Wie beispielsweise § 258 zeigt, differenziert der Gesetzgeber durchaus zwischen sicherem Wissen und Absicht.

297 Da nun aber das Gesetz in § 274 von der **Absicht** als einem **Zusatzerfordernis** neben dem Vorsatz in Bezug auf die Vernichtung etc. spricht, ist klar und deutlich eine **Strafbarkeitseinschränkung** intendiert, wie sie **vergleichbar** in den Tatbeständen des **Diebstahls** und des **Betruges** begegnet. Hier wie dort geht es darum, die Strafbarkeit *innerhalb* der Fälle vorsätzlicher Tatbestandsverwirklichung weiter einzugrenzen. Dem entspricht die Ausfilterung der dolus-eventualis-Fälle aber nur *formal*. Tatsächlich ist nicht einsichtig zu machen, weshalb die **Grenzlinie der Strafbarkeit** ausgerechnet zwischen den Fällen des **sicheren Wissens einerseits** und den Fällen des **dolus eventualis andererseits** zu ziehen sein soll. Denn es erscheint unerfindlich, inwiefern z. B. die von dem Unterdrückenden in Rechnung gestellte – in concreto gar nicht einschlägige – bloße Möglichkeit, dass ein Beweisführungsrecht *nicht* beeinträchtigt wird, einen sachlichen Grund dafür abgeben sollte, den zu privilegieren, der die letztlich einschlägige Möglichkeit der Beeinträchtigung klar gesehen und in Kauf genommen hat: Die **Entscheidung gegenüber dem** durch die tatbestandsspezifische Verhaltensnorm **geschützten Gut** ist *qualitativ* nicht minder eine vorsätzliche Entscheidung gegen das Rechtsgut wie im Falle der sicheren Kenntnis der Beeinträchti-

---

[105] Vgl. etwa *Arzt/Weber/Heinrich/Hilgendorf*, BT², § 33 Rn. 34; *Cramer/Heine*, in: Schönke/Schröder²⁷, § 274 Rn. 15; *Zieschang*, in: LK¹², § 274 Rn. 55 ff.; weitere Nachw. bei *Küper*, BT⁷, S. 241 f. (Nachteilszufügung, Absicht).

[106] Zur Begrenzungswirkung des Wortlauttatbestandes und der sich daraus ergebenden Konsequenz des fragmentarischen Charakters des Strafrechts näher *Freund*, AT², § 1 Rn. 22, 28 ff.

gung.¹⁰⁷ Zwar könnte man in *quantitativer* Hinsicht auf den ersten Blick geneigt sein, den **Fall des sicheren Wissens** als **qualifiziert gefährlich** auszuzeichnen. Indessen sind die **Übergänge** dahin dermaßen **fließend**, dass es zwar angehen mag, dieses Moment bei der **Strafzumessung** zu berücksichtigen, wo solchen Graduierungen adäquat Rechnung getragen werden kann. Davon die **Strafbarkeitsfrage** überhaupt abhängig zu machen, erscheint dagegen **verfehlt**.¹⁰⁸

Demgegenüber bietet das Abschichtungskriterium der *Funktion* des Verhaltens, das **Beweisführungsrecht** eines anderen zu **beeinträchtigen**, ein (qualitatives) Datum, das – wie beim Diebstahl oder Betrug die Absicht rechtswidriger Zueignung bzw. Bereicherung – eher geeignet sein dürfte, den vom Gesetz gemeinten **eigenständigen Unrechts*typus*** zu formen.

298

Definition des „Gehörens" i. S. des § 274:¹⁰⁹

I. S. des § 274 gehört die Urkunde demjenigen, der daran ein spezifisches Beweisführungsrecht hat.

Das bloße Recht, von einem anderen verlangen zu können, dass dieser einen bestimmten Beweis führt („Recht *auf* Beweisführung"), reicht nicht.

Notwendig ist das spezifische Recht, mit der Urkunde den Beweis führen zu dürfen, dass der Aussteller die verkörperte Erklärung abgegeben hat („Recht *zur* Beweisführung").

298a

---

¹⁰⁷ Dass der sogenannte dolus eventualis die eigentliche Grundform des Vorsatzes bildet und gerade kein Vorsatz „minderer Qualität" ist, betont mit Recht *Frisch,* Vorsatz und Risiko, S. 496 ff.; näher zu den Anforderungen an die Vorsatztat und zum dolus eventualis als der Grundform des Vorsatzes auch *Freund,* AT², § 7 Rn. 35 ff., 68 ff.

¹⁰⁸ Näher zu diesen Adäquitätsbedingungen, die auch bei der entsprechenden Entscheidung über den Strafrahmen einzuhalten sind, *Frisch,* Entscheidung über den Strafrahmen, § 1 III 2; aus allg. rechtstheoretischer Sicht vgl. dazu ergänzend *Freund,* JZ 1992, 993, 996 m. w. N.

¹⁰⁹ Vgl. dazu die – im Wesentlichen sachlich übereinstimmenden, allerdings z. T. weniger präzisen – Definitionen bei *Küper,* BT⁷, S. 330 ff. (Stichwort: Urkunde, Nicht-Gehören).

298b
> **Definition der Nachteilszufügungsabsicht:**[110]
> Mit Nachteilszufügungsabsicht handelt der Täter, wenn es ihm darauf ankommt, die Ausübung des fremden Beweisführungsrechts zu vereiteln oder mehr als nur unerheblich zu erschweren.
> Es genügt, wenn der zuzufügende Nachteil ein notwendiges Zwischenziel ist.

Vertiefungs- und Problemhinweise zur Urkundenunterdrückung und Veränderung einer Grenzbezeichnung

298c *Helle,* Die nachträgliche Veränderung einer Urkunde durch ihren Aussteller – Eine Untersuchung der Straftaten der Urkundenfälschung (§ 267 StGB) und der Urkundenunterdrückung (§ 274 I Nr. 1 StGB), 2001; *Kienapfel,* Zur Abgrenzung von Urkundenfälschung und Urkundenunterdrückung, in: Jura 1983, 185 ff.; *Lampe,* Unterdrückung unechter Urkunden, in: JR 1964, 14 ff.; *Lindemann,* Zur systematischen Interpretation des § 274 I Nr. 1 StGB im Verhältnis zum § 267 I Var. 2 StGB, in: NStZ 1998, 23 ff.; *Schmitz,* Der Schutz des Beweisführungsinteresses im Urkundenstrafrecht, 2001; *Schneider,* Zur Strafbarkeit des Vernichtens von Schaublättern eines Fahrtenschreibers, in: NStZ 1993, 16 ff.

Recht „zur" oder nur Recht „auf" Beweisführung?: Freund, in: MünchKommStGB, § 274 Rn. 21 ff.; *Koch,* in: NomosHK-GS, § 274 Rn. 5.

Veränderung von amtlichen Ausweisen (§ 273): Erb, in: MünchKommStGB, § 273 Rn. 1 ff.; *Mätzke,* Die Sanktionslosigkeit von Manipulationen belastender Vermerke in amtlichen Ausweisen, in: MDR 1996, 19 ff.; *Reichert,* „Mein Pass »gehört« mir" – Zum Beweisführungsinteresse an Urkunden und technischen Aufzeichnungen im Rahmen des § 274 I Nr. 1 StGB, in: StV 1998, 51 ff.

Zu den Konkurrenzen: Dingler, Die Gesetzeseinheit von § 303 I StGB im Verhältnis zu § 274 I Nr. 1 StGB, in: JA 2004, 810 ff.; *Freund,* in: MünchKommStGB, § 274 Rn. 69 ff.

IV. Straftaten mit Blick auf besondere Urkunden (§§ 348, 271)

1. Falschbeurkundung im Amt (§ 348)

299 Nach § 348 Abs. 1 wird ein **Amtsträger** mit Freiheitsstrafe bis zu fünf Jahren oder mit Geldstrafe bestraft, „der zur Aufnahme öffentlicher Urkunden befugt, innerhalb seiner Zuständigkeit eine **rechtlich erhebliche Tatsache**

---

[110] Vgl. dazu die – allerdings z. T. abweichenden – Definitionen bei *Küper,* BT[7], S. 241 f. (Stichwort: Nachteilszufügung, Absicht).

falsch beurkundet oder in öffentliche Register, Bücher oder Dateien **falsch einträgt** oder **eingibt**". Der **Versuch** ist **strafbar** (Abs. 2).

a) Durch das Verbot der Falschbeurkundung intendierter Rechtsgüterschutz

Das **spezifische Schutzinteresse** des § 348 geht insofern weit über das der Urkundenfälschung hinaus, als auch die Erfüllung der **Wahrheitspflicht seitens des Urkundsbeamten** bei der urkundlichen Erklärung als solcher normativ abgesichert werden soll.[111] Fälle, die bei korrekter Ausstellerangabe sub specie § 267 lediglich straflose schriftliche Lügen sind, werden als Falschbeurkundungen im Amt erfasst, sofern gewisse besondere Voraussetzungen zutreffen, die ein entsprechend weitergehendes Interesse legitimieren sollen: Danach muss es sich um eine **öffentliche Urkunde** handeln, die von einem Amtsträger innerhalb seiner Zuständigkeit aufgenommen wird – mithin um eine Urkunde, die besonderen (sogenannten öffentlichen) Glauben genießt. Das **Vertrauen** in die **besondere Richtigkeitsgewähr** einer amtlichen Feststellung in bestimmter Form ist spezifisches Schutzgut des Verbots der Falschbeurkundung im Amt. 300

b) Tatbestandserfordernisse

FALL 54: Der amtliche **Fleischbeschauer F** pflegte den ihm zur Trichinenschau vorgezeigten Schweinekörpern den **amtlichen Stempel vor** der **Untersuchung** aufzudrücken. Mit den schlachtenden Fleischern hatte er vereinbart, sie dürften vor Ablauf einer gewissen Zeit, die er zur Untersuchung benötigte, das Fleisch nicht verarbeiten oder verkaufen. 301

Täter der Falschbeurkundung kann nach vorherrschender Auffassung nur der sachlich und örtlich für eine entsprechende Beurkundung **zuständige Amtsträger** sein.[112] Dazu zählen nicht nur typische Urkundsbeamte, wie **Notare** nach dem Beurkundungsgesetz oder **Standesbeamte**, sondern etwa auch der **Postbote** in Bezug auf Zustellungsurkunden oder der **Fleischbeschauer** in FALL 54 in Bezug auf den amtlichen Tauglichkeitsstempel. **Andere Personen** kommen – bei vorsätzlichem Handeln des Amtsträgers – als **Anstifter** und **Gehilfen** (unter Anwendung des § 28 Abs. 1) oder als 302

---

[111] Vgl. *Gribbohm*, in: LK[11], § 348 Rn. 1; *Lackner/Kühl*[26], § 348 Rn. 1; *Meyer*, FS Dreher, S. 425, 432; ferner *Freund*, in: MünchKommStGB, § 348 Rn. 1.
[112] Vgl. dazu etwa BGHSt 12, 85, 86; *Cramer/Sternberg-Lieben*, in: Schönke/Schröder[27], § 348 Rn. 5; *Lackner/Kühl*[26], § 348 Rn. 3, jew. m.w.N. – Krit. mit Blick auf das Erfordernis der örtlichen Zuständigkeit z.B. *Arzt/Weber*, LH 4[2], Rn. 599.

Täter der **mittelbaren Falschbeurkundung** nach § 271 unter den dort genannten Voraussetzungen in Betracht.[113]

303 Der gesteigerte Schutz des § 348 erfasst allein **öffentliche Urkunden** (nebst Büchern, Dateien und Registern), d. h. solche, denen eine besondere Beweiskraft zukommt. Eine rechtliche **Regelung** dieser **gesteigerten Beweiskraft** findet sich in den §§ **415, 416a, 417, 418 ZPO**. Danach kann sich die gesteigerte Beweiskraft grundsätzlich nur auf mit der Funktion amtlicher Richtigkeitsbestätigung dokumentierte – und i. d. S. beurkundete – **(eigene) Wahrnehmungen** des Urkundsbeamten bzw. der „Behörde" beziehen.

303a § **415 Abs. 1 ZPO** enthält eine **Legaldefinition** des Begriffs der öffentlichen Urkunde und lautet: „Urkunden, die von einer öffentlichen Behörde innerhalb der Grenzen ihrer Amtsbefugnisse oder von einer mit öffentlichem Glauben versehenen Person innerhalb des ihr zugewiesenen Geschäftskreises in der vorgeschriebenen Form aufgenommen sind (**öffentliche Urkunden**), begründen, wenn sie über eine **vor** der **Behörde** oder der **Urkundsperson abgegebene Erklärung** errichtet sind, vollen **Beweis** des durch die Behörde oder die Urkundsperson **beurkundeten Vorganges**." § 416a ZPO stellt bestimmte beglaubigte Ausdrucke öffentlicher **elektronischer Dokumente** öffentlichen Urkunden in beglaubigter Abschrift gleich.

304 Da die **Behörde** als solche **nicht selbst wahrnehmungsfähig** ist, sondern sich dazu geeigneter Amtsträger bedienen muss, ist anzunehmen, dass **behördenintern** durchaus eine **Personenverschiedenheit von Wahrnehmendem und Beurkundendem** (ohne Beeinträchtigung der besonderen Beweiskraft) vorliegen kann.[114] Im Falle des § **415 Abs. 1 ZPO** geht es um die Beurkundung der (wahrgenommenen) Abgabe von **Erklärungen** *vor* der **Behörde** oder der **Urkundsperson**;[115] im Falle des § **417 ZPO** um die Beurkundung (wahrgenommener) **eigener Willenserklärungen** der Behörde; und im Falle des § **418** (Abs. 1 und 2) ZPO um die Beurkundung von **Wahrnehmungen** der **Behörde** oder der **Urkundsperson** über **sonstige Vorgänge**.[116]

---

[113] S. dazu unten 3. Teil IV 2 (Rn. 327 – 341).

[114] Zur so denkbaren mittelbaren Falschbeurkundung nach § 271 im Falle fehlender Täterqualität nach § 348 eines behördenintern Manipulierenden vgl. unten Rn. 332 f.

[115] Zur insoweit anzunehmenden Beweiskraft vgl. *Geimer*, in: Zöller ZPO[27], § 415 Rn. 5; *Schreiber*, in: MünchKommZPO[3], § 415 Rn. 26 f.

[116] Vgl. auch dazu *Geimer*, in: Zöller ZPO[27], § 418 Rn. 1 ff.; *Schreiber*, in: MünchKommZPO[3], § 418 Rn. 2 ff.

IV. Straftaten mit Blick auf besondere Urkunden (§§ 348, 271)

§ 418 Abs. 3 ZPO eröffnet lediglich die Möglichkeit, von dem sonst geltenden Grundsatz abzuweichen und **gesetzlich speziell vorzusehen**, „dass die **Beweiskraft** des Zeugnisses von der **eigenen Wahrnehmung unabhängig** ist". Dies gilt etwa für die **Beurkundungen** über **Geburt** und **Tod**, soweit diese Vorgänge Gegenstand fremder Wahrnehmungen waren.[117, 118] 305

Fehlt eine solche spezielle gesetzliche Grundlage für die Annahme einer besonderen Beweiskraft, gilt nach dem klaren Gesetzeswortlaut die allgemeine Regel: Nach dieser bezieht sich der **öffentliche Glaube** an die Richtigkeit bestimmter Angaben nur auf das, was der **Urkundsbeamte** (oder aber die **Behörde**) **selbst bezeugt**. Mit der Funktion einer besonderen amtlichen Richtigkeitsbestätigung dokumentiert – und i. d. S. beurkundet – werden können dementsprechend allein **(eigene) Wahrnehmungen** des **Urkundsbeamten** bzw. der „**Behörde**". 305a

Eine **weitergehende** – spezifisch strafrechtliche – **Eingrenzung** mittels des oft genannten Kriteriums der vollen „**Beweiswirkung für und gegen jedermann**"[119] erscheint bei konsequenter Anwendung der vorstehend skizzierten Regelung gesteigerter Beweiskraft öffentlicher Urkunden in den §§ 415 ff. ZPO durchaus **entbehrlich** – ja nachgerade **irreführend**, wenn man in Rechnung stellt, zu welchen Ausweitungen gegenüber den ZPO-Regeln der Topos der „Beweiskraft für und gegen jedermann" in der Praxis der Gerichte geführt hat.[120] Es gilt nur zu beachten, dass nicht alles, was in amtlichen Schriftstücken steht, auch wirklich mit der **Funktion besonderer amtlicher Richtigkeitsbestätigung** versehen – und i. d. S. zu öffentlichem Glauben beurkundet – ist, sondern durchaus auch eine „**normale**" **Mitteilung** o. ä. sein kann (z. B. für den **innerdienstlichen Gebrauch**). 306

Liegt eine solche besondere amtliche Richtigkeitsbestätigung vor,[121] wäre es verfehlt, die für § 348 ausreichende besondere Beweiskraft deshalb zu vernei- 307

---

[117] Vgl. dazu §§ 16 ff., 32 ff., 60, 66 PStG; *Schreiber*, in: MünchKommZPO³, § 418 Rn. 5.

[118] Zur Bedeutung der §§ 415, 417, 418 ZPO jedenfalls als Minimalbegrenzungen der Reichweite des § 348 vgl. *Hartleb*, Wahrheitsschutz, S. 101 ff.

[119] So aber insbes. *Gribbohm*, in: LK¹¹, § 348 Rn. 5 i. V. m. § 271 Rn. 22; vgl. ferner BGHSt 22, 201, 203; *Cramer/Sternberg-Lieben*, in: Schönke/Schröder²⁷, § 348 Rn. 3 i. V. m. § 271 Rn. 8; *Lackner/Kühl²⁶*, § 348 Rn. 4 i. V. m. § 271 Rn. 2, jew. m. w. N.; krit. dazu *Erb*, GA 1999, 344 („irreführende Leerformel"); *Gigerl*, Öffentliche Urkunde, S. 109 ff.; *Otto*, BT⁷, § 71 Rn. 4 („missverständlich").

[120] Besonders markant etwa der Fall des Führerscheins mit falschem Geburtsdatum; näher dazu unten zu FALL 59.

[121] Daran fehlt es klar beim im Führerschein falsch eingetragenen Geburtsdatum. Denn es ist nicht die Funktion des Führerscheins, das Geburtsdatum des Fahrerlaubnisinhabers – gar zu öffentlichem Glauben – *zu beurkunden*; vgl. dazu noch

nen, weil nur wenige Personen oder vielleicht sogar nur eine **einzige Person** von einer **unrichtigen Beurkundung betroffen** sein kann und an einer richtigen interessiert ist. Ungeachtet dessen, dass die Redeweise von einer Beweiskraft „für und gegen jedermann" in derartigen – recht besehen gar nicht seltenen[122] – Fällen wenig sinnvoll erscheint, lässt sich ein für § 348 relevanter qualitativer Unterschied zu den Fällen zwar vieler – aber doch auch immer nur einer **begrenzten Anzahl** – Betroffener schwerlich aufweisen. Entscheidend ist vielmehr allein die **Funktion besonderer amtlicher Richtigkeitsbestätigung**, um eine ausreichend gesteigert beweiskräftige Beurkundung annehmen zu können.

308 Als **Beispiele** für öffentliche Urkunden werden im Allgemeinen das **Familienbuch**[123], das **Grundbuch**[124], der **Erbschein**[125], das **Sparbuch**[126] und der **Führerschein**[127] genannt. Freilich ist aufgrund des soeben zur Reichweite der gesteigerten Beweiskraft Gesagten genau zu beachten, **was** wirklich **beurkundet wird**. Denn von § 348 werden nur Angaben erfasst, bei denen eine **gesteigerte Beweiskraft** tatsächlich anzunehmen ist. Und diese gesteigerte Beweiskraft gilt nur für solche Angaben, die gerade mit der **Funktion besonderer amtlicher Richtigkeitsbestätigung** erfolgen.

309 In der Rechtsprechung hat sich zur Reichweite der besonderen Beweiskraft eine umfangreiche Kasuistik entwickelt:[128] Bei **Standesamtsbüchern** soll sich

---

unten Rn. 315, 332 – 335. – Nichts anderes gilt auch für die ohne behördliche Prüfung zustandegekommene falsche Personalienangabe in einer Bescheinigung im Zusammenhang mit einem Asylantrag (vgl. dazu BGH MDR 1996, 187 f. sowie die Rezension einer Entscheidung des AG Hamburg von *Mankowski/Tarnowski*, JuS 1992, 826 ff.; freilich auch OLG Karlsruhe NStZ 1994, 135 m. Anm. *Mätzke*, NStZ 1995, 501): Dass insofern keine besondere amtliche Richtigkeitsbestätigung vorliegen *kann* und *schon nach den Regeln der ZPO* eine entsprechend gesteigerte Beweiskraft fehlt, sollte eigentlich selbstverständlich sein! – Vgl. auch den Fall des universitären Übungsscheins von *Bürsch*, JuS 1975, 721 ff.

[122] Auf solche Fälle, in denen das „Erfordernis einer Beweiskraft für und gegen jedermann" im Grunde weithin nicht ernst genommen wird, macht mit Recht *Meyer*, FS Dreher, S. 425, 433 f. aufmerksam; vgl. auch *Mankowski/Tarnowski*, JuS 1992, 826, 829 um und in Fn. 41. – Auf die besondere amtliche Richtigkeitsbestätigung stellt mit Recht auch *Otto*, BT[7], § 71 Rn. 4 ab; s. ferner etwa *Erb*, GA 1999, 344.

[123] Vgl. BGHSt 6, 380; 12, 88.
[124] OLG Stuttgart NStZ 1985, 365.
[125] BGHSt 19, 87.
[126] BGHSt 19, 19.
[127] BGHSt 34, 299, 301.
[128] Außer den im Folgenden beispielhaft genannten Konstellationen seien an dieser Stelle erwähnt: das Hauptverhandlungsprotokoll im Strafverfahren (vgl. dazu

die besondere Beweiskraft nur auf die nach dem Personenstandsgesetz vorgeschriebenen Eintragungen beziehen (z. B. **nicht** auf das **Alter** des **Trauzeugen**[129] – was nach dem soeben Gesagten als selbstverständlich erscheint, da dieses Alter überhaupt nicht, jedenfalls nicht mit besonderer Richtigkeitsbestätigung beurkundet wird); beim **Sparbuch nicht** auf den **Namen** und die **Verfügungsberechtigung** der angegebenen Person, sondern **nur** auf die **Ein- und Auszahlungen**.[130]

FALL 55: A hat als **Leiter** einer bayerischen gemeindlichen **Sparkasse** auf Verlangen der Einzahler veranlasst, dass mehrere **Sparkassenbücher** nicht auf die Namen der Einzahler, sondern auf andere **Namen**, die in Wirklichkeit **erdichtet** waren, ausgestellt wurden. 310

Im vorstehenden **FALL 55** scheidet § 348 nach allem bisher Gesagten aus, da die Richtigkeit der Namen der Einzahler – wenn überhaupt (!) jedenfalls **nicht** mit **besonderer Beweiskraft beurkundet** wurde. Der **notariell** beurkundete **Kaufvertrag** soll nach Auffassung der Rechtsprechung die erforderliche besondere Beweiskraft nur in Bezug auf die **Abgabe der Erklärung** besitzen, **nicht** jedoch z. B. in Bezug auf deren **inhaltliche Richtigkeit**.[131] Danach käme man wohl auch in folgendem Fall zur Ablehnung des § 348: 311

FALL 56: E hat an K ein **Grundstück** verkauft; als **Kaufpreis** dafür hat er von K **80.000 €** erhalten. Um **Steuern** zu **sparen**, gaben E und K bei der Beurkundung des Kaufvertrages durch den Notar N den Kaufpreis **nur** mit **50.000 €** an. Der **Notar** war aus anderer Quelle über die **tatsächliche Höhe des Kaufpreises** informiert. 312

Nach dem hier vertretenen Konzept des Abstellens auf die Funktion besonderer amtlicher Richtigkeitsbestätigung dürfte ohne Weiteres klar sein, dass das Fehlen anderweitiger Absprachen nach dem Zuschnitt der Aufgabe des Notars nicht – jedenfalls nicht mit besonderer Richtigkeitsgewähr versehen – beurkundet wird. Der **Notar** *kann* mit besonderer Richtigkeitsgewähr lediglich einen ganz **beschränkten Kreis** von ihm überhaupt **verfügbaren Gegebenheiten beurkunden** – hier: den „äußeren Erklärungstat- 313

OLG Hamm NJW 1977, 592; BGHSt 26, 281; *Maurach/Schroeder/Maiwald,* BT 2⁹, § 66 Rn. 14); das Gefangenenbuch (vgl. dazu BGH GA 1966, 280; RGSt 52, 140; OLG Hamm NJW 1956, 602).
[129] BGHSt 12, 88.
[130] BGHSt 19, 19.
[131] BGH NStZ 1986, 550 m. Anm. *Schumann,* JZ 1987, 523, der allerdings darauf hinweist, dass diese Einschätzung davon abhängt, was man genau unter beurkundeter Erklärung zu verstehen hat (nur „äußerer" oder auch „innerer Erklärungstatbestand"?); vgl. dazu den folgenden Text.

bestand", der ungeachtet des **privaten Wissens** des Notars um den fehlenden „inneren" vorliegt und auch richtig beurkundet ist!¹³²

313a Eine **falsche Beurkundung** i. S. des § 348 kann auch vorliegen, wenn eine Ausfertigung erstellt wird, zu der es (in dieser Form) keine Ausgangsurkunde gibt.¹³³ Wird von einer mehrere Gegenstände umfassenden (richtigen) Beurkundung lediglich ein Teilgegenstand isoliert ausgefertigt, ist diese **Teilausfertigung** falsch, wenn das dadurch Beurkundete mit dem nicht übereinstimmt, was mit einer entsprechenden besonderen amtlichen Richtigkeitsgewähr bestätigt werden kann. Ist dagegen diese besondere amtliche **Richtigkeitsbestätigung** in Bezug auf den **ausgefertigten Teil** zutreffend, beurkundet die Teilausfertigung nichts „Falsches" i. S. des § 348. Wird beispielsweise im Zusammenhang mit einem **Grundstückskaufvertrag** eine Teilausfertigung erstellt, die nur die im **Außenverhältnis unbeschränkte Finanzierungsvollmacht** beurkundet, ist diese Beurkundung auch dann nicht falsch, wenn der Kaufvertrag als Ausgangsurkunde bestimmte **Beschränkungen** im **Innenverhältnis** der Vertragsparteien enthält. Es ist nicht die Aufgabe einer Beurkundung der das Außenverhältnis betreffenden Vollmacht, ergänzende Informationen über dieses Innenverhältnis zu liefern.

314 Stellt ein **Notar** seine **Anwesenheit** bei der **Verlesung** der **Niederschrift** über ein Rechtsgeschäft fest, so soll dies nach Auffassung der Rechtsprechung von der besonderen Beweiskraft umfasst sein.¹³⁴ Indessen soll sich beim **Führerschein** die besondere Beweiskraft **nicht** auf die Ablegung einer der Erteilung **vorangegangenen Fahrprüfung** beziehen.¹³⁵ Während die zuletzt genannten Einschätzungen – auch nach der hier vertretenen Konzeption – einigermaßen konsequent erscheinen, ist Folgendes kaum mehr begreiflich zu machen:

315 Nach Auffassung des **BGH** soll beim **Führerschein** für das **Geburtsdatum** eine besondere Beweiskraft gelten.¹³⁶ Höchst zweifelhaft erscheint be-

---

¹³² In der Sache für einen entsprechenden Fall wie hier *Wessels/Hettinger*, BT 1³², Rn. 915 (§ 19 II 3 a); vgl. außerdem *Arzt/Weber*, LH 4², Rn. 592.
¹³³ Vgl. bereits RGSt 71, 224 ff.
¹³⁴ BGHSt 26, 47; vgl. auch OLG Frankfurt NStZ 1986, 121 mit zust. Anm. *Pikart* zur Frage der „vor" dem Notar vollzogenen Unterschrift. – Zur Reichweite der besonderen Beweiskraft beim Räumungsprotokoll des Gerichtsvollziehers vgl. BayObLG wistra 1992, 114 (nicht in Bezug auf die Angabe ununterbrochener Gegenwart des Gerichtsvollziehers). – Nach BGHSt 44, 186, 188 wird der vom Notar nicht zwingend anzugebende Ort der Beurkundung (falls angegeben) nicht von der besonderen Beweiskraft umfasst.
¹³⁵ Vgl. OLG Hamm NStZ 1988, 26 m. w. N.
¹³⁶ BGHSt 34, 299, 301 mit abl. Anm. *Ranft*, JR 1988, 383; vgl. dazu noch unten FALL 59. – Zum Kfz.-Schein s. die Entscheidung des Großen Senats BGHSt 22,

reits, ob der Führerschein seiner Funktion nach überhaupt eine *Feststellung* des Geburtsdatums beinhaltet. Näherliegend dürfte ein Verständnis des Geburtsdatums im Führerschein als **schlichtes Kennzeichnungsmerkmal** für denjenigen sein, für den der Führerschein gelten soll, so dass der Betreffende im Falle der fehlerhaften Kennzeichnung keinen ordnungsgemäßen Führerschein hat. **Nicht** mehr **nachvollziehbar** ist aber auf jeden Fall die Annahme, das **Geburtsdatum** werde nicht nur festgestellt, sondern überdies **mit einer besonderen amtlichen Richtigkeitsgewähr versehen**. Das kann nicht die Aufgabe eines Führerscheins sein.[137]

In der **Zulassungsbescheinigung** Teil I soll nach Auffassung des BGH auch die **Identität** des nach entsprechender Prüfung zugelassenen **Fahrzeugs** besonders beweiskräftig („zu öffentlichem Glauben") beurkundet werden.[138] Personalienangaben in der **Bescheinigung** über die **Aufenthaltsgestattung** nach § 63 AsylVfG, die allein auf den Angaben des Asylbewerbers beruhen, sind nicht von der besonderen Beweiskraft umfasst.[139] 315a

I. S. des § 348 **falsch beurkundet** (bzw. eingetragen oder eingegeben) kann nach dem Gesagten eine von der besonderen Beweiskraft umfasste rechtlich erhebliche Tatsache nur sein, wenn das Beurkundete mit dem zu beurkundenden Vorgang nicht übereinstimmt.[140] Was das näherhin heißt, erscheint gegenwärtig allerdings kaum geklärt. Hier stellt sich in der Sache nicht selten ein Problem, wie es **vergleichbar** bei den **Aussagedelikten** in Bezug auf die Frage der **Falschheit** einer **Aussage** auftritt und dort Anlass zum Streit gibt.[141] Hier wie dort wirkt weichenstellend (auch für die Vorsatz-Anforderungen) die Vorfrage, was genau **Gegenstand** der **Aussage** bzw. der **besonders beweiskräftigen Beurkundung** ist. 316

Geht man im Fall des **Fleischbeschauers (FALL 54)** davon aus, spezieller **Beurkundungsgegenstand** sei die **tatsächliche Trichinenfreiheit** des 317

201, 203; zum Führerschein vgl. auch BGHSt 25, 95 m. Anm. *Tröndle,* JR 1973, 205; BGHSt 33, 190 m. Anm. *Marcelli,* NStZ 1985, 500; BGHSt 37, 207.
[137] In der Sache wie hier etwa auch *Müller-Tuckfeld,* StV 1997, 353, 354.
[138] BGH NStZ 2009, 387 ff. m. Anm. *Erb;* vgl. zu diesem Fragenkreis ergänzend *Zieschang,* in: LK12, § 271 Rn. 55.
[139] So sachlich zutreffend etwa OLG Karlsruhe StV 2009, 133 ff.; vgl. a. OLG Brandenburg StV 2009, 135; KG StV 2009, 135 ff. (=NStZ 2009, 448 ff.). – Fehlerhaft insofern BGHSt 42, 131, 133 ff. (zu § 63 AsylVfG); krit. dazu *Freund,* in: MünchKommStGB, § 271 Rn. 24 ff.; *Müller-Tuckfeld,* StV 1997, 353, 354 f.
[140] Meist wird – missverständlich – auf einen Vergleich mit der „Wirklichkeit" (aber welcher genau?) abgestellt; vgl. etwa *Arzt/Weber,* LH 4², Rn. 593; *Cramer/Sternberg-Lieben,* in: Schönke/Schröder²⁷, § 348 Rn. 9; *Lackner/Kühl*²⁶, § 348 Rn. 8.
[141] Vgl. zum Streit um den Falschheitsbegriff bei den Aussagedelikten nur *Rudolphi,* in: SK StGB, 48. Lfg. Aug. 1999, vor § 153 Rn. 36 ff. m. w. N.

Fleisches (aber auch nichts anderes!), dann gelangt man zur Falschheit bei einer Nichtübereinstimmung des entsprechend Beurkundeten mit einer gleichsam aus „höherer Warte" bestimmten Wirklichkeit. Die vorgenommene **Beurkundung** wäre dann **nicht falsch**, wenn das Fleisch **tatsächlich trichinenfrei** gewesen sein sollte. Könnte dies nicht ausgeschlossen werden, käme allenfalls eine Strafbarkeit wegen **versuchter Falschbeurkundung** in Betracht, **sofern F in Kauf genommen** haben sollte, entgegen der so bestimmten Wirklichkeit Trichinenfreiheit zu bescheinigen. Umgekehrt hätten wir es immerhin „**objektiv**" mit einer **Falschbeurkundung** in solcher Sicht selbst dann zu tun, wenn F **ordnungsgemäß untersucht** und **keine Trichinen gefunden** hätte, sich aber **im Nachhinein** (z. B. aufgrund **verfeinerter Methoden**) Trichinen finden sollten, die bei der vorgeschriebenen – normalen – Untersuchung manchmal gar nicht entdeckt werden *können*. Der völlig **korrekt arbeitende Fleischbeschauer** wäre dann **bloß** deshalb **nicht strafbar**, weil ihm der **Vorsatz fehlte**.

318   Die Problematik einer solchen **Orientierung** an einer aus „**höherer Warte**" bestimmten Wirklichkeit liegt darin begründet, dass ein solches Vorgehen – entgegen dem ersten Anschein – tatsächlich gar **keinen festen Bezugspunkt** besitzt. Es bleibt letztlich zufällig-willkürlich, weil – etwa mit Blick auf weiter **verfeinerbare Untersuchungsmethoden**, **neue Erkenntnisse** etc. – die so bestimmte Wirklichkeit ein höchst **flüchtiges** und gerade kein dauerhaft-feststehendes **Gebilde** ist.

319   Deshalb erscheint es eher angemessen, den **Vergleichsgegenstand** zur Bestimmung der Falschheit einer Beurkundung i. S. des § 348 nach normativen Kriterien zu ermitteln, nämlich zu fragen, was als von dem jeweiligen Urkundsbeamten **von Rechts wegen zu vermeidende** und i. d. S. „**falsche**" **Beurkundung** angesehen werden muss. Mit Blick auf das spezifische Rechtsgüterschutzinteresse des § 348 und die insoweit individuell vorhandenen Möglichkeiten des Schutzes kann es nicht auf eine dem Beamten gar nicht verfügbare Wirklichkeit ankommen,[142] sondern allein auf die ihm **verfügbare Entscheidungsgrundlage** – allein entsprechend dieser Entscheidungsgrundlage zu beurkunden **entspricht** *seiner* **(besonderen) Wahrheitspflicht**.[143] Demzufolge beurkundet ein Urkundsbeamter, der auf der

---

[142] So mit Recht auch OLG Karlsruhe Die Justiz 1967, 157, 153: „Durch das Abstempeln beurkundet ... der Beschauer nicht eine Eigenschaft des Fleisches als solche, sondern die Tatsache der Vornahme der vorgeschriebenen Untersuchung und ihres Ergebnisses"; vgl. nochmals §§ 415, 416a, 417, 418 ZPO zur Reichweite der besonderen Beweiskraft sowie oben Rn. 303 ff.!

[143] Zur inhaltlich anders beschaffenen Pflicht des Extraneus im Falle der mittelbaren Falschbeurkundung s. unten 3. Teil IV 2 (Rn. 327 – 341).

Basis der ihm verfügbaren Beurkundungsgrundlage etwas **ordnungsgemäß beurkundet**, auch dann **nicht falsch** i. S. des § 348,[144] wenn sich später oder aus anderer Perspektive etwas anderes ergeben sollte.

Im **FALL 54** hat der Fleischbeschauer F jedoch seine **besondere Wahrheitspflicht verletzt** – und zwar unabhängig von einer tatsächlichen Trichinenfreiheit des Fleisches.[145] Denn das Beurkundete wird durch die verfügbare Entscheidungsgrundlage in keiner Weise abgedeckt. Ohne ordnungsgemäße amtliche Untersuchung *kann* Trichinenfreiheit gar nicht in einer mit besonderer amtlicher Richtigkeitsgewähr versehenen Weise festgestellt und i. d. S. „beurkundet" werden. Eine dennoch vorgenommene derartige **Beurkundung** ist mit Blick auf das spezifische Rechtsgüterschutzinteresse des § 348 selbst dann **zu beanstanden**, wenn das Fleisch zufällig trichinenfrei gewesen sein sollte. 320

Erwägenswert erscheint allenfalls, ob dann, wenn das ohne die vorausgesetzte Prüfung Bescheinigte aus anderer Warte betrachtet zufällig stimmt (oder stimmen kann), nicht vielleicht ungeachtet des zu beanstandenden Beurkundungs*verhaltens* (!) eine zusätzliche **Eingrenzung des Tatbestands** unter dem Aspekt des ausreichenden „**Erfolgsunwerts**" vorgenommen werden sollte. Dieser Frage kann hier nicht weiter nachgegangen werden. Tatsächlich dürfte ein für die Bestrafung wegen vollendeter Tat ausreichender „Erfolgsunwert" durchaus aufweisbar sein: Zwar mag die so entstandene Beurkundung in bestimmter Hinsicht (zufällig) die Wirklichkeit treffen; indessen hält diese als Beurkundung letztlich eben doch nicht, was sie zu versprechen scheint. Die **Beurkundung „ins Blaue hinein"** bietet gerade **keine besondere amtliche Richtigkeitsgewähr**, wie sie bei einer zutreffenden Beurkundung vorausgesetzt wird, und ist deshalb **als Beurkundung** insofern eindeutig **falsch**.[146] 321

Mit einer in jeder Hinsicht tatbestandsmäßigen – auch die notwendigen Vorsatzerfordernisse erfüllenden – *Falsch*beurkundung haben wir es **beispielsweise** im Falle des **Notars** zu tun, der die Übereinstimmung von Original und Abschrift **beglaubigt, obwohl** er eine **Abweichung festgestellt** hat. Die dem Amtsträger obliegende besondere Wahrheitspflicht ist aber auch verletzt in 322

---

[144] Für die Reichweite des § 271 und den dort maßgeblichen Falschheitsbegriff ist damit noch nichts vorentschieden; vgl. unten 3. Teil IV 2 (Rn. 327 – 341).
[145] In der Sache wie hier OLG Karlsruhe Die Justiz 1967, 152, 153.
[146] Vgl. dazu auch *Freund*, in: MünchKommStGB, § 348 Rn. 30.

323 **FALL 57: Notar N** war beim **Vergleich** von **Kopie** und **Original unaufmerksam** und stellte deshalb eine Abweichung nicht fest, sondern beglaubigte die Übereinstimmung.

324 Die Beglaubigung ist hier – im Grunde nicht viel anders als in dem Fleischbeschauer-FALL 54 der Tauglichkeitsstempel – nicht das wert, was sie verspricht. Zwar hat die für die **besondere Beweiskraft vorausgesetzte Prüfung** stattgefunden, aber eben in einer unzulänglichen Art und Weise. Sofern N davon ausgegangen ist, ordentlich geprüft zu haben, scheidet eine Strafbarkeit wegen Falschbeurkundung jedoch wegen **fehlenden Vorsatzes** aus.[147]

325 Anders verhält es sich dagegen im **Fleischbeschauer-FALL 54**: Der Fleischbeschauer F erfasst in einer für die Vorsatzbestrafung ausreichenden Weise, dass das, was er besonders beweiskräftig beurkundet, durch die ihm verfügbare Entscheidungsgrundlage nicht abgedeckt ist. Er **beurkundet** deshalb **vorsätzlich falsch** i. S. des § 348. Dies gilt unabhängig davon, ob er (zwar unrealistisch, aber möglicherweise) davon ausgegangen sein sollte, dass das Fleisch trichinenfrei sei. Dieser **gute Glaube ändert nichts** daran, dass er um die Falschheit der Beurkundung *als Beurkundung* (mit besonderer Beweiskraft) weiß! Ihm ist ganz genau bewusst, dass unter den gegebenen Umständen Trichinenfreiheit nicht mit besonderer amtlicher Richtigkeitsgewähr bescheinigt werden kann.

326 Interessanterweise gelangt man zu demselben Ergebnis, wenn man zwar auf eine wirkliche **Trichinenfreiheit** als **Beurkundungsgegenstand** abstellt, aber **daneben** die **(ordnungsgemäße) Untersuchung** als **mitbeurkundet** auffasst. Denn jedenfalls das Letztgenannte ist dann in solcher Sicht entgegen der „Wirklichkeit" vorsätzlich falsch beurkundet.[148] Da sich das **Fleisch** mit den gesteigert beweiskräftigen Fleischbeschaustempeln **nicht mehr im Machtbereich des F** befand, sondern bereits den Fleischern überlassen war, lässt sich eine Falschbeurkundung wohl auch kaum mehr mit der Erwägung verneinen, die **relevante Beurkundung** sei noch gar nicht **erfolgt** (wie in dem Fall, in dem eine bloß körperlich hergestellte „Urkunde" noch nicht in

---

[147] Vgl. dazu die Verneinung des Vorsatzes in einem entsprechenden Fall bei *Arzt/Weber*, LH 4², Rn. 594.

[148] Vgl. etwa RGSt 53, 165, 166 (der Stempel „trichinenfrei" bedeute jedenfalls auch die Beurkundung der vorgenommenen Untersuchung); ferner *Arzt/Weber*, LH 4², Rn. 595 i. V. m. Rn. 593; weitere Nachw. bei *Freund*, in: MünchKommStGB, § 348 Rn. 31.

den Verkehr gegeben wurde und deshalb von Rechts wegen noch gar keine Urkundenqualität besitzt).[149]

> **Definition der besonderen Beweiskraft öffentlicher Urkunden:**   326a
> Die besondere Beweiskraft einer öffentlichen Urkunde ergibt sich aus den gesetzlichen Regelungen der §§ 415, 416a, 417, 418 ZPO.
> Sie erfordert eine besondere amtliche Richtigkeitsbestätigung.
>
> Als Gegenstand einer solchen besonderen amtlichen Richtigkeitsbestätigung kommen nur in Betracht:
> – Eigenwahrnehmungen des Urkundsbeamten
> – Eigenwahrnehmungen „der Behörde" (behördeninterner Hilfspersonen)
> – ausnahmsweise auch Fremdwahrnehmungen, sofern dies durch ein Gesetz ausdrücklich angeordnet wird (vgl. z. B. §§ 16 ff., 32 ff., 60, 66 PStG).

> **Definition der *falschen* Beurkundung:**   326b
> I. S. des § 348 **falsch beurkundet** (bzw. eingetragen oder eingegeben) ist eine von besonderer Beweiskraft umfasste rechtlich erhebliche Tatsache, wenn das Beurkundete mit dem nicht übereinstimmt, was nach Sachlage vom Urkundsbeamten korrekt beurkundet werden konnte.[150]

2. Mittelbare Falschbeurkundung (§ 271)

Mit Freiheitsstrafe bis zu drei Jahren oder mit Geldstrafe wird bestraft, „wer 327 **bewirkt**, daß **Erklärungen**, Verhandlungen oder **Tatsachen**, welche für Rechte oder Rechtsverhältnisse von Erheblichkeit sind, in öffentlichen Urkunden, Büchern, Dateien oder Registern als abgegeben oder geschehen **beurkundet** oder **gespeichert** werden, während sie überhaupt **nicht** oder in

---

[149] Wegen der ernstzunehmenden Gefahr vorzeitiger Benutzung eine rechtlich relevante Beurkundung bejahend RGSt 64, 136 ff.; vgl. auch OLG Karlsruhe Die Justiz 1967, 152, 153; *Freund*, in: MünchKommStGB, § 348 Rn. 32 m. w. N. auch zur Gegenauffassung.

[150] Die „falsche Beurkundung" i. S. des § 348 als Produkt der Tathandlung des falschen Beurkundens hängt insoweit davon ab, ob das Verhalten des Urkundsbeamten tatbestandlich spezifisch zu missbilligen ist. – Zu diesem selbstverständlich zu beachtenden allgemeinen Straftaterfordernis des Verstoßes gegen eine rechtlich legitimierte Verhaltensnorm näher *Freund*, in: MünchKommStGB, vor § 13 Rn. 118 ff., 133 ff. m. w. N.

anderer Weise oder von einer Person in einer ihr nicht zustehenden Eigenschaft oder von einer anderen Person abgegeben oder **geschehen** sind" (§ 271 Abs. 1). Der **Versuch** ist **strafbar** (§ 271 Abs. 4). Der **Gebrauch** falscher Beurkundungen oder Datenspeicherungen ist in § 271 Abs. 2 unter Strafe gestellt. § 271 Abs. 3 enthält einen **Qualifikationstatbestand** für Fälle des Handelns gegen **Entgelt** bzw. in der **Absicht**, sich oder einen Dritten zu **bereichern** oder eine andere Person zu **schädigen**.

327a Die **Strafdrohung** des § 271 Abs. 1 betrug bis zum 6. StRG maximal ein Jahr Freiheitsstrafe. Deren Verschärfung geht auf die späte Einsicht des Gesetzgebers zurück, dass die bis dahin (auch unter Berücksichtigung der §§ 28 Abs. 1, 49 Abs. 1) vorhandene massive **Privilegierung** im **Verhältnis zum Fall der Anstiftung zur Falschbeurkundung im Amt** sachlich **nicht zu rechtfertigen** ist.[151] Nicht bedacht hat der Gesetzgeber allerdings die sich bei § 160 stellende **entsprechende Problematik**: Auch dort werden Fälle, die in der Sache meist solche der mittelbaren Täterschaft sind, im Verhältnis zu den entsprechenden Fällen der **Anstiftung** (zum **Meineid** etc.) selbst bei (umstrittener) Heranziehung der §§ 28 Abs. 1, 49 Abs. 1 **im Vergleich viel zu milde** eingestuft.[152]

328 **FALL 58: A** erklärte bei seiner **Eheschließung** vor dem Standesbeamten bewusst **wahrheitswidrig**, er **sei geschieden**. Tatsächlich lebte er in noch gültiger Ehe.

329 **FALL 59: A**, dem früher einmal die **Fahrerlaubnis** erteilt, dann aber wieder **entzogen** worden war, hatte beim Landratsamt die Erteilung eines **Ersatzführerscheins beantragt**. Er hatte hierbei seinen Namen richtig angegeben, hatte aber als **Geburtsdatum „26.07.1935"** (statt zutreffend: „25.07.1935") genannt, damit die Anfrage beim Verkehrszentralregister den Entzug der Fahrerlaubnis nicht offenbaren sollte. Weil der Beamte die falsche Angabe des A aus anderem Grund durchschaute, unterblieb die Aushändigung des mit dem **falschen Geburtsdatum versehenen Ersatzführerscheins**.

a) Durch das Verbot der mittelbaren Falschbeurkundung intendierter Rechtsgüterschutz

330 Auch das **spezifische Rechtsgüterschutzinteresse** des § 271 geht weit über das des § 267 hinaus. Denn das Interesse an einer unmanipulierten *Grundlage* für bestimmte Beurkundungen (oder Datenspeicherungen) soll normativ

---

[151] S. dazu die Würdigung des Entwurfs eines 6. Gesetzes zur Reform des Strafrechts bei *Freund,* ZStW 109 (1997), 455, 486.
[152] Vgl. dazu *Freund,* ZStW 109 (1997), 455, 486 f.

abgesichert werden. Während § 348 gewährleisten soll, dass die Beurkundung mit dem übereinstimmt, was der Urkundsbeamte selbst als Eigenwahrnehmung und *deshalb* mit öffentlichem Glauben versehen zu beurkunden hatte, handelt es sich bei § 271 hauptsächlich darum, die für die Eintragung **maßgebliche Eintragungsgrundlage** – auf die sich der Urkundsbeamte verlassen können muss – **von Manipulationen** und **Fälschungen** (insbesondere von falschen Angaben) **freizuhalten**.[153]

Das spezifische Schutzinteresse des § 271 ist zumindest in der Regel mit dem Interesse **vergleichbar**, das auch den **Aussagedelikten** zugrunde liegt. Auch bei den Aussagedelikten soll das Interesse an einer unmanipulierten Entscheidungsgrundlage mit Blick auf die gewichtige Funktion von Aussagen rechtlich geschützt werden. Nur wegen dieser Absicherung besteht eine – wenn auch nicht vollkommene, so doch immerhin beachtliche – gesteigerte Richtigkeitsgewähr. Ganz entsprechend verhält es sich bei § 271, der die – vorausgesetzte – **gesteigerte Beweiskraft** dadurch **normativ absichert**, dass er Verhaltensweisen missbilligt, die einen **Angriff** gerade **auf** die für die gesteigerte Beweiskraft notwendige Entscheidungs-, genauer: auf die dafür nötige **Beurkundungs-** bzw. **Eintragungsgrundlage** beinhalten. 331

Sachlich erfasst § 271 **jedenfalls Konstellationen** der **mittelbaren Täterschaft**, die als originäre Konstruktion über §§ 348, 25 Abs. 1 Fall 2 wegen der fehlenden Täterqualität des Manipulierenden nicht möglich ist.[154] Jedoch muss beachtet werden, dass insoweit nicht nur Fälle des **vorsatzlos**, aber im Übrigen **tatbestandsmäßig** i. S. des § 348 **handelnden Vordermannes** gemeint sind. Auch und gerade wenn der Urkundsbeamte selbst nicht tatbestandlich missbilligt i. S. des § 348 handelt, kann der Hintermann den spezifischen Unwertgehalt des § 271 verwirklichen. Täterschaft i. S. des § 271 ist auch in der Weise möglich, dass der **Urkundsbeamte** selbst **rechtmäßig** handelt, sofern nur **im Verhältnis zu** dem **manipulierenden Außenstehenden** ein „**falsches**" **Beurkundungsergebnis** vorliegt, das dieser „bewirkt". 331a

Weitergehend kann § 271 aber auch auf Personen anzuwenden sein, die zwar mit besonderer Beweiskraft beurkunden können, deren **Strafbarkeit nach § 348** aber deshalb ausscheidet, weil sie aus förmlichen Gründen **nicht** 331b

---

[153] Zum Normzweck vgl. auch *Freund,* in: MünchKommStGB, § 271 Rn. 3 ff.
[154] Nicht selten wird die Funktion des § 271 darauf beschränkt, die Strafbarkeitslücken zu schließen, die sich sonst bei Fehlen einer teilnahmefähigen Haupttat nach § 348 ergäben (s. etwa RGSt 13, 52, 54; RGSt 66, 132, 137; *Arzt/Weber/Heinrich/Hilgendorf,* BT², § 33 Rn. 19; *Puppe,* in: NK², § 271 Rn. 1). Diese Beschränkung ist weder sachlich angezeigt noch durch den Wortlaut des § 271 erzwungen; zutreffend *Hoyer,* in: SK StGB, 45. Lfg. Juli 1998, § 271 Rn. 4 ff., 22.

zum Kreis tauglicher Täter gehören. Praktisch relevant ist das etwa für **ausländische Urkundsbeamte**, die falsch beurkunden. Sie bedürfen **keines vermittelnden Verhaltens eines** an sich **i. S. des § 348 tauglichen Täters**, um eine „falsche Beurkundung" i. S. des § 271 zu „bewirken".[155]

331c § 271 bildet bei angemessenem Verständnis eine Art **Grundtatbestand zu § 348**.[156] Wenn die speziellen täterschaftlichen Voraussetzungen des § 348 erfüllt sind, wird § 271 verdrängt. Auch wenn z. B. in Fällen des **Irrtums über** die **Gut- oder Bösgläubigkeit** des Urkundsbeamten eine strafbare (vollendete) Teilnahme ausscheidet, ist es nach **Wortlaut** und **ratio** möglich, § 271 als **verselbständigte täterschaftliche Strafnorm** anzuwenden. Auch ein nach allgemeinen Regeln bloßer „Teilnehmer" kann den für die **Täterschaft nach § 271** nötigen Taterfolg der „falschen Beurkundung" tatbestandsmäßig i. S. des § 271 „bewirken".[157] Nur auf der Basis eines solchen weiten Verständnisses der Täterschaft nach § 271 ist etwa auch der Fall des bösgläubigen **(mittätergleichen) Zusammenwirkens** einer **Urkundsperson** und einer **Nichturkundsperson** sachgerecht zu lösen: Die Urkundsperson, welche die besonderen Voraussetzungen des § 348 erfüllt, macht sich nach § 348 und die andere nach § 271 strafbar.[158]

331d Nach zutreffender Auffassung wird die **spezifische Schutzrichtung** des § 271 auch (zusätzlich) tangiert, wenn die Beurkundung mit besonderer Beweiskraft keine echte, sondern eine **unechte Urkunde** darstellt. Sofern ein **Unbefugter** eine **scheinbar öffentliche** und überdies **inhaltlich unzutreffende Urkunde** herstellt, ist § 267 (bzw. § 269) wegen der Unechtheit und § 271 wegen der Unrichtigkeit einschlägig.[159] Dementsprechend kann (auch)

---

[155] Anders etwa *Lackner/Kühl*[26], § 271 Rn. 7: Unmittelbares Handeln eines Amtsträgers i. S. des § 11 Abs. 1 Nr. 2 erforderlich; vgl. auch *Kindhäuser*, LPK[3], § 271 Rn. 3; *Maurach/Schroeder/Maiwald*, BT 2[9], § 66 Rn. 17.

[156] Sachlich übereinstimmend etwa *Hoyer*, in: SK StGB, 45. Lfg. Juli 1998, § 271 Rn. 4, 6, 22 (§ 271 als Allgemeindelikt für denjenigen, der sich an der Herstellung einer unwahren öffentlichen Urkunde beteiligt). – Zur engeren Gegenauffassung s. etwa *Puppe*, in: NK[2], § 271 Rn. 1.

[157] So mit Recht etwa *Hoyer*, in: SK StGB, 45. Lfg. Juli 1998, § 271 Rn. 5; anders z. B. etwa *Puppe*, in: NK[2], § 271 Rn. 1 (der Beamte müsse Werkzeug eines mittelbaren Täters sein).

[158] Sachlich übereinstimmend insoweit etwa *Gribbohm*, in: LK[11], § 271 Rn. 109 (anders jedoch *Zieschang*, in: LK[12], § 271 Rn. 108).

[159] Insofern zutreffend etwa *Hoyer*, in: SK StGB, 45. Lfg. Juli 1998, § 271 Rn. 8; *Möhrenschlager*, wistra 1986, 128, 136. – Zur Gegenauffassung s. *Cramer/Heine*, in: Schönke/Schröder[27], § 271 Rn. 26; *Fischer*[56], § 271 Rn. 12; *Lenckner/Winkelbauer*, CR 1986, 824, 827; *Puppe*, in: NK[2], § 271 Rn. 29; *Zieschang*, in: LK[12], § 271 Rn. 106.

nach § 271 bestraft werden, wer **unbefugt in öffentliche Dateien eindringt** und dort durch bestimmte Manipulationen falsche Daten speichert oder Daten verändert.[160] Von nicht unerheblicher praktischer Relevanz kann diese Sicht nicht zuletzt in Fällen werden, in denen sich im Strafprozess **nicht klären lässt**, auf welchem Weg die falsche Beurkundung bewirkt worden ist, so dass die **inhaltlich unwahre Beurkundung echt oder unecht** sein kann.[161] Für die spezifische Schutzrichtung und die Anwendbarkeit des § 271 spielt diese Unsicherheit keine Rolle.

b) Tatbestandserfordernisse

Vor dem Hintergrund des zur spezifischen Schutzfunktion des § 271 Gesagten setzt diese Vorschrift – ebenso wie § 348 – eine besondere Beweiskraft gerade mit Blick auf die in Frage stehende Angabe voraus. Nur dann lässt sich von einer ausreichenden Beurkundung sprechen. Denn nicht alle z. B. in amtlichen Schriftstücken enthaltenen Angaben werden in dem hier allein maßgeblichen Sinne (mit der Funktion amtlicher Richtigkeitsbestätigung) „beurkundet".[162] Wenn eine **gesteigert beweiskräftige Beurkundung** angenommen werden soll, muss es dafür – genauso wie in den Fällen der beurkundeten **Eigenwahrnehmungen** des zuständigen **Amtsträgers** – einen **sachlich berechtigenden Grund** geben. 332

Ein derartiger Sachgrund für die Annahme einer gesteigerten Beweiskraft liegt vor, soweit das Dokumentierte zwar nicht unbedingt als Eigenwahrnehmung des zuständigen Urkundsbeamten, wohl aber als **„Eigenwahrnehmung der Behörde"** mit der Funktion amtlicher Richtigkeitsbestätigung zu qualifizieren ist. Denn mit Blick auf **Personen**, die **behördenintern** dafür zu sorgen haben, dass der zuständige Urkundsbeamte eine **zutreffende Grundlage** für eine solche **Beurkundung** erhält, lässt sich eine – die gesteigerte Beweiskraft rechtfertigende – **besondere Wahrheitspflicht** annehmen.[163] 333

Anders verhält es sich dagegen beim völlig **Außenstehenden**. Der Betreffende mag zwar allgemein gehalten sein, gegenüber Behörden wahre Angaben 334

---

[160] Anders die in der vorhergehenden Fn. zur Gegenauffassung Genannten.
[161] *Wessels/Hettinger,* BT 1[32], Rn. 914 halten das weite Verständnis des § 271 für entbehrlich, weil bei eigenhändiger Manipulation des Außenstehenden automatisch § 269 eingreife. Das ist zu kurz gedacht, weil das mögliche prozessuale Beweisproblem nicht berücksichtigt wird.
[162] Vgl. dazu nochmals oben 3. Teil IV 1 b (Rn. 301 – 326) zu § 348.
[163] Ob und inwieweit eine Tatbestandserfüllung durch (begehungsgleiches) Unterlassen möglich ist, richtet sich nach den allgemeinen Regeln; näher zu diesen Kriterien begehungsäquivalent-tatbestandsmäßigen Unterlassens *Freund,* Erfolgsdelikt und Unterlassen, S. 51 ff., 68 ff., 102 f., 112 ff., zusf. S. 124 ff.

zu machen. Ein sachlicher Grund für eine gesteigerte Beweiskraft in Bezug auf die inhaltliche Richtigkeit dieser Angaben – auch wenn sie amtlicherseits festgehalten werden – ergibt sich allein daraus aber noch nicht. Mit Blick auf solche Angaben, die aus der Sicht der Behörde und des Beweisverkehrs als **„Fremdwahrnehmungen"** anzusehen sind, setzt eine gesteigerte Beweiskraft vielmehr auch eine **besondere Wahrheitspflicht** voraus, wie sie **vergleichbar** bei den **Aussagedelikten** besteht. Eine derartige – der besonderen Beweiskraft korrespondierende – gesteigerte Wahrheitspflicht lässt sich indessen nur bei den in **§ 418 Abs. 3 ZPO** erwähnten Fällen der besonderen Beweiskraft begründen, in denen kraft **spezieller gesetzlicher Normierung** die Fremdwahrnehmung besonders verlässlich sein muss – wie z. B. in den Fällen der Beurkundungen über **Geburt** und **Tod**.[164]

335 Daran fehlt es in den **FÄLLEN 58** und **59**, in denen das **Nichtvorhandensein** einer gültigen **Ehe** ebenso wenig – gar mit besonderer amtlicher Richtigkeitsgewähr versehen – beurkundet wird[165] wie das **Geburtsdatum** des A in dem **Führerschein**.[166]

336 Fehlt – wie in den genannten Beispielsfällen – eine begründbare gesteigerte (!) Wahrheitspflicht von Außenstehenden,[167] ist deren Verhalten allenfalls dann tatbestandsmäßig, wenn es einen echten **Eingriff** in den sonst ordnungsgemäß ablaufenden Vorgang der **Entscheidungsfindung der Behörde** bzw. des Urkundsbeamten darstellt oder sonst als **spezifisch zu missbilligender Angriff** aufzufassen ist.

337 **FALL 60:** A erschlich sich für eine **Kopie** einen **Beglaubigungsvermerk** durch **Vorlage** des zuvor von ihm **gefälschten Originals**.

338 Unabhängig davon, ob das Verhalten des Beglaubigenden als Beurkundungsverhalten rechtlich zu beanstanden ist oder nicht (etwa weil die Fälschung von ihm nicht erkannt werden konnte), muss das **Verhalten** des **A** als **tatbestandsmäßig i. S. des § 271** angesehen werden. In der entsprechenden Manipulation liegt ein auch in dieser Hinsicht zu missbilligender Angriff auf die Entscheidungsgrundlage des Urkundsbeamten jedenfalls deshalb, weil für

---

[164] Vgl. dazu §§ 16 ff., 32 ff., 60, 66 PStG; *Freund*, in: MünchKommStGB, § 271 Rn. 20 ff.; *Koch*, in: NomosHK-GS, § 271 Rn. 4.
[165] So auch BGHSt 6, 380, 381.
[166] Anders jedoch BGHSt 34, 299, 301; vgl. dazu schon oben Rn. 307 Fn. 121, Rn. 315.
[167] Zur anders zu beurteilenden *behördeninternen* Verantwortlichkeit vgl. oben Rn. 303 ff.

das Nichtgebrauchen von unechten Urkunden bei derartigen Beglaubigungen die **qualifizierte Garantie** des § 267 eingreift.[168]

Entsprechendes dürfte auch für den Fall des **Einbrechers** gelten, der die Grundlage für die Beurkundung durch **heimliches Hinzufügen** oder **Wegnehmen** bestimmter **Unterlagen** verfälscht. Schließlich ist – weitergehend – auch an den Fall des durch **gezielte Ablenkung** des **Urkundsbeamten** erschlichenen **Beglaubigungsvermerks**[169] zu denken. **339**

Die Strafbarkeit wegen vollendeten Delikts der mittelbaren Falschbeurkundung setzt voraus, dass das im Vorstehenden skizzenhaft umschriebene **tatbestandsmäßige Verhalten** auch zu einem entsprechenden **Unrechtserfolg** der „**unrichtigen Beurkundung**" (oder Datenspeicherung) geführt hat.[170] Während es im Kontext des § 348 um das beim Urkundsbeamten *selbst* tatbestandlich zu missbilligende Verhalten und den entsprechenden Unrechtserfolg geht, liegt der für § 271 erforderliche Erfolg der bewirkten unrichtigen Beurkundung ersichtlich etwa auch dann vor, wenn der zur Beurkundung eines Sterbefalles **zuständige Beamte** einer **Fehlinformation** seitens eines Anzeigepflichtigen erliegt. Entsprechendes gilt, wenn im **FALL 60** der Beglaubigende auf eine **perfekte Fälschung** hereinfällt, insoweit aber mit der Beurkundung selbst genau das tut, was einer korrekten Amtsführung entspricht – also **seinerseits** gerade *nicht* tatbestandlich **missbilligt** i. S. des § 348 handelt![171] **340**

In Bezug auf den erforderlichen **Vorsatz** gelten keine Besonderheiten. **Vorsätzliches Verhalten** erfordert daher wie sonst auch die **Kenntnis** der **Umstände**, welche die **(nicht gerechtfertigte) Tatbestandsverwirklichung begründen**.[172] Der Täter muss also insbesondere die Umstände kennen, aufgrund deren sein Verhalten zu einer besonders beweiskräftigen falschen Beurkundung führen kann. Für die **vollendete Vorsatztat** muss sich der „**Erfolg**" der **unrichtigen Beurkundung** (oder Datenspeicherung) auch als **spezifische Folge** des **vorsätzlichen tatbestandsmäßigen Verhaltens** **341**

---

[168] Zur Möglichkeit, eine mittelbare Falschbeurkundung durch Vorlage einer gefälschten Urkunde zu begehen, vgl. auch *Puppe*, in: NK², § 271 Rn. 32.

[169] Vgl. dazu den Fall bei *Arzt/Weber*, LH 4², Rn. 594; ferner die entsprechende Variante des „Fleischbeschauer"-Falles a. a. O. Rn. 595. – S. außerdem den Fall der Manipulation des Abstammungsgutachtens im Vaterschaftsfeststellungsprozess bei *Runte/Werner*, Jura 1991, 40 ff.

[170] Allgemein näher zum inneren Zusammenhang zwischen dem tatbestandsmäßigen Verhalten und dem daraus resultierenden Unrechtserfolg *Freund*, Erfolgsdelikt und Unterlassen, S. 128 ff.

[171] Vgl. dazu schon oben Rn. 319.

[172] Näher dazu *Freund*, AT², § 7 Rn. 35 ff., 108a; vgl. auch oben Rn. 206a.

darstellen; im Erfolgssachverhalt muss sich die spezifische Gefährlichkeit des vorsätzlich-tatbestandsmäßigen Verhaltens realisieren.[173] Umstritten ist die Behandlung von Fällen des **Irrtums** über die **Gut-** bzw. **Bösgläubigkeit** des **beurkundenden Amtsträgers**.[174]

342 Der **Gebrauch** falscher Beurkundungen oder Datenspeicherungen der in § 271 Abs. 1 bezeichneten Art ist – wenn er **zur Täuschung im Rechtsverkehr** geschieht – in § 271 Abs. 2 unter Strafe gestellt. Dafür gilt im Grundsatz das im Zusammenhang mit der Urkundenfälschung (oben Rn. 196 ff.) Gesagte sinngemäß.[175]

343 Ebenso wie § 267 in der Verwirklichungsform des Gebrauchens einer unechten oder verfälschten Urkunde erfasst § 271 Abs. 2 das Gebrauchen falscher Beurkundungen oder Datenspeicherungen. Für die **Tauglichkeit** des **Tatmittels** der falschen Beurkundung oder Datenspeicherung der in Abs. 1 bezeichneten Art kommt es nur auf das Produkt an. Die Art und Weise seiner Entstehung ist irrelevant.[176] Die **falsche Beurkundung** oder **Datenspeicherung** (als deren **Sonderfall**) kann nicht nur durch eine **Straftat** des **Urkundsbeamten** nach § 348, sondern etwa auch durch die Täuschung eines anderen unter den Voraussetzungen des § 271 Abs. 1 bei **fahrlässigem Handeln des Amtsträgers** bewirkt worden sein. Aber auch ein schlichtes Versehen des Amtsträgers ohne „Fremdeinwirkung" und ein vollkommen **korrektes Verhalten** des **Urkundsbeamten** kann zum Entstehen einer falschen Beurkundung als Produkt geführt haben. Man denke etwa nochmals an den Fall der Vorlage einer **perfekten Fälschung**, die zu einer falschen **Beglaubigung ihrer Kopie** geführt hat.[177]

344 Nach zutreffender, allerdings bestrittener Auffassung ist auch eine **unechte öffentliche Urkunde** taugliches Tatmittel, wenn sie über die Unechtheit hinausgehend auch **Unrichtiges** als zu öffentlichem Glauben beurkundet vorspiegelt.[178] Ihr Gebrauch wird wegen der betroffenen **unterschiedlichen Rechtsgüterschutzaspekte** der Echtheit und der (sonstigen) inhaltlichen Richtigkeit sowohl von § 267 Abs. 1 Fall 3 als auch von § 271 Abs. 2 erfasst.

---

[173] Zu diesem Kriterium speziell der vollendeten Vorsatztat näher *Freund*, AT², § 7 Rn. 115 ff., 146a; vgl. auch oben Rn. 206 ff.
[174] Näher dazu *Arzt/Weber*, LH 4², Rn. 606; *Krey/Heinrich*, BT 1¹⁴, Rn. 737; *Freund*, in: MünchKommStGB, § 271 Rn. 36; *Maurach/Schroeder/Maiwald*, BT 2⁹, § 66 Rn. 21, jew. m. w. N.
[175] S. dazu auch *Freund*, in: MünchKommStGB, § 271 Rn. 37 ff., 40 ff.
[176] Vgl. statt vieler etwa *Hoyer*, in: SK StGB, 45. Lfg. Juli 1998, § 271 Rn. 26 m. w. N.
[177] Vgl. dazu oben Rn. 340.
[178] I. d. S. mit Recht etwa *Hoyer*, in: SK StGB, 45. Lfg. Juli 1998, § 271 Rn. 26. S. dazu bereits oben Rn. 331d.

Die Frage ist auch keineswegs deshalb praktisch unerheblich, weil bei tateinheitlicher Verwirklichung § 267 den **strengeren Strafrahmen** besitzt und der inhaltlichen Unrichtigkeit auch ohne Rückgriff auf § 271 jedenfalls bei der **Strafzumessung** Rechnung getragen werden kann. Denn in Fällen **irriger Annahme** der **Echtheit** der öffentlichen Urkunde scheitert eine Strafbarkeit wegen **Urkundenfälschung** am **Vorsatzerfordernis**. Kennt der die unechte öffentliche Urkunde Gebrauchende aber die Unrichtigkeit des scheinbar zu öffentlichem Glauben Beurkundeten, liegt der **Unwertgehalt** einer **vorsätzlichen vollendeten Tat nach § 271 Abs. 2** vor. **345**

Die **schwere mittelbare Falschbeurkundung** in den Fällen des Handelns gegen Entgelt bzw. in der Absicht, sich oder einen Dritten zu bereichern oder einen anderen zu schädigen, ist in § 271 Abs. 3 geregelt.[179] **346**

Definitionen:
Zur Definition der **besonderen Beweiskraft öffentlicher Urkunden** s. oben Rn. 326a.
Definition des „**Bewirkens**" einer **falschen Beurkundung**" (bzw. Datenspeicherung) i. S. des § 271:
Das **Bewirken einer falschen Beurkundung** i. S. des § 271 erfordert die tatbestandlich missbilligte[180] Schaffung oder Nichtabwendung der Möglichkeit einer unzutreffenden Beurkundung mit (dem Anschein) besonderer Beweiskraft. Für die Vollendungstat muss sich diese Möglichkeit auch realisiert haben.

346a

Die tatbestandliche Verhaltensmissbilligung richtet sich nach den oben Rn. 331a ff., 333 ff., 336 ff. genannten Regeln. **346b**

Vertiefungs- und Problemhinweise mit Blick auf besondere Urkunden (§§ 348, 271)

Erb, Anm. zu BGH v. 30.10.2008 – 3 StR 156/08, in: NStZ 2009, 389 (zur gesteigerten Beweiskraft zu beurkundender Angaben – Fahrzeugidentität); *Gigerl,* Die öffentliche Urkunde im Strafrecht, insbesondere ihre Beweiseignung für und gegen jedermann, Diss. iur. Bochum 1981; *Hartleb,* Die Reichweite des Wahrheitsschutzes in § 348 StGB, Diss. iur. Bonn 1983; *Honig,* Der gefälschte Meisterbrief, in: GewArch 1995, 144, 146 f.; *Mankowski/Tarnowski,* Zum Umfang der besonderen Beweiskraft öffentlicher Urkunden – AG Hamburg, NStE § 271 StGB Nr. 4, in: JuS 1992, 826 ff.; **347**

---

[179] Näher dazu *Freund,* in: MünchKommStGB, § 271 Rn. 44 ff.
[180] Insoweit handelt es sich um das allgemeine Deliktsmerkmal der tatbestandlichen Verhaltensmissbilligung, das bei jeder Straftat erfüllt sein muss; näher dazu *Freund,* AT², § 1 Rn. 12 ff., § 2; *ders.,* in: MünchKommStGB, vor § 13 Rn. 118 ff., 133 ff.

Meyer, Die öffentliche Urkunde im Strafrecht, in: FS Dreher, S. 425 ff.; *Müller-Tuckfeld,* Anm. zu BGH v. 12. 10. 1995 – 4 StR 259/95, in: StV 1997, 353 ff. (zu § 63 AsylVfG und zum Geburtsdatum im Führerschein); *Puppe,* Die neue Rechtsprechung zu den Fälschungsdelikten, in: JZ 1997, 490, 495 ff.; *dies.,* in NK², § 271 Rn. 6, § 348 Rn. 5 ff.; *Ranft,* Anm. zu BGH v. 26.02.1987 – 1 StR 698/86, in: JR 1988, 383 ff.; *Röhmel,* Die strafrechtliche Beurteilung von Urkundenentwürfen und sog. Fernbeglaubigungen nach § 348 StGB, in: JA 1978, 199 ff.

Verständnisfragen und Antworten

Fragen

1. Welche Bedeutung kommt den Urkundendelikten im Verhältnis zu den Vermögensstraftaten zu?
2. Was spricht gegen eine Beschränkung des Urkundsbegriffes auf unmittelbar rechtswirkungsgeeignete Erklärungen?
3. Handelt es sich bei den drei Funktionen der Urkunde (Perpetuierungs-, Beweis- und Garantiefunktion) um voneinander unabhängige (selbständige) Kriterien?
4. Weshalb ist die Annahme problematisch, dass der nach Verlust der Dispositionsbefugnis abändernde Aussteller eine echte Urkunde „verfälsche"?
5. Inwiefern kann man von einer unechten Urkunde trotz Bindung des scheinbaren Ausstellers im Außenverhältnis reden?
6. Gibt es einen sachlichen Grund dafür, auf Tonband abgegebene Erklärungen aus dem Schutzbereich der Urkundenfälschung bloß wegen der fehlenden visuellen Wahrnehmbarkeit auszunehmen?
7. Weshalb erscheint jedenfalls bei der Urkundenfälschung das Erfordernis der Beweis*bestimmung* als Merkmal des Urkundenbegriffs überflüssig?
8. Ist ein Fingerabdruck immer bloßes Augenscheinsobjekt oder kann er in einem bestimmten Zusammenhang anders bewertet werden?
9. Inwiefern ist die für eine Urkunde erforderliche Garantiefunktion bei der Fotokopie gewahrt?
10. In welchem Verhältnis steht urkundenstrafrechtlich ein Telefax zu einer Fotokopie?
11. Inwiefern liegt bei Unechtheit einer Urkunde auch nur ein spezieller Fall einer schriftlichen Lüge vor?
12. Wer ist bei einem selbst zu entwertenden Einzelfahrausweis Aussteller der durch den entwerteten Fahrschein verbrieften Berechtigungserklärung in Bezug auf die konkrete Fahrt?

154 Verständnisfragen und Antworten

13. Verfälscht auch derjenige eine echte Urkunde, der ein Nummernschild mit einer Antiblitzfolie so überklebt, dass unter bestimmten Wahrnehmungsbedingungen ein anderes Kennzeichen zu lesen ist?
14. Welche Begehungsform des § 267 ist mit Blick auf die dahinter stehenden Schutzinteressen die „verletzungsnähere"?
15. Reicht es für das Unrecht der Urkundenfälschung allein aus, wenn jemand eine unechte Urkunde einem anderen zur Kenntnis bringt und dabei über den Aussteller täuscht?
16. Weshalb erscheint es sachgerecht, nur wegen *einer* Urkundenfälschung zu bestrafen, wenn der Fälscher das Fälschungsfabrikat später in dem von Anfang an intendierten Umfang gebraucht?
17. Welches umstrittene Erfordernis einer technischen Aufzeichnung im Sinne des § 268 erfüllt die Anzeige eines Kilometerzählers nicht?
18. Bei Verzicht auf welches Erfordernis des Urkundenbegriffs wäre der Tatbestand des § 269 (Fälschung beweiserheblicher Daten) überflüssig?
19. Welche Urkundenstraftat(en) begeht ein Internetauktionshaus-Nutzer, der sich nach Sperrung seines Accounts wegen Unregelmäßigkeiten verbotswidrig unter fiktivem Namen neu anmeldet, um weiterhin Waren zu verkaufen, ohne die vertragliche Gegenleistung erbringen zu wollen?
20. Weshalb erscheint es sachgerecht, in § 274 Abs. 1 Nr. 1 nur die Unterdrückung echter Urkunden zu erfassen?
21. Macht es urkundenstrafrechtlich einen Unterschied, ob der Verkäufer den Kunden beim Kauf einer Sache dazu aufgefordert hat, sich zur dauerhaften Beweisbarkeit seiner Gewährleistungsrechte eine Kopie der mit einem Thermodrucker erstellten – und deshalb nach einiger Zeit verblassenden – Quittung anzufertigen?
22. Welche Beurkundungsgegenstände werden nach den Regeln der §§ 415, 416a, 417, 418 ZPO von einer gesteigerten Beweiskraft erfasst?
23. Handelt ein amtlicher Fleischbeschauer vorsätzlich im Sinne des § 348 (Falschbeurkundung im Amt), wenn er den Tauglichkeitsstempel ohne die vorgeschriebene vorherige Untersuchung anbringt, dabei aber von der Trichinenfreiheit des Fleisches überzeugt ist?

Antworten

zu Frage 1: Sie bewirken eine Art „Qualifikation" und eine zum Teil extreme Vorverlagerung der Strafbarkeit (Rn. 7 ff.).

zu Frage 2: Auch verkörperte „schlichte Erklärungen" mit Garantiefunktion (z. B. Zeugnisurkunden) beinhalten im Gegensatz zu bloßen Augenscheinobjekten ein besonderes Echtheitsversprechen in Form der Zuordnung einer bestimmten Erklärung zu einer bestimmten Person. Der hierin liegende Gewinn an Orientierungssicherheit (Verlässlichkeit in Bezug auf die Person des Erklärenden) ist selbständig schutzbedürftig und schutzwürdig (Rn. 28a, b).

zu Frage 3: Nein. Für das Vorliegen einer Urkunde kommt es nur darauf an, ob durch einen Informationsträger die Erklärung eines bestimmten Erklärenden vermittelt wird. Die Perpetuierungs- und die Beweisfunktion gehen daher in der allein maßgeblichen Garantiefunktion auf (Rn. 25a, 112a).

zu Frage 4: Das Produkt des Abänderns ist eine echte Urkunde (Rn. 32).

zu Frage 5: Unechtheit kann im Hinblick auf die Verfälschung des wirklichen Willens des ausgewiesenen Ausstellers angenommen werden (Rn. 44 ff.).

zu Frage 6: Einen solchen Grund gibt es nicht (Rn. 88).

zu Frage 7: Der sachliche Gehalt eines solchen Erfordernisses wird jedenfalls durch das Kriterium des Handelns zur Täuschung im Rechtsverkehr abgedeckt (Rn. 110). Außerdem geht die für eine Urkunde erforderliche Beweisfunktion ohnehin in der Garantiefunktion auf (Rn. 112a).

zu Frage 8: Ein Fingerabdruck kann unter Umständen auch als Unterschrift zu deuten sein (Rn. 120 m. Fn. 126; FALL 25).

zu Frage 9: Bei der Fotokopie handelt es sich um einen für die Urkundendelikte relevanten Zuordnungstatbestand zwischen einer Erklärung und einem bestimmten Erklärenden. Nach den Grundsätzen der Geistigkeitstheorie ist Aussteller nicht der manuell Kopierende, sondern der Aussteller des Originals (Rn. 127; vgl. auch Rn. 129 f., 272 – 272d).

zu Frage 10: Ein Telefax ist regelmäßig nur eine besondere Form der Fotokopie. Es differiert lediglich der Ort des Ausdrucks der Urkunde. Urkundenstrafrechtlich gelten dieselben Regeln (Rn. 128a – e).

zu Frage 11: Bei einer unechten Urkunde hat man es mit einer ausdrücklichen oder konkludenten Lüge über den tatsächlichen Aussteller zu tun (Rn. 146).

zu Frage 12: Aussteller ist das Verkehrsunternehmen (Rn. 174).

156 Verständnisfragen und Antworten

zu Frage 13: Ja. Auch hinsichtlich „temporär" unechter Urkunden besteht ein rechtlich schutzwürdiges Vermeideinteresse (Rn. 195b, 195g).

zu Frage 14: Verletzungsnäher ist die Begehungsform des Gebrauchmachens von einem Falsifikat (Rn. 201).

zu Frage 15: Nein. Für das Unrecht der Urkundenfälschung muss ein hinreichend gewichtiges – rechtserhebliches – Vermeideinteresse hinzukommen. Daran fehlt es in bestimmten Fällen, die meist als Fälle der Täuschung im bloß mitmenschlichen Bereich bezeichnet werden (Rn. 221 f.; s. etwa auch Rn. 211d – 211g und Rn. 218a zum Fall des Verteidigers, der eine möglicherweise unechte Urkunde vorlegt; Rn. 19, 28 und Rn. 225 – 227 zum Fall des unter falschem Namen Reisenden).

zu Frage 16: Hier realisiert sich nur die ursprüngliche Täuschungsfunktion, die bereits den Grund für die tatbestandliche Missbilligung des Fälschungsverhaltens bildete. Deshalb liegen mit Blick auf die geschützten Interessen material lediglich verschiedene Verwirklichungsstufen desselben Unrechts vor (Rn. 230).

zu Frage 17: Die Anzeige eines Kilometerzählers ist nicht in einem vom Aufzeichnungsgerät trennbaren Gegenstand selbständig verkörpert (Rn. 248 – 250).

zu Frage 18: Der Vorschrift des § 269 hätte es bei Verzicht auf das Erfordernis der visuellen Wahrnehmbarkeit nicht bedurft (Rn. 269).

zu Frage 19: Der Betreffende begeht durch die Anmeldung unter Angabe falscher Personalien eine Fälschung beweiserheblicher Daten. Bei der Kontrahierung mit anderen Nutzern der Internetplattform werden die entsprechenden Daten i. S. des § 269 I gebraucht (Rn. 267a, 273a).

zu Frage 20: Mit Blick auf unechte Urkunden fehlt ein urkundenspezifisches Erhaltungsinteresse. Denn unechte Urkunden sind in Wahrheit bloße Augenscheinsobjekte (Rn. 277).

zu Frage 21: Nein. Die Rechtsposition des Käufers an der verkörperten Erklärung hängt nicht von einem mehr oder weniger zufälligen bzw. durch den guten oder bösen Willen des Verkäufers beeinflussten Unterschied ab. In jedem Fall erfüllt die Kopie die an eine Urkunde zu stellenden Anforderungen (Rn. 278f – 278j).

zu Frage 22: Eigenwahrnehmungen des Urkundsbeamten selbst; Eigenwahrnehmungen der Behörde; ausnahmsweise auch Fremdwahrnehmungen, sofern dies gesetzlich speziell vorgesehen ist (Rn. 304).

zu Frage 23: Er handelt vorsätzlich, denn er weiß genau, dass der Beurkundungsgegenstand (die vorgenommene Prüfung!) unzutreffend beurkundet ist; sein guter Glaube nützt ihm nichts (Rn. 325).

Literaturverzeichnis

Arzt, Gunter/Weber, Ulrich Strafrecht, Besonderer Teil – Ein Lehrbuch in 5 Heften, LH 4: Wirtschaftsstraftaten, Vermögensdelikte (Randbereich), Fälschungsdelikte, 2. Aufl. 1989 (zit.: LH 4²).

Arzt, Gunter/Weber, Ulrich/Heinrich, Bernd/Hilgendorf, Eric Strafrecht, Besonderer Teil, 2. Aufl. 2009 (zit.: BT²).

Basler Kommentar zum StGB Basler Kommentar – Strafgesetzbuch, hrsg. v. Niggli u. a., Band I und II, 2003 (zit.: Bearbeiter, in: Basler Kommentar zum StGB).

Beck, Susanne Kopien und Telefaxe im Urkundenstrafrecht, in: JA 2007, 423.

Beckemper, Katharina Die Urkundenqualität von Telefaxen – OLG Zweibrücken, NJW 1998, 2918, in: JuS 2000, 123.

Bettendorf, Christa Der Irrtum bei den Urkundendelikten, 1997.

Binding, Karl Lehrbuch des gemeinen deutschen Strafrechts, Besonderer Teil, Band 2, 1. Teilband, 2. Aufl. 1904, Neudruck 1969 (zit.: BT 2², 1. Teilband).

Böse, Martin Rechtsprechungsübersicht zu den Urkundendelikten, in: NStZ 2005, 370.

Brandt, Volkmar Die nominelle Veränderung der eigenen Unterschrift, in: Archiv für Kriminologie 1992 (Band 190), 36.

Brockhaus, Matthias Die Urkundenfälschung und die Straflosigkeit der „schriftlichen Lüge" – Ein Erklärungsversuch aus historischer Sicht bis zum Reichsstrafgesetzbuch von 1871, in: ZIS 2008, 556.

Buggisch, Walter Fälschung beweiserheblicher Daten durch Verwendung einer falschen E-Mail-Adresse?, in: NJW 2004, 3519.

Buggisch, Walter/Kerling, Christoph „Phishing", „Pharming" und ähnliche Delikte – Erscheinungsformen und strafrechtliche Bewertung in: Kriminalistik 2006, 531.

Bürsch, Michael Der praktische Fall – Strafrecht: Der Übungsschein, in: JuS 1975, 721.

Cramer, Peter Anm. zu BayObLG v. 18.04.1967 – RReg. 3a St 5/67, in: JZ 1968, 30.

Dedy, Eva Anm. zu OLG Köln v. 15.09.1998 – Ss 395/98, in: NZV 1999, 136 (zur Urkundseigenschaft von Verkehrszeichen).

Dingler, Andreas Die Gesetzeseinheit von § 303 I StGB im Verhältnis zu § 274 I Nr. 1 StGB, in: JA 2004, 810.

Dörfler, Carolin Urkundenfälschung und Zeichnen mit fremdem Namen, 2000.

Dornseif, Maximilian/Kay H. Schumann Probleme des Datenbegriffs im Rahmen des § 269 StGB, in: JR 2002, 52.

Eisenberg, Ulrich Kriminologie, 6. Aufl. 2005 (zit.: Kriminologie⁶).

Emde, Raimond Die Rezeptfälschung im Fotokopierverfahren, in: wistra 1995, 328.

Engert, Andreas/Franzmann, Till/Herschlein, Rainer Fotokopien als Urkunden, § 267 StGB, in: JA 1997, 31.

Ennuschat, Kirsten Der Einfluß des Zivilrechts auf die strafrechtliche Begriffsbestimmung am Beispiel der Urkundenfälschung gemäß § 267 StGB, 1998.

Erb, Volker Urkunde und Fotokopie – kritische Bemerkungen zum Versuch einer funktionalistischen Ausweitung des Urkundenstrafrechts, in: GA 1998, 577.

Erb, Volker Buchbesprechung: Georg Freund, Urkundenstraftaten, 1996, in: GA 1999, 344.

Erb, Volker Anm. zu OLG Düsseldorf v. 14.09.2000 – 2 b Ss 222/00 – 64/00 I (= NJW 2001, 167 f.), in: NStZ 2001, 317.

Erb, Volker Anm. zu BGH v. 30.10.2008 – 3 StR 156/08, in: NStZ 2009, 389 (zur gesteigerten Beweiskraft zu beurkundender Angaben – Fahrzeugidentität).

Eßer, Martin Der strafrechtliche Schutz des qualifizierten elektronischen Signaturverfahrens, 2006 (zi.: Elektronische Signatur).

Fahl, Christian Anm. zu OLG Düsseldorf v. 03.02.1997 – 2 Ss 276/96 – 73/96 III, in: JA 1997, 925 (zur „Antiblitzfolie").

Fischer, Thomas Strafgesetzbuch und Nebengesetze, 56. Aufl. 2009 (zit.: *Fischer*[56]).

Frank, Thomas Zur strafrechtlichen Bewältigung des Spamming, 2003.

Freund, Georg Funktion und Inhalt des Begriffs des Unfalls bei der Verkehrsunfallflucht, in: GA 1987, 536.

Freund, Georg Normative Probleme der „Tatsachenfeststellung" – Eine Untersuchung zum tolerierten Risiko einer Fehlverurteilung im Bereich subjektiver Deliktsmerkmale, 1987 (zit.: Normative Probleme).

Freund, Georg Anm. zu BGH v. 20.11.1986 – 4 StR 633/86, in: JR 1988, 116.

Freund, Georg Anm. zu OLG Köln v. 14.12.1988 – Ss 68 5/88, in: StV 1991, 23.

Freund, Georg Zur Frage der Urkundeneigenschaft von Fotokopien – BayObLG, NJW 1990, 3221, in: JuS 1991, 723.

Freund, Georg Richtiges Entscheiden – am Beispiel der Verhaltensbewertung aus der Perspektive der Betroffenen, insbesondere im Strafrecht, in: GA 1991, 387.

Freund, Georg Über die Bedeutung der „Rechts"-Folgenlegitimation für eine allgemeine Theorie juristischer Argumentation, in: JZ 1992, 993.

Freund, Georg Erfolgsdelikt und Unterlassen – Zu den Legitimationsbedingungen von Schuldspruch und Strafe, 1992 (zit.: Erfolgsdelikt und Unterlassen).

Freund, Georg Verurteilung und Freispruch bei Verletzung der Schweigepflicht eines Zeugen, ein Beitrag zur Lehre von den Beweiserhebungs- und Beweisverwertungsverboten, in: GA 1993, 49.

Freund, Georg Klausur Strafrecht: Der Sohn des Weingutsbesitzers, in: JA 1995, 660.

Freund, Georg Der Entwurf eines 6. Gesetzes zur Reform des Strafrechts – Eine Würdigung unter Einbeziehung der Stellungnahme eines Arbeitskreises von Strafrechtslehrern, in: ZStW 109 (1997), 455.

Freund, Georg Straftatbestand und Rechtsfolgebestimmung – Zur Bedeutung der gesetzlichen Regelungstechnik und der „harmonisierten" Strafrahmen für die Strafzumessung, in: GA 1999, 509.

Freund, Georg Äußerlich verkehrsgerechtes Verhalten als Straftat? – BGH, NJW 1999, 3132, in: JuS 2000, 754.

Freund, Georg Anm. zu OLG Düsseldorf v. 29.07.1999 – 2 b Ss 60/99 – 32/99 I, in: StV 2001, 234.

Freund, Georg Buchbesprechung: Günther Jakobs, Urkundenfälschung – Revision eines Täuschungsdelikts, 2000, in: GA 2001, 243.

Freund, Georg Die Tatfrage als Rechtsfrage – „Persönliche Gewißheit", „objektive Schuldwahrscheinlichkeit" und rechtsgenügender Beweis, in: Festschrift für Lutz Meyer-Goßner zum 65. Geburtstag am 10. Juli 2001, hrsg. v. Eser u. a., 2001, S. 409 (zit.: FS Meyer-Goßner).

Freund, Georg Die Definitionen von Vorsatz und Fahrlässigkeit – Zur Funktion gesetzlicher Begriffe und ihrer Definition bei der Rechtskonkretisierung, in: Festschrift für Wilfried Küper zum 70. Geburtstag am 1. Mai 2007, hrsg. v. Hettinger u. a., 2007, S. 63 (zit.: FS Küper).

Freund, Georg Tatbestandsverwirklichungen durch Tun und Unterlassen – Zur gesetzlichen Regelung begehungsgleichen Unterlassens und anderer Fälle der Tatbestandsverwirklichung im Allgemeinen Teil des StGB, in: Festschrift für Rolf Dietrich Herzberg zum 70. Geburtstag am 14. Februar 2008, hrsg. v. Putzke u. a., 2008, S. 225 (zit.: FS Herzberg).

Freund, Georg Strafrecht, Allgemeiner Teil – Personale Straftatlehre, 2. Aufl. 2009 (zit.: AT^2).

Frisch, Wolfgang Vorsatz und Risiko – Grundfragen des tatbestandsmäßigen Verhaltens und des Vorsatzes, 1983 (zit.: Vorsatz und Risiko).

Frisch, Wolfgang Grund- und Grenzprobleme des sogenannten subjektiven Rechtfertigungselements, in: Festschrift für Karl Lackner zum 70. Geburtstag, hrsg. v. Küper u. a., 1987, S. 113 (zit.: FS Lackner).
Frisch, Wolfgang Tatbestandsmäßiges Verhalten und Zurechnung des Erfolgs, 1988 (zit.: Verhalten).
Frisch, Wolfgang Der Irrtum als Unrechts- und/oder Schuldausschluß im deutschen Strafrecht, in: Rechtfertigung und Entschuldigung, Band III, Deutsch-italienisch-portugiesisch-spanisches Strafrechtskolloquium 1990, hrsg. v. Eser u. a., 1991, S. 217 (zit.: Rechtfertigung und Entschuldigung III).
Frisch, Wolfgang Die Strafrahmenmilderung beim Versuch, in: Festschrift für Günter Spendel zum 70. Geburtstag, hrsg. v. Seebode, 1992, S. 381 (zit.: FS Spendel).
Frisch, Wolfgang Die Entscheidung über den Strafrahmen (unveröffentlichtes Manuskript).
Gehrig, Klaus Der Absichtsbegriff in den Straftatbeständen des Besonderen Teils des StGB, 1986 (zit.: Absichtsbegriff).
Geppert, Klaus Zur Urkundenqualität von Durchschriften, Abschriften und insbesondere Fotokopien, in: Jura 1990, 271.
Geppert, Klaus Zur straf- und strafverfahrensrechtlichen Bewältigung von Serienstraftaten nach Wegfall der Rechtsfigur der „fortgesetzten Handlung", in: NStZ 1996, 57, 118.
Gerhold, Sönke Zur Person des Ausstellers einer Urkunde in Fällen offener Stellvertretung – Ein Beitrag zum Urkundenstrafrecht, in: Jura 2009, 498.
Gigerl, Hans-Joachim Die öffentliche Urkunde im Strafrecht, insbesondere ihre Beweiseignung für und gegen jedermann, Diss. iur. Bochum 1981 (zit.: Öffentliche Urkunde).
Gisin, Markus Phishing, in: Kriminalistik 2008, 197.
Goeckenjan, Ingke Phishing von Zugangsdaten für Online-Bankdienste und deren Verwendung, in: wistra 2008, 128.
Goeckenjan, Ingke Auswirkungen des 41. Strafrechtsänderungsgesetzes auf die Strafbarkeit des „Phishing", in: wistra 2009, 47.
Graf, Jürgen-Peter „Phishing" derzeit nicht generell strafbar!, in: NStZ 2007, 129.
Grimm, Jürgen Die Problematik der Urkundenqualität von Fotokopien, 1994.
Gustafsson, Britta Die scheinbare Urkunde, zum Begriff der unechten Urkunde im Strafrecht, 1993 (zit.: Die scheinbare Urkunde).
Hartleb, Christoph Die Reichweite des Wahrheitsschutzes in § 348 StGB, Diss. iur. Bonn 1983 (zit.: Wahrheitsschutz).
Hartmann, Susanne Neue Herausforderungen für das Urkundenstrafrecht im Zeitalter der Informationsgesellschaft, 2004.
Hardtung, Bernhard Per Fax in die Freiheit – Ein Bericht über eine strafrechtliche Hausarbeit, JuS 1998, 719.
Hassemer, Winfried Grundlinien einer personalen Rechtsgutslehre, in: Jenseits des Funktionalismus, Geburtstagsgabe für Arthur Kaufmann, hrsg. v. Scholler u. a., 1989, S. 85 (zit.: Jenseits des Funktionalismus).
Hecker, Bernd Die mißbräuchliche Verwendung von Ausweispapieren und sonstigen ausweisgleichen Urkunden nach § 281 StGB, in: GA 1997, 525.
Hecker, Bernd Herstellung, Verkauf, Erwerb und Verwendung manipulierter Telefonkarten, in: JA 2004, 762.
Hefendehl, Roland Examensklausur Strafrecht: Der mißbrauchte Farbkopierer, in: Jura 1992, 374.
Hefendehl, Roland Strafrechtliche Probleme beim Herstellen, beim Vertrieb und bei der Verwendung von wiederaufladbaren Telefonkartensimulatoren – Zugleich eine Besprechung von LG Würzburg, NStZ 2000, 374, in: NStZ 2000, 348.
Heghmanns, Michael Strafbarkeit des „Phishing" von Bankkontendaten und ihrer Verwertung, in: wistra 2007, 167.
Heghmanns, Michael Strafrecht für alle Semester – Besonderer Teil, Grund- und Examenswissen kritisch vertieft, 2009 (zit.: BT).
Heinrich, Bernd Mißbrauch gescannter Unterschriften als Urkundenfälschung, in: CR 1997, 622.

160 Literaturverzeichnis

Heinrich, Ulrich Urkundenfälschung und artverwandte Delikte im Straßenverkehr, in: Kriminalistik 2006, 758.
Helle, Konrad Die nachträgliche Veränderung einer Urkunde durch ihren Aussteller – Eine Untersuchung der Straftaten der Urkundenfälschung (§ 267 StGB) und der Urkundenunterdrückung (§ 274 I Nr. 1 StGB), 2001.
Herbe, Silvia Die Gesamturkunde – Eine Untersuchung zum österreichischen und deutschen Strafrecht, 2000.
Hilgendorf, Eric/Frank, Thomas/Valerius, Brian, Computer- und Internetstrafrecht, 2005.
Hillenkamp, Thomas 40 Probleme aus dem Strafrecht Besonderer Teil, 11. Aufl. 2009 (zit.: 40 Probleme aus dem BT[11]).
Honig, Gerhart Der gefälschte Meisterbrief, in: GewArch 1995, 144.
Jahn, Matthias Anm. zu OLG Köln v. 15.09.1998 – Ss 395/98, in: JA 1999, 98 (Verkehrszeichen als Urkunde?).
Jahn, Matthias Anm. zu OLG Hamm v. 18.11.2008 – 5 Ss 347/08, in: JuS 2009, 662 (Anmeldung eines Ebay-Accounts unter falschem Namen).
Jäger, Christian Examens-Repetitorium, Strafrecht Besonderer Teil, 3. Aufl. 2009, (zit.: Examens-Repetitorium BT[3]).
Jakobs, Günther Kriminalisierung im Vorfeld einer Rechtsgutsverletzung, in: ZStW 97 (1985), 751.
Jakobs, Günther Urkundenfälschung – Revision eines Täuschungsdelikts, 2000.
Jakobs, Günther Bemerkungen zur Urkundenfälschung, in: Festschrift für Wilfried Küper zum 70. Geburtstag am 1. Mai 2007, hrsg. v. Hettinger u. a., 2007, S. 225 (zit.: FS Küper).
Jescheck, Hans-Heinrich/Weigend, Thomas Lehrbuch des Strafrechts, Allgemeiner Teil, 5. Aufl. 1996 (zit.: AT[5]).
Joecks, Wolfgang Strafgesetzbuch, Studienkommentar, 8. Aufl. 2009 (zit.: StGB[8]).
Jung, Heike Der praktische Fall – Strafrecht: Der listige Sportler, in: JuS 1992, 131.
Kargl, Walter Urkundenfälschung durch den Aussteller (§ 267 StGB), in: JA 2003, 604.
Kaufmann, Armin Die Urkunden- und Beweismittelfälschung im Entwurf 1959, in: ZStW 71 (1959), 409.
Kienapfel, Diethelm Urkunden im Strafrecht, 1967.
Kienapfel, Diethelm „Absichtsurkunden" und „Zufallsurkunden", in: GA 1970, 193.
Kienapfel, Diethelm Urkunden und technische Aufzeichnungen, in: JZ 1971, 163.
Kienapfel, Diethelm Anm. zu OLG Köln v. 04.07.1978 – 1 Ss 231/78, in: NJW 1979, 730.
Kienapfel, Diethelm Urkunden und andere Gewährschaftsträger – Dogmatik, Kriminalpolitik und Reform, 1979 (zit.: Gewährschaftsträger).
Kienapfel, Diethelm Anm. zu BGH v. 06.02.1979 – 1 StR 648/78, in: JR 1980, 347.
Kienapfel, Diethelm Anm. zu BGH v. 07.02.1980 – 4 StR 654/79, in: JR 1980, 429.
Kienapfel, Diethelm Zur Abgrenzung von Urkundenfälschung und Urkundenunterdrückung, in: Jura 1983, 185.
Kienapfel, Diethelm Anm. zu OLG Celle v. 08.04.1986 – 1 Ss 12/86, in: NStZ 1987, 28.
Kindhäuser, Urs StGB, Lehr- und Praxiskommentar, 3. Aufl. 2006 (zit.: LPK[3]).
Kindhäuser, Urs Strafprozessrecht, 2006.
Kindhäuser, Urs Strafrecht, Besonderer Teil I – Straftaten gegen Persönlichkeitsrechte, Staat und Gesellschaft, 4. Aufl. 2009 (zit.: BT 1[4]).
Kitz, Volker Examensrelevante Bereiche „moderner Kriminalität", JA 2001, 303.
Koch, Alexander Strafrechtliche Probleme des Angriffs und der Verteidigung in Computernetzen, 2008 (zit.: Angriff und Verteidigung in Computernetzen).
Koppenhöfer Über das Verhältnis von Urkundenfälschung und Übertretung der Reichsmeldeordnung, in: NJW 1956, 1345.
Krack, Ralf Anm. zu OLG Düsseldorf v. 03.02.1997, 2 Ss 267/96 – 73/96, in: NStZ 1997, 602 (Antiblitzfolie).
Krey, Volker/Heinrich, Manfred Strafrecht, Besonderer Teil: Studienbuch in systematisch-induktiver Darstellung, Band 1: Besonderer Teil ohne Vermögensdelikte, 14. Aufl. 2008 (zit.: BT 1[14]).

Kucera, Christian Zur Urkundsqualität von Verkehrszeichen, in: JuS 2000, 208.
Kudlich, Hans Anm. zu BGH v. 21.09.1999 – 4 StR 71/99 (BayObLG), in: JZ 2000, 426 (Antiblitzbuchstaben).
Kudlich, Hans Strafrecht Besonderer Teil II – Delikte gegen die Person und die Allgemeinheit, 2004 (zit.: BT II – Prüfe dein Wissen).
Kühl, Kristian Anm. zu BGH v. 21.12.1984 – 3 StR 184/84, in: JR 1986, 297.
Küper, Wilfried Strafrecht, Besonderer Teil, Definitionen mit Erläuterungen, 7. Aufl. 2008 (zit.: BT[7]).
Lackner, Karl/Kühl, Kristian Strafgesetzbuch Kommentar, bearbeitet von Kristian Kühl, 26. Aufl. 2007 (zit.: Lackner/Kühl[26]).
Laghzaoui, Ralf/Wirges, Volkmar Der Einsatz von Telefaxgeräten als zivilprozessuales Problem, in: MDR 1996, 230.
Lampe, Ernst-Joachim Die sogenannte Gesamturkunde und das Problem der Urkundenfälschung durch den Aussteller, in: GA 1964, 321.
Lampe, Ernst-Joachim Unterdrückung unechter Urkunden, in: JR 1964, 14.
Lampe, Ernst-Joachim Zusammengesetzte und abhängige Urkunden, in: NJW 1965, 1746.
Lampe, Ernst-Joachim Anm. zu OLG Köln v. 04.07.1978 – 1 Ss 231/78, in: JR 1979, 214.
Lampe, Ernst-Joachim Anm. zu BayObLG v. 29.02.1988 – RReg. 5 St 251/87, in: StV 1989, 207.
Lampe, Ernst-Joachim Anm. zu OLG Düsseldorf v. 03.02.1997, 2 Ss 267/96, in: JR 1998, 304 (Antiblitzbuchstaben).
Langer, Winrich Strafrechtsdogmatik als Wissenschaft, Eberhard Schmidhäuser zum 70. Geburtstag am 10. Oktober 1990, in: GA 1990, 435.
Leipziger Kommentar Großkommentar, hrsg. v. Jescheck u. a., 6. Band: §§ 263 – 302a, 10. Aufl. 1988 (zit.: Bearbeiter, in: LK[10]).
Leipziger Kommentar Großkommentar, hrsg. v. Jähnke u. a., 7. Band: §§ 264 – 302, 11. Aufl. 2005; 9. Band, §§ 339 – 358, 11. Aufl. 2006 (zit.: Bearbeiter, in: LK[11]).
Leipziger Kommentar Großkommentar, hrsg. v. Jähnke u. a., 9. Band/Teil 2: §§ 267 – 283d, 12. Aufl. 2009; (zit.: Bearbeiter, in: LK[12]).
Lenckner, Theodor Zum Begriff der Täuschungsabsicht in § 267 StGB, in: NJW 1967, 1890.
Lenckner, Theodor/Winkelbauer, Wolfgang Computerkriminalität – Möglichkeiten und Grenzen des 2. WiKG (III), in: CR 1986, 824.
Lindemann, Thorsten Zur systematischen Interpretation des § 274 I Nr. 1 StGB im Verhältnis zum § 267 I Var. 2 StGB, in: NStZ 1998, 23.
Mankowski, Peter/Tarnowski, Natascha Zum Umfang der besonderen Beweiskraft öffentlicher Urkunden – AG Hamburg, NStE § 271 StGB Nr. 4, in: JuS 1992, 826.
Mann, Johannes Anm. zu OLG München v. 15.05.2006 – 4 St RR 053/06, NStZ 2006, 576 = NJW 2006, 2132 („Blenden" einer Verkehrsüberwachungs-Blitzanlage), in: NStZ 2007, 271 (zur Frage der Sachbeschädigung).
Marcelli, Walter Anm. zu BGH v. 24.04.1985 – 3 StR 66/85, in: NStZ 1985, 500.
Martin, Sigmund P. Der praktische Fall – Strafrecht – Die „Mehrweg"-Fahrkarte: in: JuS 2001, 364.
Mätzke, Hans-Joachim Anm. zu OLG Karlsruhe v. 05.08.1993 – 1 Ws 187/93, in: NStZ 1995, 501.
Mätzke, Hans-Joachim Die Sanktionslosigkeit von Manipulationen belastender Vermerke in amtlichen Ausweisen, in: MDR 1996, 19.
Maurach, Reinhart/Schroeder, Friedrich-Christian/Maiwald, Manfred Strafrecht, Besonderer Teil, Teilband 2, Straftaten gegen Gemeinschaftswerte, 9. Aufl. 2005 (zit.: BT 2[9]).
Meier, Bernd-Dieter Strafbarkeit des Bankautomatenmißbrauchs, in: JuS 1992, 1017.
Meurer, Dieter Urkundenfälschung durch Verwendung des eigenen Namens, in: NJW 1995, 1655.
Mewes, Hans Urkundenfälschung bei Personalienmanipulationen im Versandhandel – BGH, NStZ 1994, 486, in: NStZ 1996, 14.
Meyer, Dieter Fotokopien als Urkunden im Sinne des § 267 StGB, Gedanken zum Urteil des BGH, MDR 1971, 772, in: MDR 1973, 9.

Meyer, Fritz Die öffentliche Urkunde im Strafrecht, in: Festschrift für Eduard Dreher zum 70. Geburtstag, hrsg. v. Jescheck u. a., 1977, S. 425 (zit.: FS Dreher).

Miehe, Olaf Zum Verhältnis des Fälschens zum Gebrauchmachen im Tatbestand der Urkundenfälschung, in: GA 1967, 270.

Mitsch, Wolfgang Anm. zu BayObLG v. 11.05.1992 – 5 St RR 16/92, in: NStZ 1994, 88.

Mohrbotter, Kurt Anm. zu OLG Düsseldorf v. 23.12.1965 – (1) Ss 630/65, in: NJW 1966, 1421.

Möhrenschlager, Manfred Das neue Computerstrafrecht, in: wistra 1986, 128.

Müller-Tuckfeld, Jens Christian Anm. zu BGH v. 12.10.1995 – 4 StR 259/95, in: StV 1997, 353.

Münchener Kommentar StGB Münchener Kommentar zum Strafgesetzbuch, hrsg. v. Joecks u. a., mehrere Bände 2003 bis 2007 (zit.: Bearbeiter, in: MünchKommStGB).

Münchener Kommentar ZPO Münchener Kommentar zur Zivilprozeßordnung mit Gerichtsverfassungsgesetz und Nebengesetzen, Band 1: §§ 1 – 510c, hrsg. v. Rauscher u. a., 3. Aufl. 2008 (zit.: Bearbeiter, in: MünchKommZPO³).

Mürbe, Manfred Strafrechtsklausur: Der findige Fotograf, in: JuS 1989, 563.

Mürbe, Manfred Examensklausur Strafrecht: „Die Selbstbedienungstankstelle", in: Jura 1992, 324.

Nomos Handkommentar Nomos Handkommentar – Gesamtes Strafrecht (StGB, StPO, Nebengesetze, hrsg. v. Dölling u. a., 2008 (zit.: Bearbeiter, in: NomosHK-GS).

Nomos Kommentar Nomos Kommentar zum Strafgesetzbuch, hrsg. v. Kindhäuser u. a., Bd 1 und 2, 2. Aufl. 2005 (zit.: Bearbeiter, in: NK²).

Obermair, Sandra Die Abgrenzung der Beweiszeichen von den Kennzeichen beim Urkundenbegriff des § 267 StGB, 2000.

Ohr, Günter Das formungültige eigenhändige Testament als unechte Urkunde – OLG Düsseldorf, NJW 1966, 749, in: JuS 1967, 255.

Otto, Harro Die Probleme der Urkundenfälschung (§ 267 StGB) in der neueren Rechtsprechung und Lehre, in: JuS 1987, 761.

Otto, Harro Grundkurs Strafrecht, die einzelnen Delikte, 7. Aufl. 2005 (zit.: BT⁷).

Otto, Mathias Noch einmal: Der findige Fotograf (zu Mürbe, JuS 1989, 563 ff.), in: JuS 1991, 439.

Paeffgen, Hans-Ullrich Anm. zu BGH v. 21.03.1985 – 1 StR 520/84, in: JR 1986, 114.

Pape, Gerhard/Notthoff, Martin Prozeßrechtliche Probleme bei der Verwendung von Telefax, in: NJW 1996, 417.

Pikart Anm. zu OLG Frankfurt v. 19.04.1985 – 5 Ss 608/84, in: NStZ 1986, 122.

Prechtel, Dietmar Urkundendelikte (§§ 267 ff. StGB) – Reformdiskussion und Gesetzgebung seit 1870, 2005.

Puppe, Ingeborg Die Fälschung technischer Aufzeichnungen, 1972.

Puppe, Ingeborg Urkundenfälschung, in: Jura 1979, 630.

Puppe, Ingeborg Erscheinungsformen der Urkunde, in: Jura 1980, 18.

Puppe, Ingeborg Unzulässiges Handeln unter fremdem Namen als Urkundenfälschung, in: JR 1981, 441.

Puppe, Ingeborg Anm. zu OLG Düsseldorf v. 14.03.1983 – 5 Ss 543/82, in: JR 1983, 429.

Puppe, Ingeborg Die neue Rechtsprechung zu den Fälschungsdelikten, in: JZ 1986, 938, 992.

Puppe, Ingeborg Namenstäuschung und Identitätstäuschung – OLG Celle, NJW 1986, 2772, in: JuS 1987, 275.

Puppe, Ingeborg Urkundenechtheit bei Handeln unter fremdem Namen und Betrug in mittelbarer Täterschaft – BayObLG, NJW 1988, 1401, in: JuS 1989, 361.

Puppe, Ingeborg Anm. zu BGH v. 21.12.1988 – 2 StR 613/88, in: JZ 1989, 596.

Puppe, Ingeborg Die neue Rechtsprechung zu den Fälschungsdelikten, Teile 1 bis 3, in: JZ 1991, 447, 550, 609.

Puppe, Ingeborg Die neue Rechtsprechung zu den Fälschungsdelikten, in: JZ 1997, 490.

Puppe, Ingeborg Urkundenschutz im Computerzeitalter, in: 50 Jahre BGH, Festgabe aus der Wissenschaft, Band IV, 2000, S. 569 (zit.: FG BGH IV).

Puppe, Ingeborg Anm. zu OLG Düsseldorf v. 14.09.2000 – 2 b Ss 222/00 – 64/00, in: NStZ 2001, 482 ff. (zur Frage der Eigenschaft einer zusammengesetzten Fotokopie von Teilen mehrerer Schriftstücke).
Radtke, Henning Der praktische Fall – Strafrecht: Eine Bewerbung mit kleinen Fehlern, in: JuS 1995, 236.
Radtke, Henning Neue Formen der Datenspeicherung und das Urkundenstrafrecht, in: ZStW 115 (2003), 26.
Ranft, Otfried Anm. zu BGH v. 26.02.1987 – 1 StR 698/86, in: JR 1988, 383.
Ranft, Otfried Strafrechtliche Probleme der Beförderungserschleichung, in: Jura 1993, 84.
Reichert, Christoph „Mein Pass »gehört« mir" – Zum Beweisführungsinteresse an Urkunden und technischen Aufzeichnungen im Rahmen des § 274 I Nr. 1 StGB, in: StV 1998, 51.
Rengier, Rudolf Strafrecht, Besonderer Teil II, 8. Aufl. 2007 (zit.: BT 2[8]).
Rheineck, Renate Fälschungsbegriff und Geistigkeitstheorie, 1979.
Röhmel, Klaus Die strafrechtliche Beurteilung von Urkundenentwürfen und sog. Fernbeglaubigungen nach § 348 StGB, in: JA 1978, 199.
Rossa, Caroline Beatrix Missbrauch beim electronic cash – Eine strafrechtliche Bewertung, in: CR 1997, 219.
Roßnagel, Alexander Das elektronische Verwaltungsverfahren, in: NJW 2003, 469.
Roxin, Claus Strafverfahrensrecht, ein Studienbuch, 25. Aufl. 1998.
Runte, Rainer/Werner, Stefan Übungsklausur Strafrecht: Der falsche Mann, in: Jura 1991, 40.
Samson, Erich Urkunde und Beweiszeichen, die verkörperte Gedankenerklärung als Merkmal des strafrechtlichen Urkundenbegriffs, 1968 (zit.: Urkunde und Beweiszeichen).
Samson, Erich Grundprobleme der Urkundenfälschung, in: JuS 1970, 369.
Samson, Erich Grundprobleme der Urkundenfälschung, Teile 1 und 2, in: JA 1979, 526, 658.
Samson, Erich Wiederholungs- und Vertiefungskurs in den Kerngebieten des Rechts, Strafrecht II, 5. Aufl. 1985 (zit.: WuV Strafrecht II[5]).
Sandmann, Melanie Die Strafbarkeit der Kunstfälschung, 2004.
Sättele, Alexander Anm. zu OLG Düsseldorf v. 14.09.2000 – 2 b Ss 222/00 – 64/00 I, in: StV 2001, 238 (Urkundenfälschung durch Herstellen einer Collage bzw. einer Fotokopie?).
Sax, Walter Probleme des Urkundenstrafrechts, in: Festschrift für Karl Peters zum 70. Geburtstag, hrsg. v. Baumann u. a., 1974, S. 137 (zit.: FS Peters).
Scheffler, Uwe Anm. zu BGH v. 01.09.1992 – 1 StR 281/92, in: StV 1993, 470.
Schilling, Georg Der strafrechtliche Schutz des Augenscheinsbeweises – Ein Beitrag zur Lehre von der Beweismittelfälschung, 1965.
Schilling, Georg Fälschung technischer Aufzeichnungen (§ 268 StGB), 1970.
Schilling, Georg Reform der Urkundenverbrechen, 1971.
Schlehofer, Horst Juristische Methodologie und Methodik der Fallbearbeitung, in: JuS 1992, 572.
Schmidhäuser, Eberhard Objektiver und subjektiver Tatbestand: Eine verfehlte Unterscheidung, in: Lebendiges Strafrecht, Festgabe zum 65. Geburtstag von Hans Schultz (SchwZStr 94 [1977]), S. 61 (zit.: Festgabe Schultz).
Schmidhäuser, Eberhard Strafrecht, Besonderer Teil, 2. Aufl. 1983 (zit.: BT[2]).
Schmitz, Florian Der Schutz des Beweisführungsinteresses im Urkundenstrafrecht, 2001.
Schneider, Hartmut Zur Strafbarkeit des Vernichtens von Schaublättern eines Fahrtenschreibers, in: NStZ 1993, 16.
Schöning, Christian Telegramm und Fernschreiben im Urkundenstrafrecht, Entwicklung und Mißbrauch einer technischen Errungenschaft und der Versuch seiner Bewältigung durch das Strafrecht, 1985 (zit.: Telegramm und Fernschreiben).
Schönke, Adolf/Schröder, Horst Strafgesetzbuch, Kommentar, 27. Aufl. 2006 (zit.: Bearbeiter, in: Schönke/Schröder[27]).
Schroeder, Friedrich-Christian Die Herbeiführung einer Unterschrift durch Täuschung oder Zwang, in: GA 1974, 225.
Schroeder, Friedrich-Christian Urkundenfälschung durch Examenstäuschung? Anm. zu BayObLG, NJW 1981, 772, in: JuS 1981, 417.
Schroeder, Friedrich-Christian Urkundenfälschung mit Auslandsberührung, in: NJW 1990, 1406.

Schroeder, Friedrich-Christian Urkundenstraftaten an entwerteten Fahrkarten, in: JuS 1991, 301.
Schröder, H. Anm. zu BGH v. 12.01.1965 – 1 StR 480/64, in: JR 1965, 232.
Schröder, H. Anm. zu BGH v. 11.05.1971 – 1 StR 387/70, in: JR 1971, 470.
Schumann, Heribert Anm. zu BGH v. 14.08.1986 – 4 StR 400/86, in: JZ 1987, 523.
Sieber, Ulrich Anm. zu OLG München v. 26.07.1976 – 2 Ws 194/76, in: JZ 1977, 411.
Sieber, Ulrich Computerkriminalität und Strafrecht, 2. Aufl. 1980.
Sonnen, Bernd-Rüdeger Anm. zu OLG Frankfurt v. 13.09.1978 – 1 Ss 29/78, in: JA 1979, 168.
Stehling, Jürgen Die Urkundenfälschung – Ein Beitrag zur Kriminologie, Kriminalistik und strafrechtlichen Problematik dieser Gesetzesverstöße, Diss. iur. Frankfurt/Main 1973.
Stein, Ulrich Anm. zu BayObLG v. 27.03.2002 – 5 St RR 71/02, in: JR 2003, 39 (Veränderung des Geburtsdatums in der Zeitkarte eines Beförderungsunternehmens).
Steinmetz, Bernd Der Echtheitsbegriff im Tatbestand der Urkundenfälschung (§ 267 StGB), 1991 (zit.: Echtheitsbegriff).
Stoffers, Kristian Überblick über die Rechtsprechung zum Schutz ausländischer Rechtsgüter durch das deutsche Strafrecht, insbesondere im Bereich der Urkunden- und Aussagedelikte, in: JA 1994, 76.
Stuckenberg, Carl-Friedrich Zur Strafbarkeit von „Phishing", in: ZStW 118 (2006), 878.
Systematischer Kommentar Systematischer Kommentar zum StGB, hrsg. v. Rudolphi, u. a., Band II, Besonderer Teil (§§ 80 – 358) (zit.: Bearbeiter, in: SK StGB, spezieller Bearbeitungsstand).
Tiemann, Frank Der praktische Fall – Strafrecht: Eine mißglückte Existenzgründung, in: JuS 1994, 138.
Tröndle, Herbert Anm. zu BGH v. 21.12.1972 – 4 StR 561/72, in: JR 1973, 205.
Ulsenheimer, Klaus Examensklausur Strafrecht: „Die durchzechte Nacht", in: Jura 1985, 97.
Walter, Tonio/Uhl, Matthias Übermut tut selten gut (Fallbearbeitung), in: JA 2009, 31.
Weiß, Regina Das abredewidrig ausgefüllte Blankett – echte oder unechte Urkunde?, in: Jura 1993, 288.
Weber, Ulrich Fälschungsdelikte in Beziehung auf den Führerschein, zugleich Besprechung von OLG Hamm NJW 1976, 2222 und OLG Köln NJW 1981, 64, in: Jura 1982, 66.
Welp, Jürgen Die Urkunde und ihr Duplikat, in: Beiträge zur Rechtswissenschaft, Festschrift für Walter Stree und Johannes Wessels, hrsg. v. Küper u. a., 1993, S. 511 (zit.: FS Stree/Wessels).
Welzel, Hans Das Deutsche Strafrecht, 11. Aufl. 1969.
Wessels, Johannes Strafrecht, Besonderer Teil, Teil 1: Straftaten gegen Persönlichkeits- und Gemeinschaftswerte, 21. Aufl. 1997 (zit.: BT 1[21]).
Wessels, Johannes/Hettinger, Michael Strafrecht, Besonderer Teil, Teil 1: Straftaten gegen Persönlichkeits- und Gemeinschaftswerte, 32. Aufl. 2008 (zit.: BT 1[32]).
Wohlers, Wolfgang Anm. zu OLG Düsseldorf v. 29.07.1999 – 2b Ss 60/99 – 32/99 I, in: JR 2001, 83.
Zaczyk, Rainer „Kopie" und „Original" bei der Urkundenfälschung, in: NJW 1989, 2515.
Zielinski, Diethart Urkundenfälschung durch Computer, in: Gedächtnisschrift für Armin Kaufmann, hrsg. v. Dornseifer u. a., 1989, S. 605 (zit.: GS Armin Kaufmann).
Zielinski, Diethart Rezension zu Britta Gustafsson, Die scheinbare Urkunde – Zum Begriff der unechten Urkunde im Strafrecht., in: wistra 1994, 338.
Zielinski, Diethart Urkundenfälschung durch den vollmachtlosen Stellvertreter? in: wistra 1994, 1.
Zielinski, Diethart Urkundenfälschung durch Telefax, in: CR 1995, 286.
Zoller, Edgar Die Mikro-, Foto- und Telekopie im Zivilprozeßrecht, in: NJW 1993, 429.
Zöller, Richard Zivilprozeßordnung mit Gerichtsverfassungsgesetz und den Einführungsgesetzen, mit Internationalem Zivilprozeßrecht, Kostenanmerkungen, 27. Aufl. 2009 (zit.: Bearbeiter, in: Zöller ZPO[27]).

Fallregister

Das Fallregister soll dem vereinfachten Auffinden der Beispielsfälle und ihrer Lösungen dienen. Die Randnummer, die der jeweiligen Fallschilderung zugeordnet ist, wurde durch *Kursivdruck* hervorgehoben. Verweise sind durch einen Pfeil (→) gekennzeichnet.

Fall 1 (Quittungsfall): Rn. *18,* 28, 142 – 144, ferner Rn. 223 f.

Fall 2 (Sekretärin-als-Ehefrau-Fall): Rn. *19,* 28, 225.

Fall 3 (Unterzeichnung-als-Namensvetter-Fall): Rn. *20,* 28.

Fall 4 (Unterzeichnung-als-Fälschung-Fall): Rn. *21,* 28, 163.

Fall 5 (Quittungsabänderungsfall): Rn. *29,* 35 f.

Variante zu Fall 5 (Quittungsvernichtungs- und Neuerstellungsfall): Rn. *30,* 35, 290.

Fall 6 (Handelsbücherfall): Rn. *31,* 36, → Fall 50.

Fall 7 (Bauarbeitenvergabefall): Rn. *37,* 39, 84.

Fall 8 (Bierkutscherfall): Rn. *38,* 39 m. Fn. 24, Rn. 194, 195, → Fall 51.

Fall 9 (Blankoscheckfall): Rn. *41,* 47.

Fall 10 (Postfahrkartenfall): Rn. 55, *56,* 57.

Fall 11 (Quittung-zur-Täuschung-des-Gläubigers-Fall): Rn. *58,* 59, 132.

Fall 12 (Fotomontagefall): Rn. *67,* 69.

Fall 13 (Fingerabdrucksfall): Rn. *68,* 69.

Fall 14 (Nachricht-im-Sand-Fall): Rn. *72,* 76.

Fall 15 (Bleistiftnachrichtsfall): Rn. *73,* 77.

Fall 16 (Champagnerflaschenfall): Rn. *78,* 80, 126, 194, 296.

Fall 17 (Zulassungsplakettenfall): Rn. *79,* 80.

Fall 17a (Verkehrszeichen-Überklebungs-Fall): Rn. *81a,* 81b.

Fall 18 (Blutprobenfall): Rn. 84, *85.*

Fall 19 (Tonbandfall): Rn. *87,* 88 f.

Fall 20 (Zahnarztfall): Rn. *99,* 102 m. Fn. 100, Rn. 127, 129.

Fall 21 (Leitzfall): Rn. 93, *104,* 108.

Fall 22 (Seminarstempelfall): Rn. 93, *105,* 108, → Fall 52.

Fall 23 (Brandzeichenfall): Rn. 93, *106,* 108.

Fall 23a (Adolf H.-Tagebücher-Fall): Rn. *112c,* 112d f.

Fall 24 (Verdeckte-Stellvertretung-Fall): Rn. *114,* 118.

Fall 25 (Mietvertragsfall): Rn. *115,* 118, 120.

Fall 26 (Behördenbescheidsfall): Rn. *121,* 123.

Fall 27 („Müller"-Fall): Rn. 124, *125.*

Fall 27a („Computer-Fax"-Fall): Rn. *128b,* 128c.

Fall 27b (Ausdruck-als-Durchschlag-Fall): Rn. *128d,* 128e.

Fall 28 (Staatsprüfungsfall): Rn. *147,* 148 f.

Fall 29 (Testamentsfall): Rn. *150,* 153.

Fall 30 (Testamentsnachahmungsfall): Rn. *151*, 153 f.

Fall 31 (Testamentstextfall): Rn. *152*, 154.

Fall 32 („sen."-Fall): Rn. *161*, 163.

Fall 33 (Firmenstempelfall): Rn. *162*, 163.

Fall 34 (Fahrausweisfall): Rn. *173*, 174.

Fall 35 (Kaufpreisquittungsfall): Rn. *180*, 181 – 183.

Fall 36 (Lehrerfall): Rn. *185*, 194 f.

Fall 36a (Nummernschild-Überklebungs-Fall): Rn. *195a*, 195c – 195f.

Variante zu Fall 36a („Antiblitzfolie"-Fall): Rn. *195b*, 195c – 195g.

Fall 37 (Zeugnisfall): Rn. *197*, 203 m. Fn. 235, Rn. 204.

Fall 38 (Kennzeichenfälschungsfall): Rn. *198*, 205.

Fall 39 (Bierfilzfall): Rn. *208*, 209 f.

Fall 39a (Verteidigerfall): Rn. *211d*, 211e – 211g, 218a.

Fall 40 (Schulzeugnisfall): Rn. *220*, 221 f.

Fall 41 (Falschurkunden-Wiederverwendungsfall): Rn. *228*, 231.

Fall 42 („Betrag dankend erhalten"-Fall): Rn. *232, 233*, 234.

Fall 43 (Fahrtenschreiberfall): Rn. *239*, 241, 249 f., 260.

Fall 44 (Fahrtenschreiberirrtumsfall): Rn. *240*, 241, 249 f., 260.

Fall 45 (Kilometerzähler-Rückdreh-Fall): Rn. *246*, 249.

Fall 46 (Tachowellenlösefall): Rn. *247*, 249.

Fall 47 (Bleigewichtsfall): Rn. *258*, 259.

Fall 48 (Automatenscheckkartenfall): Rn. *267*, 271 m. Fn. 58.

Fall 48a (Internetauktionshausfall): Rn. *267a*, 273a.

Fall 49 (Fahrkarten-Abwischfall): Rn. *276*, 278, 287 m. Fn. 86, Rn. 288.

Fall 49a (Thermodrucker-Quittungsfall): Rn. *278f*, 278h – 278j.

Fall 49b (Variante zum Thermodrucker-Quittungsfall [Fall 49a]): Rn. *278g*, 278j.

Fall 50 (Handelsbücherfall [= Fall 6]): Rn. *282*, 284 m. Fn. 83.

Fall 51 (Bierkutscherfall [= Fall 8]): Rn. *283*, 284 m. Fn. 83, Rn. 292, 293 m. Fn. 90.

Fall 52 (Seminarstempelfall [= Fall 22]): Rn. *285*, 286.

Fall 53 (Preisetikettenüberklebefall): Rn. *291*, 292.

Fall 54 (Fleischbeschauerfall): Rn. *301*, 302, 317, 320 f., 325, 326 m. Fn. 136.

Fall 55 (Sparkassenbucheröffnungsfall): Rn. *310*, 311.

Fall 56 (Notarielle-Beurkundung-des-Kaufpreises-Fall): Rn. 311, *312*, 313.

Fall 57 (Kopienbeglaubigung-durch-unaufmerksamen-Notar-Fall): Rn. 322, *323*, 324.

Fall 58 (Standesbeamtenfall): Rn. *328*, 334 – 336.

Fall 59 (Geburtsdatumsfall): Rn. *329*, 334 – 336.

Fall 60 (Kopienbeglaubigung-bei-gefälschtem-Original-Fall): Rn. *337*, 338, 340.

Stichwortregister

Die angegebenen Zahlen beziehen sich auf die Paragraphen/Randnummern bzw. die Fußnoten des Textes. Bei häufig vorkommenden Stichworten sind nur die wichtigeren Fundstellen angegeben. Hauptfundstellen sind durch *Kursivdruck* hervorgehoben. Verweise auf weitere Stichworte sind durch einen Pfeil (→) gekennzeichnet.

A

Abänderungsbefugnis
  → Dispositionsbefugnis

Abschrift: Rn. 70a, 127, 145, 303, 322

Absicht, einem anderen Nachteil zuzufügen: Rn. 275, 294 – 297
  Absicht als Zusatzerfordernis neben dem Vorsatz in Bezug auf die Vernichtung etc.: Rn. 297
  Beeinträchtigung als bloße Nebenfolge bei § 274: Rn. 296
  Definition der ~: Rn. 298b
  Nachteil: Rn. 294 m. Fn. 92
  Nachteilszufügung als Mittel zur Erreichung eines anderen Ziels: Rn. 295

Absichtsurkunde: Rn. 109 m. Fn. 107
  Beispiele für ~: Rn. 109 m. Fn. 107

Amtsträger: Rn. 14a, 299, 302, 234a, 299 f., 302, 304, 322 f., 332, 341, 343

Anfechtbarkeit der Erklärung: Rn. 156
  Grenzziehung zur Unwirksamkeit: Rn. 156 m. Fn. 170

Anscheinsvollmacht: Rn. 42 m. Fn. 30

Antiblitzfolie: Rn. 195b ff., 259

Aufzeichnungsgerät: Rn. 259 f.

Augenscheinsbeweis
  strafrechtlicher Schutz des ~: Rn. 243 m. Fn. 7

Augenscheinsobjekt: Rn. 28a ff., *65 f.,* 70, 243, 244b, 277
  Interesse am Erhalt eines ~: Rn. 277
  Unterdrückung von ~: Rn. 277 m. Fn. 75

Aussagedelikte: Rn. 52, 224 Fn. 273, Rn. 316, 331, 334
  konkretes Betroffensein unterschiedlicher Interessen: Rn. 52
  Falschheit einer Aussage: Rn. 316
  spezifisches Schutzinteresse der ~: Rn. 330
  Wahrheitspflicht: Rn. 334

Aussteller
  Behörde als ~: Rn. 123, 195e
  Bestimmbarkeit des ~: Rn. 124
  Bestimmbarkeit des ~ als ausreichendes Kriterium: Rn. 124 – 126
  Bindung durch abredewidrig hergestellte Urkunde: Rn. 42 f., 46, 177
  Erkennbarkeit des ~ bei Bierdeckelstrichen: → Bierdeckelstriche
  Erkennbarkeit des ~ im Hinblick auf computerspezifische Besonderheiten: Rn. 273
  ~ bei der Fotokopie: → Fotokopie
  Indikation des wirklichen Willens des ~: Rn. 51, 62, 178, 181, 199
  Kriterium der Garantiefunktion: → Garantiefunktion
  juristische Person des Privatrechts als ~: Rn. 123

richtiger und scheinbarer ~: Rn. *22,* 118, 177

Schutz vor Verfälschung seines „wahren" Willens: Rn. *41 – 50,* 51, 55, 133

~ im Fall der verdeckten Stellvertretung: Rn. 118 m. Fn. 120, Rn. 123 Fn. 128

Urkundenerfordernis der Ausstellererkennbarkeit: Rn. 113 – 133, → Garantiefunktion

Verfälschung durch den ~: Rn. 32 – 40, 187 – 189, → Dispositionsbefugnis

Wiedergabe des wirklichen Willens: → Interesse an korrekter Wiedergabe des wirklichen Ausstellerwillens

→ Geistigkeitstheorie, Körperlichkeitstheorie

Ausweispapiere: Rn. 2

B

begehungsgleiches Unterlassungsdelikt: Rn. 261, 333 Fn. 139

Beglaubigung: Rn. 278c, 324, 338 f., 343

Beschädigen einer Urkunde oder technischen Aufzeichnung: Rn. 275, 290, 293a

Betrug: Rn. 7, 75, 142, 224 Fn. 273, Rn. 259, 287 Fn. 86

→ Dreiecksbetrug

Beurkundung

~ der wahrgenommenen Abgabe von Erklärungen vor der Behörde oder der Urkundsperson: Rn. 304

~ über Geburt und Tod: Rn. 305

~ wahrgenommener eigener Willenserklärungen der Behörde: Rn. 304

→ Falschbeurkundung im Amt, mittelbare Falschbeurkundung

Beurkundungsgegenstand

→ Beweiskraft, gesteigerte

Beweisbestimmung: Rn. 24, 101, 109, *110 m. Fn. 109,* Rn. 289

eigenständige Bedeutung der ~: Rn. 110 m. Fn. 109

Beweiseignung: Rn. 24, *101, 107 f.*

beweiserhebliche Daten

→ Daten

Beweisfunktion

geringe Ausfilterungswirkung der ~: Rn. 100 f., 107, 110

~ zugunsten des Ausstellers: Rn. 108, 286

Definition der ~: Rn 112b

~ als Merkmal des strafrechtlichen Urkundenbegriffs: Rn. 15, 24 f., 63 f., 94 f., *98 – 112a,* 133, 289

~ als unselbständiges Unterelement der Garantiefunktion: Rn. 25a, 112a f.

~ in Abhängigkeit von dem verstrichenen Zeitraum: Rn. 112d f.

→ Beweiseignung, Beweisbestimmung

Beweisführungsrecht: Rn. 275, 278e ff., *281,* 284, 286, 287 m. Fn. 86

~ des berechtigten Eigentümers bei Eigentümerzeichen: Rn. 286 m. Fn. 84

„gehören" i. S. v. § 274: Rn. *281,* 284, 298a

~ bei der Fotokopie: Rn. 278e ff.

Vereitelung des ~: Rn. 290 m. Fn. 89, Rn. 292, 297

keine Verletzung eines fremden ~ bei ordnungsgemäßer Entwertung des Fahrscheins und Verheimlichung gegenüber dem Kontrolleur: Rn. 288 f.

Beweiskraft, gesteigerte

Beurkundungsgegenstand: Rn. *308,* 317

Definition der ~: Rn. 326a

~ bei Falschbeurkundung im Amt: Rn. *303, 307,* 308, 311, 314 f.

~ bei mittelbarer Falschbeurkundung: Rn. 332

sachlicher Grund für ~: Rn. 332 – 334

~ des Hauptverhandlungsprotokolls: Rn. 309 Fn. 119

Reichweite der ~: Rn. 309

Beweiswirkung für und gegen jedermann: Rn. 306, 307 m. Fn. 110

Beweiszeichen: Rn. *90 f.,* 95, 107

Abgrenzung zum Kennzeichen: Rn. 92
Funktion des ~: Rn. 92

Bierdeckelstriche: Rn. *126,* 208 f., 210 m. Fn. 245
Erkennbarkeit des Ausstellers: Rn. 126
Urkundeneigenschaft von ~: Rn. 126 m. Fn. 133

Bindungswirkung: Rn. 43 f.
~ im Außenverhältnis: Rn. 53, 57, 62

Blankettausfüllung: Rn. 42 – 48
abredewidrige ~: Rn. 42 f., 53, 277a
unberechtigte ~: Rn. 57

Blankettfälschung: Rn. 41, 42 m. Fn. 29, *Rn. 43 – 50*

C, D

Daten
Ausstellererkennbarkeit: Rn. 273
beweiserhebliche ~: Rn. 275
selbsttätige Bewirkung der Darstellung von ~: Rn. 251 f.
Darstellung von ~: Rn. 248, 270a
E-Mail: Rn. 272d, 273d
Internetauktionshaus: Rn. 267a, 273a

Datenverarbeitungsanlage, elektronische: Rn. 88

Dauerhaftigkeit der Verkörperung: Rn. *74 f.,* 77 Fn. 62, Rn. 88
→ Perpetuierungsfunktion

Diebstahl: Rn. 215

Dienststempel auf Inventarstücken: Rn. 93

Dispositionsbefugnis
Interesse am Erhalt der ursprünglich verkörperten Erklärung: Rn. 33
Irreführung durch schriftliche Lüge: Rn. 34
kein Verfälschen einer echten Urkunde bei Abänderung durch den Aussteller nach Verlust der ~: Rn. *32 – 36,* 187 – 193
Verlust der ~ seitens des Ausstellers: Rn. *32 – 36, 187 – 189,* 192

Zerreißen der Urkunde nach Verlust der ~ durch den Aussteller: Rn. 189 m. Fn. 210

dolus eventualis: Rn. 297
~ als eigentliche Grundform des Vorsatzes: Rn. 297 m. Fn. 95

Dreiecksbetrug: Rn. 60

Duldungsvollmacht: Rn. 42

E

echte Urkunde: Rn. *137 – 139,* 191
Abhängigkeit des Begriffs der ~ vom Ausstellerverständnis: Rn. 141 m. Fn. 154
Anschein einer ~: Rn. 138 f., 176
Begriff der ~: Rn. 137

Eigenhändigkeit
Erfordernis der ~ bei der Unterschrift: Rn. 153 f.
Erfordernis der ~ bei der Erklärung: Rn. 149, 154
irrelevante Täuschung über die „Eigengeistigkeit": Rn. 148 m. Fn. 159

Eigentümerzeichen
Beweisführungsrecht i. S. des § 274 des berechtigten Eigentümers: Rn. 286 Fn. 84
~ in Büchern: Rn. 93, 105, 107, 286
Urkundenqualität von ~: Rn. 107

Einzelurkunde: Rn. 82

Entwurf einer Urkunde
→ Urkundenentwurf

Erbschein als öffentliche Urkunde
→ öffentliche Urkunde

Erkennbarkeit des Ausstellers
→ Aussteller, Garantiefunktion

Erkennbarkeit des Gegenstands und der Beweisbestimmung: Rn. 254 f.

Erklärung, verkörperte: Rn. 15, 24, *65 – 70,* 71, 94 f., *96 – 98,* 101

Abgrenzung zu den Augenscheinsobjekten: Rn. 65 – 70
Definition der ~: Rn. 70b
mündliche ~: Rn. 75 m. Fn. 59, Rn. 159
Verkörperungen im Schriftstück: Rn. 90 f., 94 f., 96 m. Fn. 93
visuell wahrnehmbare Verkörperungen: Rn. 88

Erklärungstatbestand
äußerer ~: Rn. 313 m. Fn. 122
innerer ~: Rn. 313 m. Fn. 122

Erschleichen von Leistungen: Rn. 287 Fn. 86

F

Fahrschein
Abwischen des Entwertervermerks von der Wachsschicht: Rn. 278, 287
manipulierter ~ als unechte Urkunde: Rn. *173 – 176,* 278

Fahrtenschreiber
„gehören" von Schaublättern eines ~: Rn. 281 Fn. 82
~ und technische Aufzeichnung: Rn. 241, 250

Falschbeurkundung im Amt: Rn. 6, *299 – 326*
normative Absicherung der Erfüllung der Wahrheitspflicht seitens des Urkundsbeamten bei der urkundlichen Erklärung als solcher: Rn. 300
Amtsträger: Rn. 299, 302
Ausfertigung einer (in dieser Form) nicht vorhandenen Urkunde: Rn. 313a
die dem Beamten verfügbare Wirklichkeit: Rn. 319 m. Fn. 129
Beglaubigung: Rn. 323 f.
Beurkundungsgegenstand: Rn. 308, 317
Beurkundung „ins Blaue hinein": Rn. 321
besondere Beweiskraft: Rn. *303, 307,* 308, 311, 314 f.
Beweiswirkung für und gegen jedermann: Rn. 306, 307 m. Fn. 110
Definition der ~: Rn. 326a

Eigenwahrnehmungen des Urkundsbeamten bzw. der Behörde: Rn. 303
Ermittlung des Vergleichsgegenstands zur Bestimmung der Falschheit einer Beurkundung: Rn. 319
falsch beurkundet: Rn. 316 – 326
öffentlicher Glaube: Rn. 300, 306, 330
intendierter Rechtsgüterschutz: Rn. 300
amtliche Richtigkeitsbestätigung: Rn. 303, *306 – 308,* 313, 315
Reichweite der besonderen Beweiskraft: Rn. 309
Schutz des Interesses an inhaltlicher Wahrheit: Rn. 2
Tatbestandserfordernisse der ~: Rn. 301 – 326
Urkundsbeamter: Rn. 302
Versuchsstrafbarkeit: Rn. 299
Inhalt des Vorsatzes: Rn. 341
→ öffentliche Urkunde

falscher Name
Gebrauch eines ~: Rn. 160, 163, *165 – 168*
Nichtvorliegen des Unrechts einer Urkundenfälschung bei Gebrauch eines ~: Rn. 165 – 168
→ Identitätstäuschung

Fälschung beweiserheblicher Daten: Rn. 266 – 274
Anforderungen an die Erkennbarkeit des Ausstellers im Hinblick auf computerspezifische Besonderheiten: Rn. 273
Erfordernis des hypothetischen Vergleichs: Rn. 269
Gebrauchen eines Falsifikats: Rn. 271
Herstellen eines Falsifikats: Rn. 271
Interesse an korrekter Wiedergabe des wirklichen Willens des ausgewiesenen Ausstellers als spezifisches Schutzinteresse bei der ~: Rn. 269
Manipulation an Magnetstreifen und Codekarten im Bankomatverkehr als ~: Rn. 270
(kein) Erfordernis der visuellen Wahrnehmbarkeit: Rn. 269 – 271

intendierter Rechtsgüterschutz: Rn. 268
Tatbestandserfordernisse der ~:
  Rn. 270 – 274
Versuchsstrafbarkeit: Rn. 266

Fälschung technischer Aufzeichnungen: Rn. 235 – 265
  Ausnahme für den Fall der fehlerkorrigierenden Einflussnahme: Rn. 244
  Erfordernis der „selbständigen Verkörperung": Rn. 245 – 250
  Erfordernis der „selbsttätigen Bewirkung": Rn. 251 – 253
  Erfordernis der störenden Einwirkung: Rn. 244
  Erkennbarkeit des Gegenstands und der Beweisbestimmung: Rn. 254
  Fälschen einer technischen Aufzeichnung: Rn. 256
  Gebrauchen einer technischen Aufzeichnung: Rn. 256, 264
  Herstellen einer technischen Aufzeichnung: Rn. 262, 264
  Inbetriebnahme eines mit einem „Eigendefekt" behafteten Geräts: Rn. 259 f.
  Interesse an einem „normalen automatischen Herstellungsvorgang" als spezifisches Schutzinteresse bei der ~: Rn. 244
  intendierter Rechtsgüterschutz: Rn. 241
  Tathandlungsformen: Rn. 235, *256 – 264*
  unechte technische Aufzeichnung: Rn. 256 – 260
  begehungsgleiches Unterlassungsdelikt: Rn. 261
  Verfälschen einer technischen Aufzeichnung: Rn. 256, 264
  Verhältnis der einzelnen Formen der Tatbestandsverwirklichung zueinander: → Konkurrenzverhältnis
  Versuchsstrafbarkeit: Rn. 235

Familienbuch als öffentliche Urkunde
  → öffentliche Urkunde

Festigkeit der Verkörperung: Rn. 77 m. Fn. 62, Rn. 78 – 84
  → Perpetuierungsfunktion

Fingerabdruck: Rn. 68 f., 70 m. Fn. 50, Rn. 120 m. Fn. 3
  ~ als Augenscheinsobjekt: Rn. 69 f.
  Verletzung des Zuschreibungsinteresses durch den ~: Rn. 70

fortgesetzte Tat
  → Fortsetzungszusammenhang

Fortsetzungszusammenhang: Rn. 230 m. Fn. 280, Rn. 231 m. Fn. 281

Fotokopie
  Aussteller der ~: Rn. 127, 278a
  Autorisierung der Anfertigung der ~: Rn. 272b f., 278g, 278h m. Fn. 101, 278j
  Beweiswert der ~: Rn. 102 m. Fn. 100, 278b
  erforderliche Garantiefunktion der ~: Rn. 127 m. Fn. 134
  Gebrauchen einer (unechten) Urkunde: Rn. 129, 202 m. Fn. 233, Rn. 203
  ~ als Urkunde: Rn. 70a, 99, 102 Fn. 100, *Rn. 127 m. Fn. 134 f.*, Rn. *128 – 130*, 144 f., 195d ff., 197, 202 f., 272 ff. m. Fn. 61, 278a
  ~ in Abgrenzung zum Telefax: Rn. 128 ff.
  Viktimodogmatik: Rn. 278d f.

Führerschein
  Beisichführen als Gebrauchen: Rn. 204, 205 m. Fn. 237
  Beweiskraft des ~: Rn. 314 f.
  Beweiskraft für und gegen jedermann: Rn. 306 m. Fn. 108
  Echtheit des ~: Rn. 205 Fn. 237
  Geburtsdatum im ~: Rn. 307 m. Fn. 109, Rn. 315, 335
  → öffentliche Urkunde

G

Garantiefunktion als Merkmal des strafrechtlichen Urkundenbegriffs: Rn. 24 f., 63 f., 94 f., *113 – 133a*
  → Aussteller

Gebrauchen einer unechten oder verfälschten technischen Aufzeichnung
→ technische Aufzeichnung

Gebrauchen einer unechten Urkunde: Rn. 135, *196 – 205a*
~ durch Aushändigung des Falsifikats an den zu Täuschenden: Rn. 204
~ durch bloßes Besichführen eines Führerscheins während der Fahrt: → Führerschein
~ durch Gelangen in den Machtbereich des zu Täuschenden: Rn. 205
Versuch des Gebrauchens: Rn. 205
Vollendung des Gebrauchens: Rn. 200

Geburtsdatum
→ Führerschein

Gedankenerklärung:
→ Erklärung, verkörperte

Gefährdung von Interessen staatlicher Einrichtungen: Rn. 4

„gehören" i. S. v. § 274
→ Beweisführungsrecht

Geistigkeitstheorie: Rn. 117, 128

Geldfälschung: Rn. 61, 272

Gesamturkunde: Rn. 80, *82*, 97b, 292 f.
Unterdrückung der ursprünglichen ~: Rn. 292 f.

Geschäftsunfähiger: Rn. 157 f.
Unwirksamkeit der rechtsgeschäftlichen Erklärung: Rn. 158
Veranlassung eines ~ zur Anfertigung einer Urkunde: Rn. 157 f., 189 Fn. 209
Verwirklichung des Unrechts der Urkundenfälschung durch den ~: Rn. 158

gesteigerte Beweiskraft
→ Beweiskraft, gesteigerte

Grenzstein: Rn. 275

Grundbuch als öffentliche Urkunde
→ öffentliche Urkunde

H

Handeln zur Täuschung im Rechtsverkehr: Rn. 211c, *212 – 227a*, 265

Hauptverhandlungsprotokoll
→ Beweiskraft, gesteigerte

Herstellen einer echten Urkunde: Rn. 147

Herstellen einer unechten Urkunde: Rn. 47, 59, 135, *136 – 183*
Begriff der unechten Urkunde: Rn. 137 f., 141
Definition des ~: Rn. 183a
~ durch manipulierten Fahrschein: Rn. 173 – 176
Fälle des Zwangs und der Täuschung gegenüber dem Unterzeichnenden als ~: Rn. 155, 157
~ durch den Inkognito-Reisenden: Rn. 169
~ durch eigenmächtiges Inverkehrbringen einer an sich von ihrem „Aussteller" vollständig produzierten Urkunde: Rn. 179 – 183
sachgerechte Prüfung des ~: Rn. 138 f.
für das Unrecht entscheidende Identitätstäuschung über den Aussteller: Rn. 137, 139, 142, 148, 153, → Identitätstäuschung

Herstellerzeichen
Urkundenqualität von ~: Rn. 107

I

Identitätstäuschung über den Aussteller: Rn. 142, 145 f., 153 f., 160, 163, *188 – 190*, 195, 199, 273a
bloße Namenstäuschung: Rn. 165 – 168
~ als entscheidendes Kriterium für die Herstellung einer unechten Urkunde: Rn. 137, 139, 142
~ durch den Gebrauch des richtigen eigenen Namens des Fälschers: Rn. 160, 162, ferner Rn. 163 f.
→ Herstellen einer unechten Urkunde, unechte Urkunde

Indikator/Informationsträger: Rn. 54, 74 f., 101, 122, 131, 133, 163, 199
  „selbstredender" ~: Rn. 74 f., 127
  völlig unbrauchbarer ~: Rn. 107

Individualinteressen: Rn. 62
  Berücksichtigung des unterschiedlichen Gewichts der jeweils betroffenen ~: Rn. 5

Informationsträger
  → Indikator/Informationsträger

inhaltliche Wahrheit
  Interesse an ~: Rn. 2 m. Fn. 10
  → Falschbeurkundung im Amt, mittelbare Falschbeurkundung

Inkognito-Reisender: Rn. 169 m. Fn. 186, Rn. 225 m. Fn. 274, Rn. 226 f.
  Herstellen einer unechten Urkunde durch den ~: Rn. 169
  ~ und Zuschreibungsinteresse: Rn. 169

Innenverhältnis
  im ~ unberechtigte Bindung: Rn. 44 – 48, 53

Input-Manipulation: Rn. 257, 259

Interesse an korrekter Wiedergabe des wirklichen Willens des ausgewiesenen Ausstellers: Rn. *51 – 62,* 269
  ~ als der gemeinsame Nenner der Schutzintentionen: Rn. 62, 66 Fn. 49
  Bedeutung für die praktische Strafrechtsanwendung: Rn. 53

J, K

Kennzeichen: Rn. 90, *92, 94*
  Abgrenzung zum Beweiszeichen: Rn. 92
  Missbrauch von ~: Rn. 80 Fn. 64, Rn. 205 m. Fn. 238

Kilometerzähler: Rn. 246 f., 250

Konkurrenzverhältnis
  ~ der Fälschung beweiserheblicher Daten zur Fälschung technischer Aufzeichnungen: Rn. 268 f.

  ~ des Gebrauchens zu den übrigen Verwirklichungsformen der Urkundenfälschung: Rn. 230 – 234
  ~ des Herstellens einer unechten Urkunde zum Verfälschen einer echten Urkunde: Rn. 191, 229
  ~ von Urkundenfälschung und Fälschung beweiserheblicher Daten: Rn. 269, 270a
  ~ von Urkundenfälschung und Fälschung technischer Aufzeichnungen: Rn. 268 f.
  ~ von Urkundenfälschung und Urkundenunterdrückung: Rn. 191
  ~ von Urkundenunterdrückung und Zueignungsdelikt: Rn. 286 Fn. 84
  ~ der Verwirklichungsformen bei der Fälschung technischer Aufzeichnungen zueinander: Rn. 265

Körperlichkeitstheorie: Rn. 117, 278a
  → Geistigkeitstheorie

Kriminologie der Urkundendelikte
  → Urkundendelikte

Kritzel, unleserliche: Rn. 75 Fn. 60
  → Indikator/Informationsträger

L

Legitimationsbedingungen einer Verurteilung: Rn. 224 Fn. 272

Leistungserschleichung
  → Erschleichen von Leistungen

M

Markengesetz: Rn. 108 m. Fn. 105

Mikrokopie: Rn. 127 Fn. 136

missbräuchliche Verwendung echter Urkunden: Rn. 2

Missbrauchstatbestand
  → Untreue

Missbrauch der Vertretungsmacht: Rn. 42 Fn. 29 f.

mittelbare Falschbeurkundung

unrichtige Beurkundung als Unrechtserfolg der ~: Rn. 340
besondere Beweiskraft: Rn. *331 – 334*, 336
Eigenwahrnehmung: Rn. 333
Fremdwahrnehmung: Rn. 334
Irrtum über die Gut- bzw. Bösgläubigkeit des beurkundenden Amtsträgers: Rn. 341
intendierter Rechtsgüterschutz: Rn. 330 f.
amtliche Richtigkeitsbestätigung: Rn. 332, → Falschbeurkundung im Amt
spezifisches Schutzinteresse der ~: Rn. 330 f.
Interesse an einer unmanipulierten Grundlage für bestimmte Beurkundungen oder Datenspeicherungen als spezifisches Schutzinteresse: Rn. 330 f.
Schutz des Interesses an inhaltlicher Wahrheit: Rn. 2, 330 f.
Tatbestandserfordernisse der ~: Rn. 332 – 341
Tatbestandserfüllung durch begehungsgleiches Unterlassen: Rn. 333 Fn. 139
Täter der ~: Rn. 302
Vergleich des spezifischen Schutzinteresses der ~ mit dem der Aussagedelikte: Rn. 331
Versuchsstrafbarkeit: Rn. 327

N

„Nachricht an sich selbst": Rn. 111a

Nachteilszufügungsabsicht
→ Absicht, einem anderen Nachteil zuzufügen

Namenstäuschung: Rn. 149, *165 – 168*

Nummernschild: Rn. 195a ff.

O

objektiver Tatbestand

(Un-)Möglichkeit der Trennung vom subjektiven Tatbestand: Rn. 215 m. Fn. 259

öffentlicher Glaube: Rn. 300, *306*, 330

öffentliche Urkunde
Begriff der ~: Rn. 303
Erbschein als ~: Rn. 308
Familienbuch als ~: Rn. 308
Führerschein als ~: Rn. 308
Grundbuch als ~: Rn. 308
Schutz des Interesses an inhaltlicher Wahrheit: Rn. 2, → Falschbeurkundung im Amt, mittelbare Falschbeurkundung
Sparbuch als ~: Rn. 308 – 310

Orientierungssicherheit
Interesse an ~: Rn. 51, 54 f.
Schutz der ~: Rn. 62

P

perfekte Fälschung: Rn. 55 – 57, 61, 179 – 183, 338, 340

Perpetuierungsfunktion: Rn. 24 f., 63 f., *71 – 97*, 96 m. Fn. 93, Rn. 97a, 133

Preisetikett: Rn. 78, 80, 291 f.
~ und Festigkeit der Verkörperung: Rn. 80

Prokura: Rn. 42 Fn. 30

Q

Qualität der Fälschung
Irrelevanz der ~: Rn. 172 Fn. 193, Rn. 174 m. Fn. 196

Quittung: Rn. 18, 21, 28 – 30, 58 f., 75 Fn. 60, Rn. 143 f., *180 – 183*, 223, 234 m. Fn. 282

R

rechtfertigende Einwilligung: Rn. 289 m. Fn. 88

Rechtsgut
  ~ der Urkundendelikte: Rn. 1
  ~ der Urkundenfälschung: Rn. 22
  → Rechtsgüterschutz, intendierter; Rechtgüterschutzinteressen

Rechtsgüterschutz, intendierter
  ~ bei der Falschbeurkundung im Amt: Rn. 300
  ~ bei der Fälschung beweiserheblicher Daten: Rn. 268 f.
  ~ bei der Fälschung technischer Aufzeichnungen: Rn. 241 f.
  ~ bei der mittelbaren Falschbeurkundung: Rn. 330 f.
  ~ bei der Urkundenfälschung: Rn. 17, 22 – 62
  ~ bei der Urkundenunterdrückung: Rn. 276 – 280

Rechtsgüterschutzinteresse: Rn. 40, 48, 50 f., 107, 111

Rechtsscheingrundsätze: Rn. 43 f.

Regelbeispiele: Rn. 14a, 234a, 234 a, 235, 266 f.

richtiger Name
  Gebrauch des ~ als Unrecht der Urkundenfälschung: Rn. 160 – 164

Richtigkeitsbestätigung, besondere amtliche: Rn. 306, 307 m. Fn. 109, Rn. 308, 313

S

Scheck: Rn. 42

schriftliche Lüge: Rn. 2 m. Fn. 5, Rn. 28 m. Fn. 14, Rn. 34 f., 146, 187, 189, 280, 300

Schrifturkunden: Rn. 90, 94 f., 107

Schuldschein: Rn. 295

Schutz des Interesses an richtiger Zuschreibung
  → Zuschreibungsinteresse

Schutzgesetzcharakter des § 267 i. S. des § 823 II BGB: Rn. 3 Fn. 9, Rn. 158 Fn. 173

Schutzintention der Urkundendelikte
  → Urkundendelikte

Schutzinteressen Dritter: Rn. 49, 50 m. Fn. 36, Rn. 55
  entscheidender Richter: Rn. 50, 59
  ~ im Zivilprozess: Rn. 131

"selbständige Verkörperung": Rn. 245 – 250

Selbstbegünstigungsprinzip: Rn. 281 Fn. 82

Sicherheit und Zuverlässigkeit des Beweisverkehrs
  ~ als allen Urkundendelikten i. w. S. gemeinsames „Rechtsgut": Rn. 1
  → Urkundendelikte

Sparbuch als öffentliche Urkunde
  → öffentliche Urkunde

Stellvertretung
  Aussteller im Fall der verdeckten ~: Rn. 118 m. Fn. 120, Rn. 123 Fn. 128

Strafrahmen
  Adäquitätsbedingungen bei der Entscheidung über den ~: Rn. 297 m. Fn. 96

Strafzumessung: Rn. 5
  Berücksichtigung der jeweils betroffenen Interessen für eine tatangemessene ~: Rn. 2

subjektiver Tatbestand
  → objektiver Tatbestand

subjektives Unrecht der Urkundenfälschung
  → Tatbestandsvorsatz

Substanzbeeinträchtigung: Rn. 290, 293

T

Tatbestandsvorsatz
  ~ bei der Falschbeurkundung im Amt: Rn. 332
  ~ bei der Fälschung technischer Aufzeichnungen: Rn. 265
  Gegenstand des ~: Rn. 206
  ~ bei der mittelbaren Falschbeurkundung: Rn. 341
  Nachweis des ~: Rn. 53 m. Fn. 39
  ~ bei der Urkundenfälschung: Rn. 206 – 211

~ bei der Urkundenunterdrückung: Rn. 294

Vorsatzunrecht: Rn. 227

→ dolus eventualis

Täuschung gegenüber dem Unterzeichnenden: Rn. 155 f., 177

Täuschung im gesellschaftlichen oder mitmenschlichen Bereich: Rn. 219 m. Fn. 265, ferner Rn. 10 m. Fn. 20, Rn. 223

→ Vermeideinteresse

Täuschung im Rechtsverkehr: Rn. 212 – 227

Erfassung dieser Funktion durch den Täter: Rn. 211

Funktion des Verhaltens als entscheidendes Eingrenzungskriterium: Rn. 218 m. Fn. 262, Rn. 219

→ Tatbestandsvorsatz, Handeln zur Täuschung im Rechtsverkehr

Täuschungsabsicht

Nichtübereinstimmung von ~ mit dem Begriff des Handelns zur Täuschung im Rechtsverkehr: Rn. 213 m. Fn. 254, Rn. 214

technische Aufzeichnung

~ als Augenscheinsobjekt: Rn. 243, 279

Begriff der ~: Rn. 235, *236*

Definition der ~: Rn. 244a

Fahrtenschreiber als ~: Rn. 241

Gebrauchen einer unechten oder verfälschten ~: Rn. 264

intendierter Rechtsgüterschutz bei der Fälschung ~: Rn. 241 f.

spezifisches Schutzinteresse bei der Fälschung ~: Rn. 244

Tatbestandserfordernisse bei der Fälschung ~: Rn. 245 – 265

Tathandlungsformen bei der Fälschung ~: Rn. 256 – 264

unechte ~: Rn. 257 f., 264

Unterdrücken einer ~: Rn. 264 m. Fn. 44

Verfälschen einer ~: Rn. 264

Verhältnis der Verwirklichungsformen bei der Fälschung ~: → Konkurrenzverhältnis

Teilausfertigung einer (öffentlichen) Urkunde: Rn. 313a

Telefaxkopien: Rn. 127 ff. m. Fn. 136

→ Fotokopie

Testament: Rn. 150 – 154

~ als Absichtsurkunde: → Absichtsurkunde

Fälschung durch den Testator: Rn. 154

Thermodrucker: Rn. 278f ff.

Tonbandaufzeichnung: Rn. 87 f.

→ Fälschung beweiserheblicher Daten

U

unechte Urkunde: Rn. 46, 110, 128, *134 – 136,* 138, *141,* 160, 167, *177*

Abhängigkeit vom Ausstellerverständnis: Rn. 141 m. Fn. 154

unechte Datenurkunde: Rn. 273a

notwendiges Element einer schriftlichen Lüge bei der ~: Rn. 2 Fn. 5

manipulierter Fahrschein als ~: Rn. 173 – 176

~ als scheinbare Urkunde: Rn. 26 m. Fn. 11 f., *128, 138*

temporäre ~: Rn. 195g

→ Fotokopie, Gebrauchen einer unechten Urkunde

unechtes Unterlassungsdelikt

→ begehungsgleiches Unterlassungsdelikt

Universalrechtsgüter, Behandlung der ~: Rn. 3 Fn. 9

untauglicher Versuch: Rn. 271 m. Fn. 58

Unterdrücken

Hinzufügen eines Gegenstands ohne Beeinträchtigung der Substanz als ~: Rn. 290

~ der ursprünglichen Gesamturkunde: Rn. 292 f.

~ einer unechten technischen Aufzeichnung: Rn. 279

~ einer unechten Urkunde: Rn. 277

~ einer Urkunde oder technischen Aufzeichnung: Rn. 264 m. Fn. 45, Rn. 275, 293a

bloß zeitweiliges Vorenthalten als ~: Rn. 290

Untreue: Rn. 45 m. Fn. 33, Rn. 46

Missbrauchstatbestand: Rn. 45 m. Fn. 33, Rn. 46

Vermögensbetreuungspflicht: Rn. 45 Fn. 33

Urkunde

abredewidrig hergestellte ~: Rn. 42

auch-echte ~: Rn. 277a

Begriff der ~: Rn. *15,* 16, *24,* 94 f., 131 – 133

Begriff der ~ im Prozessrecht: Rn. 17 Fn. 2, Rn. 88 Fn. 78, Rn. 90, 112

~ als Indikationsleistung: Rn. 111

~ als Kommunikationsinstrument: Rn. 111

Bierdeckel als ~: Rn. 126 m. Fn. 133

Definition der ~: Rn. 62a

engeres Verständnis des Begriffs der ~: Rn. 28a ff., 278j

Urkundendelikte

Berücksichtigung der jeweils betroffenen Interessen für eine tatangemessene Strafzumessung: Rn. 2

Kriminologie der ~: Rn. 11 – 13, 238 m. Fn. 3

~ als einzige Schutzinstanz: Rn. 9

Schutzintention der ~: Rn. 1, 241 m. Fn. 5, Rn. 252, 268 m. Fn. 47

Schutzinteresse: Rn. 1 – 6, → Urkundenfälschung, Urkundenunterdrückung, Fälschung technischer Aufzeichnungen, Fälschung beweiserheblicher Daten, mittelbare Falschbeurkundung

Sicherheit und Zuverlässigkeit des Beweisverkehrs als Schutzintention der ~: Rn. 1, 241 m. Fn. 5, Rn. 252, 268 m. Fn. 40

Vorfeldschutz durch ~: Rn. 4, 46

Vorverlagerung der Strafbarkeit durch ~: Rn. 8

Urkundenentwurf: Rn. 181 f., 326

Urkundenfälschung

Interesse an der (inhaltlichen) Richtigkeit der Erklärung selbst: Rn. 22 – 24

„perfekte" ~: Rn. 55, 61, *179 – 183*

Schutz des Interesses an der Echtheit bzw. Unverfälschtheit: Rn. 2

Schutzinteresse: 43 f., 46 f., 49, 55, 66, 113

Tatbestandsverwirklichungsformen der ~: Rn. 134 – 205

Unrecht der ~: Rn. 53, 62, 135, 140, 146, 158, 160, 166, 214 – 216, 222, 225

Urkundenunterdrückung: Rn. 33, 35 f., 108, 187, 191

Beweisbestimmung: Rn. 289

Beweisfunktion: Rn. 289

Beschädigen: Rn. 290

Funktion des Verhaltens, ein fremdes Beweisführungsrecht zu beeinträchtigen, als Abschichtungskriterium: Rn. 294, 298

„gehören": → Beweisführungsrecht

Interesse am Schutz vor Schaffung eines für den Rechtsverkehr irreführenden Orientierungsdatums als weiteres Schutzinteresse des § 274 Abs. 1 Nr. 2, 3: Rn. 280

Konkurrenzverhältnis zur Urkundenfälschung: → Konkurrenzverhältnis

berechtigtes Interesse an der (beweismäßigen) Verfügbarkeit von (echten) Urkunden und technischen Aufzeichnungen als spezifisches Schutzinteresse der ~: Rn. 277

intendierter Rechtsgüterschutz: Rn. 276 – 280

spezifisches Schutzinteresse bei der Unterdrückung einer unechten technischen Aufzeichnung: Rn. 279

spezifisches Schutzinteresse bei der Unterdrückung einer unechten Urkunde: Rn. 277

Substanzbeeinträchtigung: Rn. 290

Tatbestandserfordernisse der ~: Rn. 281 – 298

Unterdrücken: Rn. 290, 293
Vereitelung des Beweisführungsrechts: Rn. 290
(beweismäßige) Verfügbarkeit bestimmter Daten, Grenz- oder Wasserstandsmarkierungen als spezifisches Interesse des § 274 Abs. 1 Nr. 2, 3: Rn. 280
Vernichten: Rn. 290, 293
Versuchsstrafbarkeit: Rn. 275
→ Absicht, einem anderen Nachteil zuzufügen

Urkundsbeamter
~ als Täter der Falschbeurkundung im Amt: Rn. 302
~ Wahrheitspflicht des ~: Rn. 300

V

verdeckter Ermittler: Rn. 218 Fn. 262
Vereitelung des Beweisführungsrechts
→ Beweisführungsrecht
Verfälschen
~ durch den Aussteller: → Aussteller
~ einer echten Urkunde: Rn. *32 – 40,* 118, 135, *184 – 195b*
~ einer technischen Aufzeichnung: Rn. 264
~ des wirklichen Willens: Rn. 40, 46 f.
verfälschte Urkunde: Rn. *32 – 40,* 46, 186
Gebrauchen einer ~: Rn. 196 – 205
Verfügbarkeitsinteresse: Rn. 4
Verhältnis der Tatbestandsverwirklichungsformen der Urkundendelikte
→ Konkurrenzverhältnis
Verhaltensmissbilligung als allgemeines Straftaterfordernis: Rn. 183b, 195i, 205b, 211a f., 218a, 221d ff., 222a, 264a, 293b
Verkehrsschild: Rn. 81a f.
verkörperte Erklärung
→ Erklärung, verkörperte

Vermeideinteresse: Rn. 221 f., 223 m. Fn. 270, Rn. 224 f.
Vermögensdelikte
~ und Urkundendelikte: Rn. 7 – 10, 45 Fn. 33, Rn. 60
Vernichten einer Urkunde oder technischen Aufzeichnung: Rn. 275, 290, 293a
Vertretungsmacht
Missbrauch der ~: Rn. 42
vis absoluta: Rn. 156
visuelle Wahrnehmbarkeit: Rn. 269
visuell nicht wahrnehmbare Erklärungen: Rn. *87 – 89,* 88 m. Fn. 78
Herausnahme von ~ aus dem Urkundenbegriff: Rn. 88 f.
Vorsatz
→ Tatbestandsvorsatz

W

Warenzeichengesetz: Rn. 108 m. Fn. 105
Wäschemonogram: Rn. 93
Wechsel: Rn. 42
Wiedergabeträger: Rn. 71
→ Indikator/Informationsträger

X, Y, Z

Zufallsurkunde: Rn. 109 m. Fn. 107
Zulassungsbescheinigung: Rn. 315a
Zuordnungstatbestand: Rn. 42, 118, 120, 132, 177, 190
→ Indikator/Informationsträger
zusammengesetzte Urkunde: Rn. 80 ff., 97b, 195c
Zuschreibungsinteresse
~ und Beweisfunktion: Rn. 100 f.
~ und Garantiefunktion: Rn. 116
~ bei geringer Festigkeit: Rn. 77, *83*
~ bei mündlicher Erklärung: Rn. 75 m. Fn. 59

Nichtaufweisbarkeit des ~ bei Augenscheinsobjekten: Rn. 66, 69 f.

Nichtbetroffensein des ~ bei lockerer Verbindung: Rn. 83 f.

~ und Perpetuierungsfunktion: Rn. 74, *77, 83 f., 88,* 96 f.

~ als spezifisches Rechtsgüterschutzinteresse des § 267: Rn. *4, 22, 23 m. Fn. 5,* Rn. *24, 26, 40, 62 – 64,* 66, 84, *133,* 145, 181, 243

~ bei auf Tonband diktierter oder auf Diskette gespeicherter Erklärung: Rn. 88

Verletzung des ~ durch Fingerabdruck: Rn. 70

Verletzung des ~ auch bei Nichtvorhandensein des ausgewiesenen Ausstellers: Rn. 171 m. Fn. 191

~ bei vorübergehender Existenz von Informationsträgern: Rn. 74

Zwang gegenüber dem Unterzeichnenden: Rn. 155 f., 177

zweiaktiges Delikt: Rn. 8

If you have any concerns about our products,
you can contact us on
ProductSafety@springernature.com

In case Publisher is established outside the EU,
the EU authorized representative is:
**Springer Nature Customer Service Center GmbH
Europaplatz 3, 69115 Heidelberg, Germany**

Printed by Libri Plureos GmbH
in Hamburg, Germany